22
Ln 16

LES JURASSIENS RECOMMANDABLES,

PAR

DES BIENFAITS, DES VERTUS, DES SERVICES PLUS OU MOINS UTILES, ET PAR DES SUCCÈS OBTENUS DANS LA PRATIQUE DES ARTS ET DES SCIENCES,

POUR SERVIR

A LA STATISTIQUE MORALE DU JURA ET A L'HISTOIRE DES ARTS EN FRANCHE-COMTÉ,

PAR D. MONNIER,

DE LA SOCIÉTÉ ROYALE DES ANTIQUAIRES DE FRANCE, DE L'ACADÉMIE DE BESANÇON ET DE PLUSIEURS AUTRES.

« L'amour de la patrie nous fait goûter
« des détails et des récits de choses peu
« importantes, qui ne nous plairoient pas
« également si elles nous touchoient de
« moins près. »

Dunod, préf. de l'Hist. des Séq.

LONS-LE-SAUNIER,
IMPRIMERIE DE FRÉDÉRIC GAUTHIER.

1828.

LETTRE A L'AUTEUR.

Pourquoi, Monsieur, négligeriez-vous de mettre une préface en tête de vos Jurassiens recommandables ? Il n'est pas inutile, ce me semble, au succès de cette production, d'annoncer qu'elle vous a valu une médaille d'or de la part d'une société savante, et que vous l'avez beaucoup améliorée depuis.

D'un autre côté, les observations critiques dont elle fut en même temps l'objet, ont reçu de la publicité; elles ont du poids; elles peuvent influer sur son sort: on ne trouvera pas mauvais que vous parliez à votre tour, et que vous cherchiez à faire passer dans notre esprit les raisons sur lesquelles vous appuyez vos droits à notre bienveillance.

Il faut aussi, Monsieur, que vous répondiez au reproche qui vous a été adressé d'avoir tiré de l'oubli une foule d'individus, et d'avoir généralement flatté vos contemporains.

Les coups d'ongle très-prononcés qui sillonnent la marge de votre manuscrit, et qui sans doute vous auront sauté aux yeux comme à moi, m'ont appris qu'il avoit passé par les mains de plusieurs censeurs d'opinions très-divergentes, et ces marques de proscription tacite m'ont révélé bien des choses! Je présume donc, Monsieur, ou que l'on attache trop d'importance à l'apparition de quelques noms dans la liste de vos Recommandables, ou que l'on conteste le titre qui les y a fait admettre. C'est le cas de vous en expliquer d'avance avec un public qui, sans cette précaution, vous examineroit peut-être avec des préventions pareilles. Car ce n'est pas assez que vous vous transportiez comme historien à une époque de l'avenir où tout préjugé sera dissipé, et laissera à découvert le mérite réel et spécial de chacun; il faudroit encore que tous vos lecteurs s'y transportassent avec vous : chose impossible. Vous figurez-vous, par exemple, mon cher ami, que par le temps qui court (où cependant on se targue assez volontiers d'indépendance), on sache bien apprécier un caractère impartial? L'impartialité est une arme à deux tranchans, offensive par conséquent de tous côtés et défensive d'aucun.

Prenez-en votre parti: le moindre mal à tout cela sera de vous voir accuser d'esprit de coterie, soit par les gens dont vous aurez parlé trop brièvement, soit par ceux dont vous n'aurez pas dit un mot. Les personnes sans prétention seules vous rendront justice; et comme je suis de ce nombre, Monsieur, vous savez déjà si je vous juge en véritable ami.

***

RÉPONSE.

Honorable ami,

Un auteur a toujours mauvaise grace à se défendre : on le soupçonne toujours d'y être porté par des élans d'amour propre. Si je faisois une préface, ce ne seroit ni pour rappeler la récompense qui a été décernée à mon travail, ni pour réfuter la critique dont elle a été accompagnée. Lorsqu'une mère tendre et indulgente veut encourager son enfant malade à supporter l'amertume d'un remède, elle lui offre en même temps le prix de la résignation. Loin de justifier mon mémoire, je me plais au contraire à déclarer que, jaloux de le rendre plus digne de la faveur qu'il a reçue, je me suis efforcé de le corriger. Je n'ai pu cependant faire justice de toutes ses taches : « Il faut n'avoir jamais écrit, dit Trublet, « pour s'imaginer qu'il soit aisé, qu'il soit même possible « de corriger tout ce qu'on connoît de défectueux dans « son ouvrage. »

Sur le reproche d'avoir tiré de l'oubli un trop grand nombre d'individus, je vous avouerai, Monsieur, qu'en exhumant des services oubliés, et en mentionnant par occasion des noms qui n'ont pas franchi les limites du pays, mon patriotisme est allé peut-être un peu loin; mais vous devez sentir que, trop foible pour repousser ce qui se trouvoit au-dessus de moi, je ne me suis pas avisé de soustraire à mes concitoyens le moindre de leurs titres d'honneur, je crains même de ne les avoir pas tous connus.

Il y avoit aussi dans ma pensée un but de réparation d'une part et d'encouragement de l'autre : j'ai osé, pour y atteindre, soulever des tombes presqu'ignorées et louer la poussière de quelques hommes à qui l'on ne pensoit plus, afin de faire croire qu'on y pensoit encore. Louer les morts n'est pas les récompenser, mais c'est préparer des couronnes aux émules de leurs talens, aux imitateurs de leurs vertus.

Au reste, gardons-nous de le prendre sur un trop haut ton; mon livre qui ressuscite ceux-ci, qui signale ceux-là, ne leur garantit pas l'immortalité, et je n'ai ni le pouvoir ni la prétention d'en illustrer aucun. Il ne s'agit donc pas toujours d'actions glorieuses, de noms célèbres, ni de services éminens dans un tableau moral du département du Jura; mais il m'a paru équitable d'y consigner, malgré leur obscurité, des actes dont l'humanité s'honore, des traits dont la morale s'applaudit, des spécialités dont les arts et les sciences ont reçu d'heureux soins. Savez-vous, Monsieur, qu'il est plus aisé de dire que ma liste est trop longue, que de désigner au juste les noms qu'il en faudroit exclure ! (*)

Pour répondre au reproche d'avoir flatté nos contemporains, je reconnois aussi, Monsieur, qu'il ne m'appartient pas de mesurer mes compatriotes vivans à l'échelle rigoureuse qu'il est permis d'employer à l'examen du mérite des morts ; et je vous rappelerai à cet égard la maxime de l'estimable M. de la Mothe qui trouvoit convenable, en fait de critique, d'établir une différence entre les hommes des siècles passés et ceux de notre époque. « On examine d'ordinaire ceux-là, disoit-il,
« avec un respect timide et des ménagemens supersti-
« tieux, tandis qu'on réserve pour ses contemporains
« toute la sévérité et toute la hardiesse de ses jugemens ;
« j'ose dire cependant que ce devroit être le contraire,
« tous les égards sont dûs à ceux avec qui nous vivons,
« et nous ne devons rien aux autres que la vérité. »

M'abstenir de parler des contemporains, c'eût été me priver de ce que nous avons de plus riche en notabilités de tous genres.

(*) Une personne me faisant un jour l'observation que j'étois descendu trop bas dans mes recherches, je la priai de me le démontrer par un exemple. Elle me désigna M. Bourdon de Sigray: c'étoit jouer de malheur ; car M. Bourdon de Sigray (peu connu, j'en conviens, dans sa patrie) avoit été l'un des quarante de l'Académie française, surtout un des plus laborieux et des plus utiles.

Quant à l'esprit de parti qui, suivant vous, présidera au jugement que l'on va porter sur mon ouvrage, c'est un malheur inévitable. J'espère toutefois que le parti de la modération aura voix délibérative à ce tribunal; et que celui-là du moins ne tirera pas plus de conséquence sérieuse de mon laconisme ou de ma prolixité, que de mon silence ou de mes oublis. Je me flatte en un mot qu'il trouvera partout impartialité et modération, système de franchise qui, à la vérité, ne m'a pas toujours parfaitement réussi, mais dont je m'honore de faire profession en toute circonstance et quand même.

LES JURASSIENS RECOMMANDABLES.

LIVRE PREMIER.

SERVICES RENDUS A L'HUMANITÉ.

DIVISION DE CE LIVRE.

On se rend utile à l'humanité par des bienfaits dont se ressent la masse des citoyens, soit que l'on procure au peuple une liberté sage, en levant les entraves qui gênent sa prospérité; soit qu'on lui rende la paix, à la suite d'une guerre désastreuse, et que l'on écarte de lui le ferment des dissensions. Tel sera le sujet des deux premiers chapitres de ce livre.

On se rend aussi utile à l'humanité par la fondation d'hospices où le malheur, l'indigence, la maladie sont assurés de trouver un asile et des soins; et par des établissemens qui assurent à la jeunesse le bienfait de la première éducation : ce sera la matière du troisième chapitre.

Enfin on sert l'humanité, quand, par des actes de charité particuliers qui s'appliquent à d'autres portions même isolées de la grande famille, on concourt au soulagement de la classe la plus malheureuse; quand, par des inventions dues à une véritable philantropie, on contribue à soustraire à la faux de la mort un grand nombre d'individus; quand on propage parmi ses concitoyens des préservatifs sûrs contre les fléaux qui frappent les générations; quand on expose ses propres jours afin de sauver ceux de ses semblables, etc. etc.; autant d'objets qui rempliront le cadre de notre dernier chapitre.

CHAPITRE PREMIER.

FRANCHISES.

§ I.er

FRANCHISES DU COMTÉ DE BOURGOGNE.

Avide de saisir toutes les occasions de briller, un écrivain accoutumé à la polémique des journaux, seroit heureux de commencer l'ouvrage que nous entreprenons ici par d'éloquentes déclamations contre les anciens abus. L'expérience du passé est, à la vérité, la meilleure leçon pour l'avenir. Mais le retour à la féodalité, aussi pernicieuse au chef de l'état qu'odieuse à ses sujets, étant désormais impossible, laissons les esprits malades et opiniâtres s'alarmer de dangers chimériques, à défaut de dangers réels; laissons les plus animés de ces athlètes se ruer sur un cadavre (pour me servir d'une expression de

Rousseau); et si quelquefois nous portons nos regards sur les jours sombres et orageux de la servitude, que ce ne soit plus que pour nous féliciter d'en voir naître de plus sereins et de plus doux !

Encore ne faut-il pas se laisser persuader que nos pères aient été constamment aussi malheureux qu'on affecte de le dire : les seigneurs ne se sont pas toujours insurgés contre leurs rois ; ils ne se sont pas toujours assiégés les uns les autres dans leurs donjons ; la glèbe ne pesoit pas sur la surface entière de la province ; les guerres nationales n'ont pas été perpétuelles ; on a vu quelquefois le vrai mérite percer l'obscurité de la naissance pour s'élever ; les impôts étoient volontaires envers le monarque ; en un mot, il étoit assez honorable d'appartenir à une contrée pour qui le titre de *franche* n'étoit pas une gratification illusoire.

Placés aujourd'hui à une hauteur où l'ordre social ne nous avoit pas encore vus, il nous est peu facile de juger sainement de l'état moral et politique de nos ancêtres : plus libres qu'eux et plus éclairés dans les sciences, nous n'avons ni leur simplicité ni leur bonne foi, et nous sommes au contraire tourmentés par de nouveaux besoins mal conseillés par l'ambition, raisonneurs, presque insurgés contre toute volonté qui n'est pas la nôtre. Ainsi, faute d'apprécier les temps, les mœurs et les lieux, nous supposons mal à propos dans nos pères l'impatience du joug, et ce désir inconsidéré d'une égalité de condition qui n'exista jamais, et dont le nom nous a été vendu si cher!

Oui sans doute, il y avoit des abus, des abus énormes; et, comme l'a dit M. de Bonald, la révolution fut un fléau nécessaire pour châtier la France; mais ce seroit mépriser sa patrie et méconnoître son sang, que de ne se croire issus que d'oppresseurs et d'esclaves. Le marquis de Monglat, qui avoit fait la guerre aux peuples de la Franche-Comté, leur rendoit plus de justice. « Les peuples de ce pays, dit-il dans ses
« mémoires, aiment extrêmement leur roi.
« Outre ce, ils sont si amateurs de leurs fran-
« chises, qu'ils hasarderoient leurs biens et leurs
« vies pour les maintenir, et aimeroient mieux
« perdre tout ce qu'ils ont au monde, que de
« changer de domination. Ce qui fait qu'il est
« plus difficile qu'on ne pense de les assujettir,
« d'autant qu'on ne peut le faire qu'à coups d'é-
« pées, et qu'il faut abattre le dernier de cette
« nation avant que d'en être le maître. »

« Elle a été appelée *Franche-Comté*, dit un

« autre écrivain, parce qu'elle n'étoit point su-
« jette aux charges ordinaires, établies et exi-
« gées dans les autres provinces ; qu'elle ne
« payoit point de tributs pécuniaires forcés,
« c'est-à-dire imposés par l'autorité des sou-
« verains, auxquels elle ne devoit que le ser-
« vice militaire : à quoi si l'on ajoute quelques
« secours pécuniaires, ils étoient libres, volon-
« taires et gratuits, réglés et déterminés par les
« assemblées des états généraux de la même
« comté. » (1)

Cette heureuse condition de nos ancêtres étoit si ancienne, que nos chroniqueurs n'en ont pu découvrir l'origine. Les plus vieux écrits qui en constatent l'existence la supposent de beaucoup antérieure à leurs dates. Jeanne de Boulogne, nommée gardienne du comté, promet en 1349, à la prière des prélats et des seigneurs du pays,

---

(1) En 1510, l'archiduchesse Marguerite ayant demandé un subside de 50,000 francs, on lui en accorda un de 20,000. En 1513, l'empereur Maximilien reçoit 32,000 francs au lieu de 40,000 qu'il désiroit. L'archiduchesse déclaroit dans ses lettres patentes datées d'Anvers 1524 : *Que par l'accord du don gratuyt de 50,000 francs, elle n'entendoit pas déroger ne préjudicier auxdites libertés, privilèges et franchises ; Ains que nos vassaulx* (ajoutait-elle) *soyent et demeurent entièrement en icelles, et que ledit don soyt tenu pour gratuyt et libéral, sans que par Nous ne nos successeurs et ayant cause, il soyt ou puisse estre, en aucune manière, tiré à conséquence.*

d'en maintenir les libertés et les coutumes. En 1483, nos députés des trois états obtiennent de Charles VIII, roi de France et comte de Bourgogne, la confirmation de nos immunités.

Nous voudrions que les noms de ces prélats, de ces députés ne fussent point perdus : nous ne pouvons nous dédommager de cette privation, qu'en citant Léonel de Battefort, maire de Poligny, et l'un des ambassadeurs à la sollicitation desquels Charles-Quint fit, en faveur de la province, le 1.ᵉʳ octobre 1531, une déclaration fort honorable. Entre autres témoignages d'affection contenus dans ses lettres patentes, le monarque, après avoir confirmé les prérogatives de son comté de Bourgogne, le met sous la régence de sa sœur la reine de Hongrie ; lui continue sa forme administrative ; interdit à la cour de Madrid d'en évoquer aucune affaire de justice ; et il entend que, dans le conseil privé des Pays-Bas, il y ait toujours des conseillers Francs-Comtois. La haute fortune des Lallemand (1), des Carondelet, des Phili-

---

(1) Jean Lallemand étoit seigneur de Bouclans, de Vaite et de Belmont. Vaite étoit la résidence ordinaire de sa famille: cependant on le dit né à Dole, vers 1470. Il fut d'abord secrétaire de l'archiduchesse Marguerite, puis de Charles-Quint. Il a conclu et signé, comme ambassadeur, la paix de Madrid, du 14

bert de la Baume, des Granvelle, des Boisot, des Richardot et de tant d'autres, atteste en effet la faveur dont nos compatriotes jouissoient auprès de cet empereur.

§ II.

AFFRANCHISSEMENT DES COMMUNES.

La main-morte, suivant Dom Grapin, ne fut point odieuse dans son origine. Elle consistoit alors en prestations de produits agricoles, au prix desquelles les serfs étoient comme propriétaires des fonds qu'on leur abandonnoit; mais dès qu'elle eut pris la teinte de l'esclavage romain, et qu'elle eut été livrée à l'arbitraire, elle perdit sa physionomie germanique, et ne fut plus reconnoissable. Louis VI voulut en délivrer son royaume : il établit les communes ; et le peuple des villes et des bourgs respira sous un gouvernement municipal. Ce système, en créant de nouveaux intérêts, remit plus d'équilibre dans

janvier 1526, et il a beaucoup contribué à faire rendre la liberté à François I.er Soupçonné d'avoir eu des intelligences avec les ennemis de S. M. C., Lallemand fut arrêté, jugé et absous, en 1528. On reconnut qu'il avoit été victime de la calomnie, mais il ne rentra pas en grâce : c'est le sort ordinaire. « Calomnions, dit le comique, il en reste toujours quelque chose. »

la balance. L'affranchissement devint plus général sous le règne de Louis X : ce prince vouloit que, *dans la monarchie des Francs, la réalité répondît au nom;* et il déclaroit, dans son édit, que, *suivant le droit de la nature, chacun devoit naître franc,* idées très-remarquables pour l'époque. Néanmoins ces franchises se vendoient à prix d'argent, ce qui paroît impliquer contradiction.

En Bourgogne, l'établissement des communes et l'affranchissement des territoires furent l'ouvrage des fils de nos premiers comtes souverains. On attribue les plus anciens à Renaud III, qui, digne contemporain de Louis-le-Gros, le prit pour modèle dans sa générosité à l'égard des terres de son domaine. Nos annales n'en ont pas conservé des traces particulières; mais nous y retrouvons surtout les actes de la puissante maison de Vienne et de celle des sires de Salins et d'Arlay.

On verra par la nomenclature suivante (où nous avons cherché à réunir, dans l'ordre chronologique, tous les lieux du département du Jura qui ont eu des immunités), quelle a été, du treizième au dix-huitième siècles, la progression de l'affranchissement de nos villes et de nos communautés, ou du désintéressement des possesseurs de fiefs. Ce sera suffisamment signaler à la reconnoissance publique, les auteurs de ces chartes, que de rassembler leurs noms sous les yeux de nos lecteurs.

Salins (le bourg dessus) reçut son émancipation écrite de Jean de Chalon, dit le Sage, en 1249; et le bourg dessous reçut la sienne de Philippe de France et de Jeanne de Bourgogne, en 1319;

Neublans, de Hugues de Vienne, en 1256;

Chaussin, de Simon, sire de la Marche, en 1260;

Orgelet, de Jean de Chalon, en 1266;

Saint-Amour, de Guillaume de l'Aubepin, en 1272;

Dole, d'Alix de Savoie et de Bourgogne, comtesse palatine, en 1274;

Arlay, de Jean de Chalon, en 1276;

Arbois, du même prince, en 1282;

Nozeroy, de Jean de Chalon, en 1283;

Saint-Julien, du même seigneur, en 1284;

Saint-Laurent-la-Roche, d'Etienne de Chalon, en 1284;

Bletterans (le bourg), de Jean de Chalon, en 1285;

Montmorot, de Philippe de Vienne, en 1287; (1)

Poligny, du comte Otton, en 1288;

Mirebel, de Jean de Vienne, en 1292;

Lons-le-Saunier, de Hugues de Vienne, en 1293, pour une partie de la banlieue, et de Renaud de Bourgogne, comte de Montbéliard, en 1295, pour l'autre portion;

Châtelneuf, en 1295;

Dramelay, de Renaud, vers le même temps;

Longchaumois, d'Etienne de Villars, abbé de Saint-Oyen de Joux, en 1301;

Blye, de Renaud, en 1303;

Clairvaux, d'Humbert de Cuisel, en 1304;

Champagnole, d'Hugues de Chalon, en 1320;

Montmirey, de N. de Chalon, en 1323;

Ruffey, de Philippe de Vienne, en 1334;

Châtillon-sur-Courtine, de Jean de Chalon, en 1341;

Conliége, du même, en 1345;

Chevreau et Cuisia, de Guy de Vienne, en 1349;

Le Val de Miége, de Jean de Chalon, en 1350;

Château-Châlon, du roi de France, en 1375;

---

(1) La Charte fait connoître que les habitans de Montmorot étoient déjà libres sous Guillaume de Vienne (qui est mort en 1229.)

Le Fort-du-Plâne et le Lac-des-Rouges-Truites, de Guillaume de la Baume, abbé de Saint-Oyen de Joux, en 1384;

Saint-Germain-en-Montagne, de Guillaume de Sainte-Croix, seigneur de Mont-Rivel, en 1394;

Rye, de Guyot de Rye, en 1422;

Saint-Loup, de Philippe-le-Bon duc de Bourgogne, en 1422;

Saint-Aubin, du même prince, en 1422;

La Chaux-du-Dombief, avant 1524;

Foucherans, de Jean Griffon, en 1560;

Choisey, dans la même année;

Graye et Charnay, des chanoines de Gigny, en 1783.

Entraînés par nos recherches à travers les vieilles chartes, si nous avons compris dans cette nomenclature quelques personnages qui n'appartiennent pas directement à la portion de notre province, dont se compose, depuis 1792, le département du Jura, c'est afin de rendre cet état des lieux affranchis le plus complet possible : c'est aussi parce que les habitans de ces communes nous intéressent plus que le seigneur étranger avec lequel ils traitèrent. Nous ne prétendons pas que le bon duc

Philippe, que Renaud de Bourgogne, que le duc de Méranie, que les sires de la Marche et de Cuiseau, soient nés au milieu de nos pères; mais les riches de Chalon qui firent successivement leur résidence à Salins, à Montmirey, à Arlay, à Nozeroy et à Lons-le-Saunier; les nobles de Vienne qui habitèrent Ruffey, Montmorot, Saint-Laurent-la-Roche et surtout Mirebel; enfin les de la Baume, dont le berceau et le cercueil sont à Saint-Amour, eurent assurément la même patrie que nous.

On s'étonnera de ne point trouver dans notre liste les noms d'une multitude d'autres communautés; il n'en faut rien conclure contre la qualité de leur condition. Nous ne connoissons pas toutes les chartes qui ont été données aux diverses populations du pays, et la plupart jouissoient de leur émancipation sans en posséder le titre.

Lorsque, parmi nous, on vient à parler de serfs, la première pensée qui s'élève dans notre cœur se porte vers les hautes montagnes du Jura, où, par un contraste inexplicable, la liberté eut ses premiers élus, et la main-morte ses derniers sujets. En effet, la ville de Saint-Claude datoit du sixième siècle, c'est-à-dire de son berceau même, les franchises dont elle a toujours joui; et dans celle de Moirans, qui succéda sans doute à la ville gallo-romaine du lac d'Antre, on ne voyoit aucune trace de servitude (1). Les habitans de cette ville et de Moirans plus vigilans ou plus courageux que le reste de la terre monastique, eurent le bonheur de

(1) J'en parle ici sur la foi de Dunod *(Hist. de l'Abb. de Saint-Claude*, 1.re *édit.*, p. 103) et de Dom Grapin *(Abr. de l'histoire du Comté de Bourgogne*, p. 123 et 149). Voici ce que rapporte le premier de ces historiens, qui étoit originaire de ce pays:

Sanctus Olympius successit beato Antidiolo,
Hic admisit sæculares in condatiscensi loco,
Ipsisque loca concessit sub annuali tributo,
Ut construerent hic domos, reservato dominio.

« Cette chronique, dit-il, est un titre très-fort pour la fran« chise originaire de la ville, dont la condition (et celle du bourg « de Moirans qui est ancien et le chef-lieu d'une seigneurie com« posée de quinze villages) est différente du reste de la terre de « Saint-Claude qui est tenue en main-morte. Les abbés ont accordé « la justice de police au conseil des bourgeois de Saint-Claude, et « plusieurs autres droits et priviléges dont ils avoient coutume « de promettre l'observation, lorsqu'ils se faisoient installer. » Cependant M. Béchet *(Rech. hist. sur la v. de Salins*, p. 232) dit, à la fin d'une note, que Saint-Claude avoit reçu ses franchises en 1310.

Quant à Moirans, on tient par tradition qu'il fut affranchi par un seigneur de Morel, à condition qu'on bâtiroit à l'avenir les maisons près de son château, et l'on ajoute qu'il donna ensuite cette terre à l'abbaye de Saint-Claude. Il faudroit avoir la charte sous les yeux pour juger si elle a été bien interprêtée, car elle seroit contraire à des titres antérieurs qui constatent que Moirans, depuis l'empereur Lothaire, n'a cessé d'appartenir à cette abbaye. (*Dunod*, *ibid.* p. 111, 114, etc., etc.)

se maintenir francs. Si les noms de leurs dignes magistrats avoient été conservés, ce seroit pour nous un agréable devoir de les rappeler ici : nous regrettons qu'ils se soient effacés de la mémoire de leurs concitoyens ; ils méritoient bien de surnager sur le fleuve de l'oubli.

Parmi les anciens abbés de Saint-Claude, nous nous félicitons de trouver deux émules de Suger, que nous n'avons fait que nommer en passant. Le premier est Étienne de Villars, de la maison de Thoire (1), qui affranchit, en 1301, les paroissiens de Longchaumois. Le second est Guillaume de la Baume qui affranchit de nouveau ces mêmes habitans avec ceux d'Orcières leurs voisins, car ils étoient retombés, on ne sait comment, dans leur premier état de servitude corporelle et réelle. Vains efforts ! la main-morte les envahit encore par la suite, puisqu'ils se trouvèrent du nombre des plaignans dans le grand procès des huit paroisses contre le chapitre de Saint-Claude, vers la fin du dix-huitième siècle.

Ce même de la Baume, au mois de mai 1384, imitant la politique de Hugues de Chalon sire d'Arlay, et considérant que les domai-

---

(1) Thoirette et ses environs appartenoient à cette famille.

nes de son monastère étoient abandonnés par les colons, avoit aussi octroyé une charte de franchises aux habitans de Fort-du-Plâne et du Lac-des-Rouges-Truites, dépendans de la seigneurie de Châtel-Blanc. Mais ce titre s'étant perdu, les affranchis de ces communautés furent rattachés à la glèbe, et on les vit également porter jusqu'au pied du trône leurs réclamations; lorsque Louis XVI, à son avénement, eut effacé dans ses domaines jusqu'aux derniers vestiges de la servitude.

Le serf du mont Jura a inspiré la muse de Florian, qui lui adressoit ces consolations par la bouche du seigneur de Ferney:

>Vous, mon ami, que le chagrin cruel
>   A plus vieilli que les années,
>   Calmez ce désespoir mortel;
>   De plus heureuses destinées
>Vont enfin commencer pour vous et pour vos fils.
>Ah! vivez pour jouir des bienfaits de Louis;
>   De ce roi si jeune et si sage!
>Qui du bonheur public fait ses plus chers désirs,
>   Et dans le printemps de son âge,
>Cherche les malheureux et non pas les plaisirs.
>
>   Il abolit dans ses vastes domaines
>Ce triste nom de serf détesté pour jamais;
>Il veut que ses Français ne connoissent de chaînes
>   Que son amour et ses bienfaits.

Il voit avec horreur la maxime cruelle
D'opprimer ses sujets pour n'en redouter rien,
Son cœur est son conseil, et ce guide fidelle
Lui dit que l'on n'est roi que pour faire le bien.
  Vos maîtres suivront ce modèle :
Ministres du Seigneur, leurs devoirs sont plus saints,
Le premier de leurs vœux fut d'aimer les humains.
Louis le leur enseigne, et cet exemple auguste
  Vous fera rentrer dans vos droits.
Tels sont les doux effets de la vertu des rois :
Nul n'ose être méchant quand le monarque est juste.

Le vieillard consolé par ces tendres discours,
  Consentit à souffrir la vie,
  Pour voir briller ces heureux jours.
  Vain espoir ! sa triste patrie
Resta seule soumise à ce joug odieux.
Ce peuple encore esclave attend sa délivrance,
Et sous son jeune roi, bienfaiteur de la France,
  S'étonne d'être malheureux !

Chacun sait aujourd'hui que Charles-Frédéric-Gabriel Christin, avoit fourni à M. de Voltaire, les principaux moyens que l'on fit valoir dans le procès des main-mortables, et qui sont énoncés dans la *Dissertation sur l'abbaye de Saint-Claude, ses chroniques, ses légendes, ses chartes, ses usurpations, et sur les droits des habitans de cette terre*, avec cette épigraphe : *quod genus hoc hominum ! quare hanc tam barbara morem permittit patria ?* C'est un ouvrage à recueillir ; mais pour en faire un discret usage, il faut bien examiner si le zèle du défenseur n'y a pas emporté trop loin la sévérité du critique.

M. l'avocat Christin dut à la considération dont il étoit entouré dans sa patrie, et à la reconnoissance de ses cliens, l'honneur d'être envoyé à l'assemblée constituante. De nombreux manuscrits, fruits de ses longues et savantes recherches, et la riche bibliothèque qu'il avoit formée, ont été, comme lui-même, la proie des flammes, dans le funeste incendie qui dévora la ville de Saint-Claude, le 19 juin 1799. Il étoit resté dans sa maison : le sieur Gros-Gurin se dévoua pour l'aller chercher; mais il ne le sauva point, et il ne remit que ses dépouilles mortelles entre les bras de sa malheureuse épouse, qui étoit elle-même à demi-brûlée !

Si le noble chapitre de Saint-Claude, qui se composoit pourtant de personnes très-estimables en particulier (elles étoient d'ailleurs étrangères au Jura), a pu résister en corps à l'exemple de Louis XVI, et oublier que le pape Alexandre III avoit décidé dans un concile, en 1167, que les chrétiens devoient être exempts de servitude, il est juste de séparer de sa cause celle du respectable prélat qui étoit alors à la

tête du diocèse, et qui est mort en 1819, chanoine de Saint-Denis. M. J. B. de Rohan-Chabod, de qui l'on n'a jamais cessé de louer le désintéressement et l'humanité, vertus qu'éprouva surtout la dernière persécution de l'Eglise, s'exprimoit en ces termes dans le discours qu'il prononça, le 6 avril 1789, à l'assemblée générale des trois ordres du baillage d'Aval:
« La main-morte est mise avec raison au nom-
« bre des abus qui pèsent le plus sur les utiles
« et estimables habitans des campagnes. Les
« terres de mon évêché, encore indivises avec
« mon chapitre, sont affligées de ce fléau. J'ai
« souvent regretté de ne pouvoir le détruire;
« mais j'unis de bon cœur mes supplications
« à celles que mes vassaux adressent à Sa Ma-
« jesté pour qu'il lui plaise affranchir gratuite-
« ment leurs personnes et leurs biens. »

Les chanoines de Gigny, sécularisés depuis 1760, n'attendirent pas à la dernière extrémité pour mieux traiter leurs sujets. Les habitans et les territoires de Graye et de Charnay reçurent, le 16 janvier 1783, de la bienfaisance de ces messieurs, leur affranchissement de la main-morte, au moyen d'un léger supplément de cens.

Vers le même temps, le chapitre de Baume,

qui avoit aussi *ses hommes* c'est-à-dire ses serfs, songeoit à rendre la liberté à ceux de Moutier en Bresse. On a cité de M. de la Fare, dernier abbé de Baume, un trait qui fait bien connoître ses bonnes dispositions à cet égard. De deux frères nés main-mortables de l'abbaye, l'un avoit mérité la croix de Saint-Louis, l'autre s'étoit distingué dans les missions étrangères : M. de la Fare les affranchit, et refusa généreusement le prix de leur liberté ; « On ne me doit rien, répondit-il à ceux qui le « lui offroient : on n'est point esclave, quand « on a aussi bien servi le roi et la religion. »

CHAPITRE SECOND.

ADMINISTRATION PATERNELLE.

Gouvernement.

Pour peu qu'il s'instruise de l'histoire de sa patrie, le Jurassien de nos jours apprend donc à rendre bonne justice à ceux qui l'ont précédé sur cette terre. Des préjugés tout nouveaux ne tendent que trop à lui faire envisager ses pères comme des esprits imbus de vieux préjugés, et par conséquent très-étroits en politique. Mais certes, il en étoit bien autrement. Ces hommes qui avoient su conquérir une constitution aussi forte et même aussi généreuse que celle de la Franche-Comté; ceux qui avoient su la maintenir, la faire jurer aux rois, aux empereurs, au conquérant, n'étoient pas de petits génies. Nous aurions beau exalter ceux de nos compatriotes qui ont le plus marqué dans les assemblées de la nation française, à des époques si favorables pourtant au développement des passions et à l'essor de l'intelligence ; ils n'effaceroient pas le caractère de grandeur qu'imprimèrent à leur mémoire les Brun, les Lisola, les Gatinare (1), et surtout ce sénat si longtemps auguste, qui, sous le titre de Cour souveraine du Parlement, rendant la justice avec l'impartialité de l'antique Aréopage, mettoit un frein salutaire à l'indépendance des grands vassaux et aux caprices de la multitude.

Qui pourroit refuser son admiration à une compagnie de magistrats aussi recommandables par l'expérience d'une longue vie, que par des lumières alimentées à un foyer perpétuel ? La faveur n'y donnoit aucun accès. Jusqu'en 1668, il n'y avoit pas eu d'autre voie pour arriver à la suprême magistrature, que la piété, la probité, la science du droit et l'art de bien dire ; tandis qu'il suffisoit pour en être exclus, d'avoir osé se proposer (2).

(1) On reviendra sur ces trois personnages dans le cours de ce mémoire.

(2) Dunod le dit, mais ce témoignage souffre quelque modification. Dom Jean de Watteville, qui étoit maître des requêtes au parlement, n'y avoit certainement pas été admis pour sa probité ni pour sa piété, bien qu'il fût déjà abbé de Baume; car sa vie aventureuse étoit connue. La cour souveraine avoit encore accueilli d'autres sujets qui valoient mieux que Watteville, mais qu'il ne faudroit nullement comparer à leurs

Nous avons déjà fait observer comme l'ancien parlement ménageoit le peuple, lorsqu'il s'agissoit du don gratuit au souverain. Nous allons admirer avec quelle fermeté les États de la province répondirent au duc Charles-le-Téméraire, en 1476, lorsque, battu complettement à Morat par les Helvétiens, ce prince voulut encore lever une armée de 40,000 hommes pour rentrer en Suisse, et pour rétablir l'ancien royaume de Bourgogne. Il osoit demander en même temps, pour l'exécution de ses grands desseins, que chacun de ses sujets fût taxé au quart de son avoir.

Effrayés de l'obstination du duc à se perdre, et à ruiner tous les pays soumis à sa domination, les États assemblés à Salins, où se trouvoit aussi l'audacieux guerrier, l'auroient conjuré de faire la paix; mais comment alors lui parler de paix, sans exciter son ire? Ils lui répondirent en vrais personnages parlementaires : ils commencèrent par donner des louanges à sa valeur, à sa constance; puis demandèrent à délibérer sur ses propositions; puis

---

prédécesseurs pour la loyauté du caractère et l'indépendance des opinions. Watteville, à qui il ne convenoit pas de blâmer personne, a lui-même osé accuser quelques-uns de ses collègues de 1668, d'avoir cédé la Province à Louis XIV, dans la seule crainte de voir leurs fermes incendiées ou ravagées, et de perdre leur place de conseillers. Les temps étoient déjà bien changés!

enfin lui remontrèrent, dit M. de Barante, « que
« les choses n'étoient pas telles que son ardeur
« et son courage les lui faisoient voir ; que
« depuis plusieurs années la fleur de la noblesse
« et de ceux qui étoient habitués aux armes
« avoit été enlevée du pays et n'y étoit pas
« revenue ; que tant d'apprêts de guerre, tant
« d'équipages, tant d'artillerie avoient exigé de
« si fortes dépenses, que la Comté étoit épui-
« sée ; que le commerce étoit interrompu ; que
« l'ennemi avoit fait plus d'une course, brûlant
« les villes et les villages, dévastant les champs ;
« que les terres restoient en friche, et que la
« famine menaçoit le pays. Ils prièrent le duc
« de songer à son père, de glorieuse mémoire,
« qui avoit fait aussi de grandes guerres, mais
« n'avoit jamais mis en oubli le salut du pau-
« vre peuple. La maison de Bourgogne avoit,
« disoient-ils, bien assez de seigneuries et de
« puissance ; et il n'étoit nul besoin de faire
« d'autres conquêtes. Du reste pour montrer à
« leur prince toute leur bonne volonté, ils of-
« frirent de faire un dernier effort et de lever
« trois mille hommes qui seroient employés à
« garder la Comté contre les courses de l'enne-
« mi. Cette sage réponse, ajoute l'historien,
« ne contenta point le duc ; il s'emporta et leur

« dit qu'il avoit cru les trouver plus fidèles et
« plus vaillans. »

Protection.

L'esprit turbulent de ce prince nous fait souvenir qu'il ne fut pas toujours imité par ses grands vassaux. Jean de Chalon prince d'Orange, et Philiberte de Luxembourg sa femme, qui possédoient, en Franche-Comté, des terres et des fiefs presqu'innombrables, firent tous leurs efforts pour sauver aux habitans de ces seigneuries, le fléau des armes. A leur sollicitation, le roi de France déclaroit, dans ses lettres datées de Blois, 13 novembre 1507, que s'il y avoit guerre au comté de Bourgogne, on observeroit une neutralité parfaite envers les villes, places, châteaux et villages occupés par les sujets du prince d'Orange.

C'est au même titre que se recommande la mémoire de Pétronille Thomassin, veuve de Guillaume de Binans (seigneur de Chambéria, de Saint-Sulpice, de Mont-Jouvent, de Montadret et colonel d'infanterie), morte en 1652. Il est dit dans la longue épitaphe de son mausolée, qu'elle étoit d'un esprit vaste, et que, tandis que la guerre exerçoit de toutes parts ses ravages, elle en préserva les sujets de ses terres: *Vasti ingenii fœminam, quæ, conflagrante undique bello, subditos servavit illæses.*

Le nouvel historien de la ville de Salins fait un bel éloge de Hugues I.ᵉʳ, archevêque de Besançon et archichancelier de l'empire, lorsqu'il dit: « Il n'employa son crédit près des grands « qu'en faveur des malheureux qu'ils oppri- « moient (1) : les dons qu'il en obtint et les « avantages d'un opulent patrimoine furent « entre ses mains autant de ressources qu'il « épuisa à suivre les élans de son zèle et de « sa piété. La ville où il avoit reçu le jour « (Salins), lui dut les premiers monumens « de cette active bienfaisance. » Nous reviendrons ailleurs sur ce prélat recommandable.

Tranquillité du pays.

C'est à l'imposante corporation du Parlement que nous devons aussi faire honneur de la tranquillité dont nous avons joui, durant

---

(1) Par exemple, dit M. Béchet (*tom.* 1, *p.* 81), il obtint du comte Renaud, vers l'an 1059, l'abolition de l'humiliante servitude où les officiers de ce prince avoient réduit les habitans de Cussey-sur-l'Ognon, de nourrir ses chiens et ses chevaux. *Canarium, muscuicium et alias torturas.* (*spicil.* tom. 3, *p.* 399).

les guerres civiles qui eurent pour prétexte la religion ; car la sévérité de principes qu'elle déploya, lorsqu'elle crut devoir prémunir le peuple Franc-Comtois contre la prétendue réforme (1), sauva notre patrie des dissentions les plus funestes; de sorte que l'on peut dire

(1) L'ordre ecclésiastique dut nécessairement prendre part à ces mesures. Nous avons vu en effet, dans des notes manuscrites, que le 27 mai 1525, se réunirent à Salins les abbés, prieurs, commandeurs et chapitres de la Franche-Comté, à l'effet d'opérer entre eux la répartition d'une somme nécessaire aux gens de pied envoyés à la rencontre des sectateurs de Luther. A cette époque, Guillaume Farel prêchoit à Montbéliart, où le Duc de Wurtemberg l'avoit appelé. Nous trouvons ici l'occasion de parler d'un certain manuscrit du temps, très-curieux, que le hasard a fait tomber entre nos mains. L'auteur étoit de Villersexel : il écrivoit, année par année, ce qui se passoit alors. On y lit qu'en 1523, l'on avoit grande crainte au comté de Bourgogne, comme dans toute l'Europe, de l'effet des prédictions de Jean Carrion, astrologue de l'électeur de Brandebourg, au sujet de la comète qui s'étoit montrée en 1521. Dès l'an 1525, il devoit y *avoir grande effusion de sang des christiens et grandes oppressions d'aulcungs grands fiefz; ainsi comme Hildegardis et le saint abbé Joachin, de long-temps ont prophétisé de cette destruction et chisme en l'Eglise.* L'astrologue avoit poussé bien plus loin ses prophéties, puisqu'il les amenoit jusqu'en 1789. *Alors,* dit l'anonyme, *sera l'une des plus grandes conjonctions et la dixième totale rénaution de Saturne; laquelle, après la nativitey de N. S. mil VII cents et LXXXIX, sera totalement accomplie. Et si le monde doit après plus durer, nuls ne sçait sinon Dieu. O quelles grandes merveilles l'on verra adonc! tant de variations et destructions, principalement es constitutions et ordonnances christienes! lequel à cause de prolixité, je laisse à raconter.* » Il faut, pour bien juger les précautions que prenoient nos pères en 1525, se reporter à l'esprit de ce temps et à ses influences.

avec raison, que son intolérance, toute antiphilosophique qu'elle pourroit être jugée de nos jours, fut pourtant à nos pères un port de salut. Les plus décidés zélateurs du tolérantisme ne sauroient disconvenir que l'union des esprits fait la force des états; que là où il y a dissentiment dans les opinions, il y a péril dans le contact; qu'il est plus prudent de prévenir le mal, que d'attendre le moment de le réprimer; et que tout au moins on est plus excusable d'avoir gêné pour l'intérêt commun, une poignée de novateurs, que d'avoir laissé faire une Saint-Barthélemy par de mauvais catholiques.

Expulsion des Juifs.

Deux périodes principales ont rendu le peuple hébreux l'objet alternatif de la considération et du mépris : jusqu'à une certaine époque, les uns le regardent comme le plus abject de tous, et dès-lors commencent à s'intéresser à son destin; tandis que d'autres, procédant en sens inverse, respectent les enfans d'Abraham jusqu'à la venue du Messie, et n'accueillent qu'avec répugnance leurs tribus, dispersées sur la surface du globe.

Les Juifs établis dans la Lombardie furent pourtant favorisés par Louis IX, le plus saint de nos rois, et attirés dans le comté de Bourgogne par Jean de Chalon, au treizième siècle. Bientôt chaque ville, chaque bourg eut sa colonie judaïque. On leur affectoit pour demeure un quartier séparé. Il est en effet peu de lieux considérables qui n'en aient conservé le souvenir dans les dénominations de *rue des Juifs, rue de la Juiverie, rue des Lombards.* D'abord leur appel eut un but utile : leur or vint au secours des finances en désordre; il servit notamment à Salins, à construire un magnifique bâtiment pour la confection et pour l'entrepôt du sel; et l'on ne disconvient pas que les banquiers ne soient nécessaires. Mais peu à peu, la soif d'un gain immodéré rendit leur séjour aussi pernicieux qu'il avoit été salutaire, et les cris des victimes se multiplièrent au point qu'ils formèrent une clameur universelle. La haine du peuple s'envenima : on accusa cette race réprouvée de vols, d'empoisonnemens, de sacriléges.

Hugues de Vienne, archevêque de Besançon, sollicitoit avec instance l'expulsion de ces étrangers, sans pouvoir l'obtenir, parce que le fisc profitoit des énormes capitations qui pe-

soient sur eux; lorsqu'enfin la ville de Salins (où plusieurs bourgeois associés établirent une banque alimentée par des intérêts légaux) eut l'honneur du succès. « Les chapitres des col-
« légiales de cette ville, les curés, les frères-
« mineurs et les hospitaliers, réunis dans les
« mêmes sentimens, vivement touchés des cri-
« mes inouis des Juifs, dit M. Chevalier, et
« de ceux que leur fréquentation faisoit com-
« mettre aux chrétiens du lieu, adressèrent à
« Marguerite de Flandre des représentations
« si fortes, qu'ils obtinrent, en 1374, qu'ils
« seroient chassés de leur ville, ce qui fut
« suivi de leur bannissement de tout le pays. »
Dunod dit que la province en étoit déjà délivrée en 1361, c'est peut-être une erreur.

Hugues de Vienne que nous venons de nommer étoit archevêque en 1339, il est mort en 1355. Philippe de Vienne, son père, étoit seigneur de Lons-le-Saunier et de Pimont. Quant aux Salinois qui provoquèrent la mesure, et dont on a loué le dévouement, ils ne nous sont pas connus.

Réforme des Abus.

Au nombre des personnages dont le souvenir se recommande, il ne faut pas omettre Jean Lengret de Poligny, archi-diacre du Grand-Caux, devenu dès-lors évêque de Bayeux. Il fut l'un des cinq commissaires envoyés en Bourgogne, par ordonnance du 15 juin 1405, de la part de Jean-sans-Peur, avec son compatriote Poincart Tissot (qui leur fut adjoint comme secrétaire), pour réformer les abus de l'administration et de la justice. Il usa des pouvoirs extraordinaires que lui avoit confiés le prince, avec une sorte de modération qui sait concilier les intérêts de la justice avec les ménagemens que l'on doit à l'humanité.

Pacificateurs.

Les années 1334, 1335, 1336, furent troublées par des guerres presque sans but, mais non sans ruines. De hauts barons, ligués contre leur suzerain qui les avoit harcelés par ses *gageries* (1), parcouroient le pays, la torche et le fer à la main, ne respectant ni la chaumière où ils n'avoient point d'ennemis, ni les manoirs des seigneurs dont ils avoient à se plain-

---

(1) C'est le nom que l'on donnoit aux expéditions que le Duc de Bourgogne fit faire, en 1335, contre Jean de Chalon.

dre, ni les salines, objets de leur convoitise, ni les couvents où ils alloient, sur la fin de leurs jours, faire pénitence. Le monastère de Vaux sur Poligny, la célèbre abbaye de Baume, les châteaux du Pin, de Montmirey, de Pointre, de Chaussin, les bourgs, les villages de ces terres furent ravagés, détruits par ces rivaux furieux. Salins fut réduit en cendres ; et Grozon, qui possédoit aussi des salines, se vit au moment d'être la proie des flammes. A la fin, il fallut en venir à une paix; et sous la médiation du roi de France Charles IV, les conditions en furent réglées par des personnages d'une haute prudence, entre lesquels nous citerons ceux que la patrie nous a rendus les plus chers; Guy Baubet, de Baume, évêque de Langres, chancelier de France; et le même Hugues de Vienne que l'on a déjà vu paroître plus haut. Nous aimons à rencontrer dans le clergé d'un siècle à demi-barbare, ces hommes animés de l'esprit que respire l'évangile, interposer, en faveur des peuples, l'autorité morale de leur caractère.

C'est pourquoi nous citerons encore, avec un nouveau sentiment de satisfaction, Jean Chevrault, de Poligny, évêque de Tournay en 1453, à la médiation de qui les Gantois, affoiblis par leur guerre contre le Duc Philippe notre souverain, ne craignirent pas de se confier, pour obtenir une pacification, et pour éteindre tout ressentiment dans le cœur du Prince. Le prélat appartenoit pourtant par sa patrie à leurs ennemis.

Un autre négociateur, aussi de Poligny, mérite bien une égale estime, pour avoir eu la gloire de débrouiller les subtilités politiques de la vieillesse de Louis XI; et de conclure un traité que les plus habiles ministres de son temps ont admiré. C'étoit Philippe Courraulx, abbé de Saint-Pierre de Gand, nommé ambassadeur par Marie de Bourgogne, à l'effet de régler définitivement les prétentions de la couronne de France, et de fixer les possessions qui resteroient aux enfans de cette Princesse, sous la mouvance du Roi. Le zèle et la capacité de l'envoyé répondirent parfaitement aux vues de son auguste commettante.

Autres négociateurs.

VAINEMENT nous objecteroit-on qu'un ambassadeur, un ministre plénipotentiaire ne fait que représenter la puissance qui le délègue; qu'il met la raison de l'état à la place de la sienne propre ; et que, par conséquent, nous n'avons aucune obligation à sa médiation personnelle : nous n'envisageons pas strictement les choses sous ce point de vue ; il est évident que si son habileté, son esprit de conciliation, la considération publique dont il est entouré, la confiance générale qu'il inspire aux cabinets par une conduite exempte de blâme, ne constituoient pas le véritable homme d'état ; le choix d'un ambassadeur seroit indifférent, car le premier venu rempliroit sans peine et avec le même succès des fonctions où il ne s'agiroit que de jouer un rôle obligé. Au contraire l'expérience nous démontre que le destin du peuple réside moins dans l'abstraction politique appelée le gouvernement, que dans la plus forte tête du conseil: et nous voyons presque tous les ans, aux chambres législatives, les opinions de chaque parti entrainées par celles de son principal orateur. Il faut donc savoir gré à celui qui négocie les intérêts de sa nation, comme à celui qui discute les projets de lois, des bonnes dispositions de son cœur et de son esprit, car ce sont eux seuls qui font la paix, eux seuls de qui dépend notre sort. Henri IV qui voyoit si bien par lui-même, savoit apprécier les personnes par les yeux de qui les souverains sont quelquefois obligés de voir: aussi disoit-il en faisant allusion au nom d'un de nos plus illustres Polinois, député vers lui par le Parlement, *qu'il ne seroit pas fâché que tous les magistrats de son royaume fussent teints en Brun.*

La réputation du baron de Brun, né à Dole, surpassa celle de Claude Brun, son père. M. de Viquefort, appréciateur désintéressé de ce diplomate, en fait un éloge remarquable dans son traité de l'ambassadeur et de ses fonctions. « Antoine Brun, procureur général au par-
« lement de Dole, étoit le dernier mais le plus
« habile des plénipotentiaires que le roi d'Es-
« pagne eût à Munster. Il avoit plus de con-
« noissance des affaires des Pays-Bas qu'aucun
« de ses collègues : et comme il avoit aussi l'hu-
« meur plus accommodante et la conversation
« plus agréable, il étoit aussi plus propre pour
« la négociation. De sorte que l'on peut dire
« que c'est à lui que le roi d'Espagne fut obligé
« de la paix que les Hollandais y firent à l'exclu-
« sion de la France. » Le baron de Brun jouit de sa renommée, de son vivant même. Son retour à Ruremonde en 1651, fut célébré par de pompeux éloges en vers et en prose, qui ont été recueillis et imprimés dans cette ville, en cette année.

Changement de domination.

Plus heureuse que les contrées voisines, durant le calme, notre province étoit la plus infortunée, dès que la guerre s'y rallumoit. Isolée au milieu de ses ennemis, éloignée des secours qu'elle avoit droit d'attendre de ses maîtres, abandonnée à ses propres forces qui étoient presque nulles à la suite des cruels fléaux qui l'avoient ravagée tour-à-tour; il lui devenoit impossible de soutenir le choc des armes françaises, surtout de Louis XIV. Cependant le Franc-Comtois de 1668, plus attaché à son roi que son roi ne l'étoit à lui, vouloit toujours être le Franc-Comtois de 1636; mais pour cette fois, son courage ne se trouva pas en harmonie avec les secrettes dispositions de quelques-uns de ses premiers magistrats; et il fut tout étonné de se voir conquis en douze jours. Besançon défendu par 300 hommes, Salins sans garnison, le fort Saint-André muni de deux pièces d'artillerie, se rendent sans combat le 7 février; Dole pourvu de 300 soldats de milice et de deux mille bourgeois en état de porter les armes, capitule sur la brèche le 12; et le 19, Gray ouvre ses portes au Roi de France, en lui disant: *Sire, votre conquête seroit plus glorieuse, si elle vous avoit été disputée.*

Jean de Watteville, abbé de Baume, cherchoit, en 1668, dans une apologie qu'il publia sous le titre de *Lettre d'un Franc-Comtois écrite à un sien amy de Bruxelles*, à se justifier du crime de trahison que le public lui imputoit en cette circonstance; mais en même temps, il ne dissimuloit pas, étant à Paris, qu'il s'étoit employé fortement à la soumission du Comté de Bourgogne à Louis, et il s'en faisoit un titre aux faveurs de ce monarque. Au reste s'il n'avoit pas livré la province à la France, elle n'en auroit pas moins changé d'état par ses soins officieux. Son projet étoit de faire de la Franche-Comté un quatorzième canton suisse, ce qui auroit eu lieu, si elle eût pu compter aux Magnifiques Seigneurs une somme de 300,000^f. Pour appuyer son projet, Watteville en développoit les avantages pour les treize cantons: le mémoire qu'il dressa à cette occasion (1) établit une comparaison entre les Alpes où tout manque aux besoins les plus essentiels de la vie, et la Franche-Comté dont les riches plaines seroient pour les

---

(1) Il est déposé à la bibliothèque du Roi, salle des manuscrits, n.° 38,460.

Suisses un vaste grenier d'abondance, et dont les côteaux couverts d'un riche vignoble leur offriroient des ressources non moins précieuses. Les salines, ajoutoit-il, leur donneroient tout le sel dont ils ont besoin et qu'ils ne peuvent, qu'à grands frais, tirer des côtes maritimes. Enfin, le fer que produisent nos mines leur tiendroit lieu de celui qu'ils alloient chercher jusques dans la Suède. D'un autre côté, Watteville exposoit aux commissaires des trois États qui se tenoient à Dole, que l'Espagne paroissoit nous avoir abandonnés; que les Français s'étant rendu maîtres de la Lorraine et de l'Alsace, la voie de communication avec les Pays-Bas se trouvoit coupée; que le prince de Condé étoit à Dijon; que ses troupes se disposoient à franchir la frontière ; que nos places étoient sans garnison, nos fortifications en ruine, notre trésor sans argent. Il avançoit qu'en devenant un quatorzième canton Helvétique, la Franche-Comté se trouvoit aussitôt protégée, défendue par une nation qui ne souffre pas impunément que ses confédérés reçoivent aucune insulte ; qu'un avantage très-important résulteroit pour nous de cette association, savoir: que les produits de notre sol, qui souvent périssent entre les mains des cultivateurs, faute de grandes routes et de débouchés, auroient alors un débit certain, ce qui feroit circuler chez nous tout l'or de la Suisse, et releveroit à la fois l'agriculture, le commerce et l'industrie.

Watteville repasse les monts, fait convoquer une diète; mais au moment où l'on délibère, on reçoit la nouvelle de l'invasion des Français dans la province. Le député revient; il rencontre, sous le fort de Joux, le général français marquis de Noisy, avec lequel il entre en de nouvelles négociations, et dès ce moment, le célèbre abbé ne s'occupe plus que des intérêts de Louis-le-Grand.

Nous n'entreprendrons point l'examen de cette conduite extraordinaire. Les Comtois après avoir goûté tout le prix du changement de domination, feront-ils aujourd'hui comme ils le firent autrefois, un crime irrémissible à cet homme singulier d'avoir secondé le cabinet de France dans son plan de conquête? L'intérêt personnel l'a-t-il emporté chez lui sur la considération du bien général? Nous éprouverions moins de répugnance à supposer des intentions pures et dégagées de tout principe d'égoïsme dans une âme moins généralement connue; mais la longue carrière de Watteville n'offre pas le moindre garant de sa droiture et de ses vertus. Étant

Pacha de la Morée et musulman, Watteville n'avoit-il pas déjà vendu aux Autrichiens (ses ennemis) les places de son gouvernement!

Charles-Achille Mochet de Battefort, marquis de l'Aubepin, chevalier d'honneur au parlement, se vit également en butte au soupçon d'avoir trahi sa patrie, et obligé de se justifier en 1668. Il avoit pourtant des antécédens plus nobles que ceux de Watteville, et s'il ne jouissoit pas d'une aussi grande influence, il devoit du moins jouir de plus de considération. Battefort, suivant dom Grappin, étoit un homme de beaucoup d'esprit et d'une prudence consommée. En 1639, âgé de dix-huit ans, il étoit déjà à sa quatrième campagne de capitaine de cavalerie, et il combattoit, aux Pays-Bas, sous les ordres du comte de Fuensaldague. Il s'étoit distingué au grand combat des lignes d'Arras, du 2 août 1640; à Honnecour, il avoit fait prisonnier le comte de Roquelaure, et s'étoit bien montré à Rocroy, en 1643. Enfin, au dernier siége d'Arras, de 1648, il avoit mérité et avoit obtenu le collier de l'ordre d'Alcantara. Après la mort du baron de Dramelay son père, qui étoit premier maître d'hôtel de S. M. C., grand maître de la maison royale et Gruyer général de Bourgogne, le marquis de l'Aubepin avoit été pourvu de cette dernière charge ; on avoit érigé sa terre de l'Aubepin en comté, et il avoit été reçu chevalier d'honneur au parlement. Tant de faveurs devoient l'attacher à la cause de l'Espagne; cependant son attachement à cette cause, dont il donnoit des gages dans les discussions parlementaires, parut fort douteux ; et l'on finit par être persuadé qu'il avoit pris pour sa compagnie de secrets engagemens avec le prince de Condé, dans les différentes conférences qu'il eut avec lui et avec les agens de S. M. T. C. Il avoit d'ailleurs épousé une française (Mlle de Vaubecour), et une semblable alliance contractée à la veille des hostilités, n'avoit pas peu contribué à faire suspecter son zèle. Ajoutez que Louis avoit daigné tenir sur les fonts de baptême le premier né du comte de l'Aubepin, et que cette famille s'étoit retirée à Paris, depuis la conquête ; et vous verrez qu'il n'en falloit pas davantage au peuple pour accuser Battefort de l'avoir traitreusement vendu. Aussi se porta-t-on à de graves excès contre lui, lorsque la Franche-Comté fut rendue à l'Espagne. A peine les Français eurent-ils évacué Dole, que la populace de cette ville et des environs se jeta sur l'hôtel de l'Aubepin. Les appartemens s'en trouvèrent heureusement fermés, et Madame de

Battefort qui étoit enceinte, eut le temps de s'échapper par dessus les toits et d'entrer dans une maison voisine, d'où elle sortit bientôt déguisée en homme. D'abord elle se retira à Foucherans, premier lieu de la domination française ; puis se rendit à Auxonne. La foule s'étoit jetée en vain sur le carosse et les malles qui étoient restées dans la cour de l'hôtel : elle n'y avoit trouvé, au lieu des trésors au prix desquels Battefort étoit censé avoir livré le pays, que des linges de femme disposés pour un départ.

Quelque temps après, cette famille se hasarde à revenir en Franche-Comté : mais des paysans de la frontière font suivre la voiture par quatre cavaliers du régiment de Lorraine. L'attaque ne fut pas heureuse, le nombre ayant été opposé au nombre, et le courage à la lâcheté. Arrivés à Dole, M.' et M.° de l'Aubepin, ne pouvant y demeurer sans péril, ne songèrent qu'à repartir sur-le-champ, pour leur campagne. Encore n'auroient-ils pu y parvenir, si M.' le Maïeur, qui jugea utile de les accompagner jusque hors des portes, ne leur eût servi de sauvegarde. Ils ne furent pas plus tranquilles à Blandans, ensuite à l'Aubepin, qu'ils ne l'avoient été ailleurs : le bruit de leur arrestation les suivoit partout; ils s'établirent donc à Cuiseau, bourg français, où, prêts à partir pour l'Espagne, ils reçurent enfin de Madrid une lettre annonçant que la Reine avoit été satisfaite de leur conduite, et qu'elle donnoit ordre d'arrêter les poursuites dirigées contre les membres du parlement.

Le fait est qu'il y avoit trop de noblesse compromise dans cette monstrueuse procédure, trop de maisons patriciennes, (et par suite, trop de familles d'un ordre moins élevé) à punir de leur manque de fidélité. Il ne faut pas perdre de vue ce que dit M. le comte de l'Aubepin dans son *Factum*, qu'il y avoit, au comté de Bourgogne, un mélange d'autant de Français que d'originaires dans la population; de sorte qu'il étoit bien difficile de résister à tant d'ennemis du dehors et de l'intérieur en même temps. Ce politique assigne plusieurs autres causes à la soumission de son pays, qu'il seroit trop long de rapporter. Il passe de là à divers exemples généraux tirés de l'histoire universelle, et il finit en ces termes: « hé quoi! tous ces grands
« exemples ne l'emporteroient-ils pas sur l'in-
« vasion d'un coin de terre, tel que le Comté de
« Bourgogne, exposé sans troupes et avec peu
« de forteresses (encore imparfaites et irrégu-

« lières) à un roi puissant et conquérant d'une
« partie de la Flandre, qui avoit cent mille
« hommes sous les armes, prêts à nous acca-
« bler, si trente mille n'y avoient pas suffi ? »

M.' Mochet de Battefort ne s'est pas contenté
d'indiquer les causes de la conquête dans son
mémoire justificatif, comme D. Jean de Watteville avoit fait de son côté; il a publié anony-
mement sous le titre de *Lettres d'un gentilhomme
vénitien à un gentilhomme bourguignon*, les avantages qui résultoient, pour le peuple et pour la
noblesse, de la réunion de la Franche-Comté à
la monarchie française.

Si les autorités de cette époque, en cédant à
Louis XIV, une nation indomptée jusqu'alors,
ont eu réellement en vue d'épargner son sang,
de lui sauver la honte d'une conquête plus disputée, et de l'associer à un destin plus glorieux;
nous sommes obligés de les déclarer nos bien-
faitrices, et nous ne pouvons leur refuser ici un
tribut de reconnoissance.

Révolutions.

VEUVE de ses privilèges tant regrettés, mais
dédommagée de leur perte par une prospérité
naissante, à peine la Franche-Comté s'accoutu-

moit-elle à son nouveau joug, que d'autres commotions politiques secouèrent sur le beau royaume de France les fruits amers de la discorde. Graces à la modération de quelques-uns de nos concitoyens, alors investis du pouvoir, grâces aux principes d'humanité qui furent leur première loi; la République ne vint pas, dans nos montagnes, arroser d'autant de sang que partout ailleurs le chêne de la liberté. Il se rencontra parmi eux des hommes nouveaux qui, plus tolérans que les républicains de Sparte et de Rome, s'estimèrent heureux de rendre de secrets services aux victimes qu'ils feignoient de poursuivre, et préférèrent le témoignage intime de leur conscience au jugement que l'on pouvoit porter sur leur conduite extérieure. Ce n'étoit point de leur part foiblesse de caractère; ils prouvoient leur énergie par leur dévouement personnel. Au mépris de la hache révolutionnaire suspendue sur leur tête, ils ne craignirent point d'opposer une juste résistance au système d'oppression et de terreur du 31 mai, noble résistance qui vallut au peuple Jurassien le plus beau titre de gloire qu'il put acquérir à cette époque désastreuse, le décret du 9 août 1793 qui déclaroit *hors de la loi* nos administrateurs, et qui enlevoit à la ville de

Lons-le-Saunier, traitée de rebelle, le siége des premières autorités.

Un représentant du peuple dont la carrière fut souillée d'une tache indélébile, Saladin songeoit sans doute à la faire oublier, lorsqu'il monta à la tribune conventionnelle, le 28 pluviôse an III (16 février 1795), pour solliciter la réintégration de ces magistrats proscrits et fugitifs, que réclamoient toutes les communes du département; et lorsqu'il vint en effet les réinstaller à Lons-le-Saunier, le 12 floréal de la même année, au milieu des plus vives acclamations et de la manière la plus touchante et la plus solennelle.

L'administration départementale se composoit, d'après le procès verbal imprimé qui nous est resté de cette cérémonie, de MM.

Bouveret, président;   Ebrard, pro.-gén.-syndic.

DIRECTOIRE.

Béchet, de Cernans;   Bouvier, de Dole;
Janod, de Clairvaux;   Monnier, de Poligny;
Angrer, de Dole;   Dumoulin, de Saint Claude;
Febvre, de Lons-le-Saunier;   Bailly, de Lons-le-Saunier,
Germain, de Censeau;   secrétaire-général.

CONSEIL.

Jobez, de Morez;   Plaisiat de Ruffey;
Prourier, de Moirons;   Petit-Jean, d'Arbois;

Babey, d'Orgelet;
Baud, de Poligny;
Bidault, de Poligny;
Gauthier, de Saint-Amour;
Nicolas, de Revigny;
Mathieu, de Moirans;
Cavaroz, de Villers-Farlay;
Villevieille, du Petit-Noir;
Garnier l'aîné, de Salins;
Vaudrit, de Bletterans;
Cailler, de Mouchard;
Humberjean;
Canet l'aîné, de Dole;
Bavoux, de Septmoncel;
Denis Guirand;
Chevillard père;
Monnier-Taleyrand;
Morel, d'Arinthod;
Jacques Paillard;
Cordier, d'Orgelet;
Renaud, de Crilla;
Martin, de Cize;
Brasier, de Saint-Laurent.

Sous l'empire de quatorze ans qui vint succéder à une anarchie de huit années, la magistrature continua de tempérer par des ménagemens paternels la sévérité des ordres souverains, et s'occupa de réparer dans nos villes les ruines qu'y avoit laissées le passage du vandalisme.

Enfin la restauration de l'ancienne monarchie, en 1814, s'effectua parmi nous sans réaction et sans froissement. Le commissaire extraordinaire du roi, dans la sixième division militaire, M. le marquis X. de Champagne, de Lons-le-Saunier, remplit cette mission de confiance avec cet esprit de bonté et de conciliation qui fait plus de sujets au monarque, que l'esprit inquisitorial et de démarcation auquel d'autres dépositaires du pouvoir croient quelquefois nécessaire de recourir. On lui dut l'heureux remplacement d'un préfet qui avoit abandonné ses administrés au moment de l'invasion, et qui n'avoit emporté aucun regret, par un de nos plus honorables compatriotes, M. le marquis Louis de Vaulchier, dont l'autorité douce et facile a consolé notre départetement des suites de la guerre, jusqu'à la veille des cent jours de 1815. Tulle, Mâcon, Strasbourg ont depuis apprécié ce dernier magistrat, et S. M. Charles X l'a nommé directeur général des postes.

Nous pouvons citer à côté de lui M. le marquis Terrier de Montciel, son oncle, ancien maréchal de camp et ministre de Louis XVI en 1792. Il fut désigné, dans le temps, pour la place de précepteur du Dauphin: c'est assez faire l'éloge de ses hautes qualités. Mais une chose qui est moins connue, et qui doit ajouter beaucoup de relief à sa réputation, c'est qu'il fut du nombre de ces sages français qu'appela près de son auguste personne S. M. Louis XVIII, à son premier retour, pour l'associer à la rédaction de la charte constitutionnelle du royaume.

CHAPITRE TROISIÈME.

INSTITUTIONS BIENFAISANTES.

§ I.er

FONDATIONS ET DOTATIONS D'HOSPICES.

« Dieu fit de la pitié la vertu des mortels. »

C'est surtout du monde chrétien que veut parler le poète, car le polithéisme ne consacroit point d'établissement à l'humanité souffrante. « On demandera peut-être comment « faisoient les anciens qui n'avoient point d'hô- « pitaux, dit un célèbre écrivain de nos jours ? « Ils avoient, répond-il, pour se défaire des « pauvres et des infortunés, deux moyens que « les chrétiens n'ont pas : l'infanticide et « l'esclavage. »

Le Franc-Comtois, né pieux et sensible, a fréquemment donné des exemples de son dévouement au noble devoir de secourir ses frères.

Les chaumières abondent dans les contrées où abondent les châteaux : il y a par conséquent beaucoup de misère où il y a beaucoup de fortune ; mais heureusement il y a beaucoup de bienfaisance où il y a beaucoup de besoins. Les maisons destinées au soulagement de la portion du peuple la plus maltraitée dans le partage des biens et du bonheur, ne furent jamais rares sur notre sol. Chacune de nos villes, la plupart de nos bourgs et plusieurs de nos villages mêmes possédoient des institutions de ce genre, plus ou moins importantes suivant la population.

Nous devons à l'opulence l'asile de la pauvreté. La bienfaisance, que l'on pourroit comparer à une eau pure qui vivifie les lieux bas, descend toujours des lieux élevés. Mais si nous admirons les favoris de la fortune qui fournissent les moyens d'opérer le bien, quels sentimens mériteront de notre part les personnes courageuses par qui le bien s'opère ? Il est beau sans doute mais il est facile au riche de bâtir un hôpital ; il y a plus de mérite à le desservir. Il est digne d'une grande âme d'offrir au pauvre voyageur un abri, au nauffragé un port, au blessé des bandelettes, au paralytique un lit, à l'orphelin plusieurs mères pour une qu'il a perdue ; mais il est digne d'une âme toute chrétienne de se faire la servante de ceux qui servoient; de le faire même dans les détails les plus abjects; de comprimer les soulèvemens de son cœur au pansement des ulcères, pour ne rien oser dire de plus ; de sacrifier à ce service perpétuel sa jeunesse, sa beauté, ses plaisirs; enfin d'avoir, avec autant d'espèces de mérites qu'il y a d'états divers, les sentimens d'une sœur auprès d'un frère, d'une mère auprès d'un fils, d'une fille auprès d'une mère ; versant sur chaque cœur la consolation qui lui est propre, et sur chaque plaie le baume qui lui convient !

Où est la récompense de ces tendres mères et de ces chastes sœurs? quelquefois les bénédictions des bonnes gens qu'elles guérissent; quelquefois les grossièretés des ingrats qui les trouvent trop pieuses. Hommes de tous les rangs, philosophes de toutes les sectes, répondez ; ces femmes angéliques ne méritent-elles pas la plus haute vénération? comment leur témoigner la vôtre? leur offrirez-vous des dignités? elles ne quitteroient pas le chevet d'un malade pour aller s'asseoir parmi les heureux du siècle. Mais ne cherchons pas plus long-temps leur récompense, à moins qu'on ne les mette à même, par de nouvelles aumônes, d'étendre leurs bonnes œuvres; car la seule couronne à laquelle aspirent les saintes femmes de notre âge, n'est pas à la disposition des hommes.

En nommant les bienfaiteurs des hospices, nous en trouverons dans le nombre qui leur ont cédé leurs trésors en quittant la terre. Un misanthrope dira qu'ils n'ont en cela mérité aucune louange; qu'ils n'ont commencé à faire du bien aux autres, que lorsqu'ils ont cessé de s'en faire à eux-mêmes; et que, puisque leur décès a plus profité à l'humanité que leur vie, l'humanité doit s'applaudir non de ce qu'ils ont vécu, mais de ce qu'ils sont morts. Le philanthrope tient un autre langage, et comme il est plus enclin à supposer de bonnes intentions à ses semblables qu'à leur chercher des torts, il se dit : il n'est pas présumable que celui qui fonde un hôpital par dispositions testamentaires, n'ait pas, durant sa vie, soulagé les nécessiteux : il étoit bien libre de dissiper sa fortune dans les plaisirs ou de la partager à ses amis; si donc il a préféré en faire l'héritage des pauvres, pourquoi n'en seroit-on pas reconnoissant? devoit-il s'en dessaisir de son vivant, et la disséminer en aumônes partielles dont les effets auroient fini avec lui-même? ne valoit-il pas mieux au contraire différer l'acte de sa bienfaisance jusqu'à sa mort, afin de laisser aux indigens des revenus perpétuels, administrés avec une sage économie par des successeurs dévoués par piété au soulagement immédiat des malheureux ?

Il faudroit consacrer un chapitre tout entier à la recherche des fondateurs de cette foule d'établissemens que le christianisme a érigés aux misères de l'homme, et que d'affreuses contagions ont multipliés à l'infini, si l'on vouloit énumérer seulement les maisons que nos pères avoient affectées au traitement de la hideuse affliction de la lèpre. Il est peu de territoires dans le Jura qui n'ait eu leur *Malatière*, leurs *Méseaux*, leur *Maladrerie* ou leur *Saint-Lazare*, dont les fondateurs nous sont pour la plupart inconnus, et dont les dotations ont été transportées aux commanderies de Malte ou à des hospices encore subsistans.

Une autre contagion, d'un genre plus épouvantable encore se manifesta tout à coup en Europe au douzième siècle, et se nommoit le feu sacré, la mal des ardens ou le feu de Saint-Antoine. Heureusement ce fléau passant pour ainsi dire comme un météore, avoit déjà cessé vers l'an 1250. La commanderie de Saint-Antoine de Ruffey commença par être un lieu destiné au soulagement des personnes frappées du feu sacré, et reçut par la suite d'autres malades,

Monument de la libéralité d'un seigneur de Ruffey de la maison de Vienne, on voit par une charte qu'il existoit en 1198, et l'on sait que le buste en bronze de son fondateur étoit, quelques années avant la révolution, un des ornemens de cet ancien prieuré. On y lisoit sur le piédestal cette devise qui caractérise admirablement l'illustre maison de Vienne dont on ne sait que du bien : *A tout bien Vienne.*

Plusieurs hôpitaux ont existé à Arbois depuis 1051 ; nous ne citons parmi leurs bienfaiteurs que ceux qui semblent appartenir par leur naissance à ce département. Tels sont Marguerite de Vergy, dame de Vadans, épouse ou veuve d'Aymar de Poitiers, qui vivoit en 1350; Antoine d'Orchamps, prédicateur des archiducs-infans en 1707; Nicolas Bontemps, prieur de Colonne; Jean-Nicolas Laurencot, avocat des pauvres; Hugnenet et Deleschaux, chanoines ; l'abbé Vigoureux, d'Escrilles; Anne-Fr. Gazon veuve Noirot; le baron Delort, lieutenant général des armées du roi; Etienne Pierrotet; Anat.-Fr.-Ant. Morivaux, François-Joseph Bulabois, anciens magistrats, et madame veuve Rosay. L'hôpital actuel réunit tous les revenus des anciens, et l'on y a joint ceux des maladeries d'Arbois, de Grozon et de Molanboz.

A Poligny, l'hospice connu sous le nom de Saint-Esprit subsistoit, depuis l'an 1245, dans le faubourg du Vieil Hôpital; et dès l'an 1436, dans l'enceinte des murs de la ville. Il tenoit une partie de ses fonds dotaux de l'un de ses directeurs, Bernard Fromond qui lui légua son patrimoine, digne religieux qui fut, pour les enfans trouvés du Jura, un second saint Vincent de Paul. L'Hôtel-Dieu de la même ville est un bienfait de Jean Chapuis et de Jean Maréchal (1690—1696). M. Augustin Croichet, commissaire des poudres et salpêtres, mort à Poligny, doit être compté au nombre des bienfaiteurs des pauvres pour les avoir fait héritiers de ses biens par son testament de 1812.

L'hôpital général de la charité de Poligny destiné à secourir les veuves, les orphelins, les pauvres honteux, les vieillards, les familles surchargées d'enfans, les infirmes, les voyageurs sans ressources, devoit sa fondation en 1704 à l'humanité de plusieurs bourgeois de cette ville, parmi lesquels on distingue Mathieu Froissard, Jean-Louis Renaudet, Picaud et Soudagne; comme l'établissement des filles de saint Vincent de Paul, formé au mois de juin 1782, étoit le fruit d'une pieuse association de dames qui, dans le dix-septième siècle, exerçoit la noble vertu de charité envers les infortunés que l'on ne pouvoit admettre ni à l'hôpital général ni à l'Hôtel-Dieu.

Guillaume de Saint-Amour, chanoine de Beauvais et docteur de Sorbonne, l'un des plus illustres professeurs de l'université de Paris, s'est rendu fameux pour ses démêlés avec les moines mendians, au milieu du treizième siècle. Il fut tour à tour condamné comme hérétique et absout comme orthodoxe; proscrit comme un séditieux, porté en triomphe comme un apôtre de la vérité, et finalement banni de France; mais il fit quelque chose de mieux sur la fin de sa vie. Exilé par le pape Alexandre IV et par Saint-Louis, il se retira à Saint-Amour sa patrie, il y fonda un hôpital, et mérita, à sa mort, qui arriva en 1272, que l'on joignît l'éloge de son cœur à celui de son esprit. l'Épitaphe de sa tombe, qui a été renouvelée depuis peu d'années, est ainsi conçue :

> Dux et lux cleri, cor et sententia veri,
>   Vir pius et gratus, jacet hic tumulatus.
> Omnibus hunc horis, plebs Sancti plangat Amoris,
>   Tutorem villæ, tutor qui deficit ille !

L'hôpital de Saint-Claude existoit déjà en 1262 : on n'a pas conservé le souvenir de sa fondation. Seroit-ce trop bien juger des moines des douzième et treizième siècles, que de leur attribuer ce bienfait? Mahaut d'Artois lui céda, le 13 août 1327, la jouissance perpétuelle d'un pré de mille soitures. Si de pareilles actions laissoient une éternelle mémoire, le nom de de Muyart de Cognac, l'ami des malheureux de la haute montagne, ne devroit jamais périr. Le 16 septembre 1743, il légua à l'hospice de Saint-Claude une somme de 24,000^f, sous la condition que l'on y recueilleroit tous les pauvres de son pays (Moirans), qui s'y présenteroient. M. Poncet, curé de Molinges, avoit aussi fondé à l'hôpital deux lits en faveur des habitans de sa paroisse. Enfin M. Louis-François-Emmanuel Mermet, né à Désertin, hameau de la commune des Bouchoux, le 25 janvier 1763, mort à Saint-Claude le 27 août 1825, savant réthcur et l'un de nos plus estimables écrivains, a donné par son testament à l'hôpital de cette ville la ferme de Taillat, l'un de ses domaines. Mais le plus grand de ses donateurs est le premier évêque de ce diocèse: M. Joseph Méallet de Fargue, qui y vécut de 1742 à 1785, étoit né en Auvergne; il a pourtant prouvé qu'il adopta pour son peuple celui que la providence avoit confié à sa garde pastorale.

Le montagnard Jurassien doit à son tour le reconnoître pour son père. Les vertus, l'humanité de ce prélat lui donnent un droit bien légitime à cette naturalisation : il enrichit l'hospice de la ville épiscopale de plus de 250,000$^{fr.}$ Le testament de M. de Fargue est un modèle de piété, de charité et de tous les sentimens qu'inspire la religion. Nous aurons d'autres occasions encore de rappeler dans notre ouvrage un nom si révéré.

Orgelet tenoit son hôpital de la munificence de Jean de Châlon son seigneur, dès l'an 1292; et Jean de Châlon II du nom, comte d'Auxerre, en accrut les ressources en 1339. Dans les incendies qui ruinèrent plusieurs fois la ville, l'établissement avoit disparu du sol, et ses revenus en avoient été dispersés ; mais MM. Morel et de Champagne, prêtres, s'associant à M. de Grammont-Châtillon, le relevèrent et le dotèrent en 1720. M. l'abbé de Marnix en est le principal fondateur : et les habitans d'Orgelet ont dignement honoré la mémoire de cet homme bienfaisant, en donnant son nom à une rue de leur ville.

C'est encore un Jean de Châlon qui avoit, en 1301, bâti à Sainte-Agnès une chapelle et un hôpital en l'honneur de Dieu, de N. D.

et de *monsieur Saint Loys*, hôpital et chapelle qu'il avoit enrichis en 1307.

Par son testament de 1306, Marguerite de Bellevaivre, veuve de Gaucher de Commercy, qui habitoit une partie de Château-Vilain, plaça des hospitaliers à Champagnole, pour remplir les intentions de son mari.

On ne sait quel sire de Châlon avoit jeté les fondemens de l'hospice du Saint-Esprit à Sellières, auquel Renaud, comte de Montbéliard, créa, par son codicile de 1314, une rente de douze livres (somme de quelque valeur pour le temps) et dont les revenus ont été transférés à la maison des orphelins de Dole.

Pierre et Renaud de la noble maison d'Arlay augmentèrent en 1327 la fondation de l'hôpital du Saint-Esprit qui existoit déjà dans ce bourg depuis vingt ans, et qui étoit dû à la pieuse générosité de Jean de Châlon, sire d'Arlay. Cet asile, établi en faveur des malades, des pélerins, des pauvres et des bâtards, a été réuni à l'hôpital du Saint-Esprit de Besançon.

Dès que Jeanne comtesse palatine de Bourgogne, dont les parens habitoient Bracon et la Châtelaine, fut devenue souveraine de la Franche-Comté, en montant sur le trône de France avec Philippe, ses premiers actes de bienfaisance, dit M. Chevalier, se portèrent sur les peuples de notre pays : elle consacra trois cents francs de rente à des œuvres pies dont les *paoures de Dole* (pour nous servir des expressions de Gollut), se ressentirent par la fondation d'un hospice en 1320. M. de Persan dit que l'Hôtel-Dieu existoit déjà en 1300 sous le nom d'hôpital Saint-Jacques. M. Collard, licencié en droit, et M. le marquis de Monnier, premier président de la chambre des comptes, en sont, parmi les modernes, les principaux bienfaiteurs. Cette maison s'est enrichie, en 1696, des revenus de l'hôpital de la Loye, et en 1753, de ceux de l'hôpital de Rochefort qui avoit été fondé, avant 1394, par l'écuyer Guyot Heuvat.

La respectable famille des Froissard de Broissia s'est acquis dans la province une noblesse que rehausse principalement une bienfaisance et un patriotisme héréditaires : Dole doit son séminaire des Orphelins à Jean-Ignace de Froissard, seigneur de Broissia, camérier du pape Innocent XI, président du parlement en 1592, mort en 1595, et à Claudine Blanchot, de Saint-Claude, sa femme, qui l'institua en 1636. MM. les marquis de Broissia, de Falletans et de Sorans ont participé à l'accroissement de la dotation. Il n'est pas inutile d'ajouter que l'établissement de charité de Besançon, uni à l'hospice Saint-Jacques en 1703, étoit l'ouvrage de M. de Broissia, maître des requêtes au parlement, en 1683, et celui du Refuge qu'avoit sollicité ce même magistrat, dans cette capitale, fut érigé en 1709, par M. le comte de St.-Amour.

En 1327, Mahaut d'Artois, princesse *fortgrand aumônière*, dit Gollut, fit construire un hôpital sur le chemin de Salins à Bracon, en exécution du vœu exprimé par Otton IV son époux, dans son testament du 13 septembre 1302. Si un écrivain aussi crédule que le bon Gollut, témoigne de la répugnance à ajouter foi à une tradition populaire recueillie sur les lieux, à plus forte raison devons-nous aujourd'hui nous tenir sur nos gardes en la perpétuant. La charitable veuve d'Otton nourrissoit à sa suite une foule de pauvres; mais il survint une disette affreuse qui lui fit désespérer à la fin de pouvoir leur continuer des secours. Or, pour ne pas les laisser mourir de faim, elle les auroit, dit-on, fait périr par le feu. On montre à l'extrémité méridionale du village de la Châtelaine, l'emplacement de la maison où tous ces malheureux auroient été renfermés et si barbarement délivrés de leur misère !

Mijoux, qui n'étoit autrefois qu'une annexe ou une succursale de l'église de Septmoncel, situé dans une contrée déserte et pénible à traverser, s'étoit mis sous la protection de saint Christophe, patron des voyageurs : c'étoit du moins celui qu'invoquoient nos pères qui ont consacré leur croyance par ce proverbe transmis jusqu'à nous: *Christophorum videas, postea tutus eas.* Il se fit en ce lieu un apport considérable : c'est avec les libéralités des pélerins amenés par la dévotion aux pieds de saint Christophe, et avec celles des barons de Gex, qu'on avoit construit à Mijoux, en 1334, un petit hôpital qui ne subsiste plus, et dont les revenus ont été, en 1698, réunis à celui de Saint-Claude.

L'origine de ceux de Lons-le-Saunier n'est pas si bien connue, ils étoient fort anciens. Le premier fut sans doute celui qui avoit été établi dans un édifice romain nommé depuis la *Maladerie,* et situé en face de la saline actuelle. Le second étoit l'hôpital des marchands ou pauvres voyageurs qui étoit au faubourg Saint-Désiré, où est aujourd'hui la maison Baumal. Le troisième, qui étoit celui du Saint-Esprit, existoit comme le précédent en 1583. Le dernier, qui les a tous remplacés, se nomme

Hôtel-Dieu : il a été bâti en 1735, sur le plan réduit de celui de la capitale de la province. Les respectables dames qui le desservent ont fait placer dans la grande salle des malades (idée heureuse et sentimentale qui satisfait l'âme), le portrait de quelques-uns de leurs principaux bienfaiteurs, M.me et M. Roz, M.me Langlois, M.lle Courbe, MM. de Nance, Pourcilly et Goy, de Lons-le-Saunier, M. Bidot, de Revigny, et plusieurs autres. Elles n'ont pas oublié qu'elles doivent la conservation de cet établissement à J. J. Monnier, qui parvint, dans le temps de la révolution, à le soustraire à la vente nationale.

Celui du Saint-Sépulcre, bâti à Salins, aux dépens de Jean de Montaigu, subsista depuis 1431 jusqu'en 1690, sous sa première forme, et s'accrut en 1696 des biens que possédoient les maladeries de Breux, de Pontamougeard et d'Arc-sous-Montenot, ainsi que les hôpitaux d'Ivrey, de Sainte-Agne et de Saint-Bernard, qui leur furent réunis en 1753. Cet hospice de Saint-Bernard paroît avoir été calqué sur celui des Alpes : il étoit destiné à recevoir les passans. L'hôpital de la Charité de Salins étoit redevable de son existence au clergé, à la noblesse et aux bourgeois de cette ville, qui obtinrent de Louis XIV, en 1709 et 1710, des lettres patentes pour réunir à cet hôpital l'emplacement de celui de Bracon avec les terres et revenus qui en dépendoient.

A Nozeroy, l'hôpital de Sainte-Barbe est un monument de la piété de Pierre Courdier, chanoine de cette ville, sa patrie. Il date de 1481.

Jean de Châlon comte d'Auxerre, sire de Rochefort près de Dole, fit, en 1492, un pareil établissement à Saint-Julien. Cette maison n'existoit plus depuis long-temps, lorsque M. Louis-Albert de Lezay-Marnézia (1), évêque d'Evreux, abbé commendataire de Bellevaux et de Beaulieu, en établit et en dota une autre à ses frais, dans le même village dont il étoit seigneur. Il décéda à Lons-le-Saunier le 4 juin 1790, âgé d'environ 83 ans, et fut inhumé au

---

(1) Sa famille est originaire du Grand-Vaux ; elle tire son nom de *Lezat* qui en dépendoit : celui de *Marnézia* lui vient d'un village situé aux environs d'Orgelet, où, dans l'église, on voit la tombe de Thomas de Lezay, seigneur de Marnézia, Moutonne, etc., décédé en 1674. Mais le nom primitif de cette famille fut Grand-Val ou Grand-Vaux. Le premier qui prit celui de *Leissat*, est Perrenet de Grand-Val qui vivoit en 1320. Girard de Grand-Val, seigneur de Mornay, étoit chambellan du roi de France et de Philippe duc de Bourgogne, en 1405. Pierre de Grand-Val dit de Lezay, frère du précédent, avoit épousé Méline de Menthon, et de sa souche descendent MM. de Lezay qui ont ajouté un nouveau lustre au nom que leurs aïeux avoient déjà placé si haut.

couvent des capucins ; mais, dans les jours désastreux de la révolution, l'église fut profanée et la tombe ouverte. Ce cercueil servit quelque temps d'abreuvoir, et sert encore aujourd'hui de récipient à l'eau d'une pompe qui est au milieu de la cour de l'ancien couvent! Les actions les plus honorables n'en ont pas moins consacré le nom de ce prélat dans le souvenir des gens de bien.

Les seigneurs de Saint-Laurent-la-Roche, soit le jeune Bérault de Saint-Disier, soit Philippe de Vienne, soit Louis de Châlon, au quatorzième ou quinzième siècle, avoient monté un hôpital dans ce lieu ; mais faute de surveillance, il arriva par la suite dans cette maison des abus qui causèrent sa décadence. Quoique fort tombé, cet hôpital subsistoit encore en 1618, époque de la bénédiction de sa chapelle par l'évêque d'Andréville. (1)

L'importante population de Morez avoit besoin de semblables secours : et M. Claude Jobez, qui occupe l'industrie d'une portion no-

---

(1) La note des frais faits à cette occasion est peut-être digne de remarque, si on les compare aux dépenses qu'occasionneroit aujourd'hui une pareille cérémonie : on donna *dix francs* à Monseigneur pour ses peines d'avoir consacré l'autel de la chapelle dudit hôpital, trois francs aux deux chapelains de mondit seigneur évêque, et vingt sols au cordelier qui portoit la crosse.

table de ses habitans, a senti qu'il ne pouvoit pas employer plus dignement le superflu de sa fortune acquise au milieu d'eux, qu'en érigeant un hôpital dans leur ville, en 1819, et en le dotant d'un revenu de 1800 francs.

Pareil établissement va s'élever à Censeau, conformément aux dernières dispositions de M. l'avocat Germain (Jean-François), qui étoit né dans ce village, et qui y mourut le 22 juillet 1825. Il a légué à sa patrie une propriété de 40,000^f pour la fondation d'un hospice consacré tout à la fois au soulagement de la douleur, à la consolation de la misère et à l'éducation de la jeunesse. La carrière administrative de M. Germain fut celle d'un homme intègre; et sa carrière politique, celle d'un citoyen ennemi de tous les excès. Il siégeoit parmi les administrateurs du Jura, lorsque ce département fut mis hors la loi, pour avoir manifesté de la résistance au système de la terreur. A l'époque du blocus de Lyon par l'armée révolutionnaire, il fut un des premiers à s'inscrire au nombre des défenseurs de cette malheureuse cité. Il passa dès-lors deux ans d'exil sur le sol hospitalier de la Suisse. Ensuite il fut député au corps législatif, puis représentant à la chambre de 1815, époque vers laquelle il cessa de faire partie du conseil de préfecture. Pressentant sa fin prochaine, bien qu'il ne fut pas à un âge avancé, il fit, dans la province, une tournée d'adieux pour visiter tous ses amis, et pour les engager à se rallier franchement à la monarchie et à la foi de nos pères. Il mourut en rentrant dans ses foyers, et l'un de ses jeunes parens (1) a répandu des fleurs sur sa tombe :

> Ami, tu nous servis d'exemple.
> Ton lit de douleur fut un temple
> Où l'on adoroit les vertus.
> Sur ton cercueil, la bienfaisance
> Tend une main à l'indigence,
> Et sourit aux cœurs abattus.

En terminant ces articles sur les hospices, nous ne devons pas omettre Jean-François Lambert, de Lons-le-Saunier, inspecteur des apprentis de l'hôpital général de Paris, adjoint au comité de l'extinction de la mendicité aux États généraux, qui, en l'an VI, distribua aux membres des deux corps législatifs un mémoire sur le message du Directoire, du 26 nivôse. Ce message avoit pour objet la réunion au domaine national et la vente de tous les biens restant aux hospices. Le nombre devoit en être réduit

---

(1) Le docteur Germain, de Lons-le-Saunier.

pour toute la France, de deux mille à cent quatre-vingt-quinze, et les élémens de leur subsistance alloient tomber de quarante millions à quinze seulement. Le message n'eut pas de suite; la loi du 16 vendémiaire fut maintenue, et le patrimoine des pauvres fut garanti contre les atteintes des dévorateurs de la fortune publique.

§ II.

FONDATIONS D'UN AUTRE GENRE.

Pour l'homme social l'objet de première nécessité, après les secours qui assurent l'existence, est l'éducation qui lui donne en quelque sorte un nouvel être. Nous ne considérons en ce moment l'éducation, que sous le rapport du bien qu'elle procure à l'humanité, et nous ne louerons ici que les personnes qui en ont gratifié la classe indigente ou malheureuse.

Jeanne de Bourgogne veuve de Philippe-le-Long, roi de France, compatriote que nous avons déjà citée, avoit ordonné par son codicile que l'on bâtit à Paris un collége gratuit (1). Il devoit y avoir vingt boursiers philosophes, par-

(1) Il étoit sur l'emplacement qu'occupe aujourd'hui l'école de médecine.

mi lesquels étoient comptés un maître ès arts et un chapelain. Les Franc-Comtois y étoient reçus de préférence. Tant que notre province fut régie pas des États, ils veillèrent à l'administration de ce collége, y envoyèrent des sujets, proposèrent le principal, et firent des dépenses pour son entretien. Vers l'an 1620, ce collége étant beaucoup déchu, les Etats de la Franche-Comté, afin de prévenir son anéantissement, fournirent des sommes pour le restaurer, et Jacques Matal, de Poligny, y fut placé comme principal. « Il est arrivé du chan-
« gement dans l'état de cette maison, dit Cré-
« vier, mais néanmoins elle se soutient avec
« honneur. »

Autorisé par lettres patentes de 1736, le collége royal de Saint-Claude fut doté par Jacques Joly et Pierre-Romain Bauderat, prêtres de cette ville ; dotation à laquelle les magistrats de cette époque, ceux de 1783, et M. l'évêque ont beaucoup ajouté pour accroître les avantages de l'instruction. A Paris, tous les colléges portent le nom de leurs fondateurs : une inscription placée à l'entrée principale des classes, devroit au moins apprendre à la jeunesse étudiante de Saint-Claude, les noms de ceux à qui elle doit le bienfait de la première éducation. Des bourgeois de la même ville, qui ne sont pas nommés, avoient organisé un bureau de charité dont ils consacroient les fonds à procurer des métiers aux enfans de familles peu aisées, et des secours aux pauvres honteux. Jean-Gaspard Pariset, de Saint-Claude, docteur ès droits, légua à perpétuité en 1675, aux pauvres de sa patrie, le revenu de son domaine de Chanon, pour faire, chaque année, apprendre un état à un jeune homme, et pour doter une honnête fille.

Il a existé à Sellières, jusqu'au moment de la révolution, une institution pieuse qui mérite d'être mentionnée. Anne-Philippe de Cecile dame d'Osse, veuve de Claude de Franchet, dont la tombe se voyoit au chœur de l'église de ce bourg, ordonna, par son testament du 30 décembre 1708, que chaque année, au 1.er juin, l'on habilleroit treize indigens du lieu ; que l'on donneroit cent francs à deux jeunes hommes pour leur faire apprendre un métier, et quatre-vingts francs à deux jeunes filles pour se marier. Cette veuve appartenoit à une famille de Poligny qui avoit déjà fait, en faveur de quatre pauvres de cette ville, des dispositions semblables.

M. de Matherot, dont le nom est cher aux

habitans de Desnes, a destiné une somme annuelle de trois cents livres à l'instruction des enfans et au soulagement des malades.

En 1739 M. Léon. de Mesmay et M. Broch d'Hôtelans, de Dole, établirent dans cette ville une école de la doctrine chrétienne, en faveur de la classe qui ne connoît pas l'aisance. Le conseiller Roussel, maître des comptes à Dole, avoit affecté cent cinquante francs à des prix que l'on décernoit chaque année aux meilleurs élèves de l'école chrétienne, et aux enfans de sa paroisse qui répondoient le mieux au catéchisme. C'est ce même monsieur Roussel qui, voyageant de Châlon-sur-Saône à Lyon, avec J. J. Rousseau, fit bien rire le philosophe de Genève, en lui apprenant qu'il élevoit ses enfans à la manière d'*Émile*. Il faut croire que ce ris moqueur avoit tout à fait désenchanté le bon Franc-Comtois. Roussel, dont le portrait se conserve à Dole, où il mourut en 1776, étoit de Morteau : quoique étranger par sa naissance au département du Jura, on ne le trouvera pas déplacé dans un mémoire destiné à rappeler tous les genres de services rendus aux Jurassiens.

M. Bailly, de Cerniébaud, familier de Miége, mort la même année, avoit constitué, en faveur des pauvres de cette communauté, une rente de 150 francs, et une pareille dans la paroisse de Fraroz.

En 17.., la famille Lescot, de Nozeroy, et en 1808, la veuve Pasteur avoient fait semblable constitution de rente, ayant la même destination et administrée par l'hospice actuel.

M. Amoudru dans une Biographie de contemporains, termine ainsi l'article du statuaire Dejoux : « Sa bienfaisance envers le village
« dont il est originaire rehausse encore l'éclat
« de sa réputation : il fournit les fonds néces-
« saires pour créer une école gratuite, et fit
« ériger une fontaine qui en retrace le souve-
« nir. Le conseil municipal de Vadans doit lui
« faire élever, dans l'église du lieu, un monu-
« ment simple orné de l'inscription suivante :

« Il a fondé l'école où l'on instruit l'enfance ;
« Notre fontaine est due à sa munificence :
« Ainsi, par deux bienfaits honorant ses talens,
« Dejoux, célèbre ailleurs, est béni dans Vadans. »

Ces fondations ne sont pas très-importantes, il est vrai ; mais elles ne sont que plus faciles à imiter, et c'est ce que nous avons en vue en les publiant. Si nous voulions descendre à des détails plus minutieux, nous aurions encore à citer non-seulement ces pieux citoyens qui, dans la plus grande partie de nos communes populeuses, avoient formé les confréries de la croix, où l'on se cotisoit pour fournir à des jeunes gens sans fortune les moyens d'apprendre un état, et aux prisonniers des secours et des soulagemens ; mais encore toutes les personnes qui composoient nos associations de charité sous vingt dénominations différentes, car le christianisme prend toutes les formes possibles pour venir au secours de l'homme.

CHAPITRE QUATRIÈME.

BIENFAITS DIVERS.

§ I.er

BIENFAITS ET CHARITÉS PARTICULIÈRES.

Pour être moins considérables relativement à la quotité, les charités particulières ne sont pas moins dignes d'éloges que les fondations, puisqu'elles sont dans les mêmes proportions de fortune, et qu'elles dérivent du même sentiment. Le propriétaire aisé qui, par un mouvement de pitié, assiste toute une famille misérable; l'artisan qui s'impose des sacrifices pour concourir à une bonne action; l'indigent qui se prive de son pain pour nourrir un plus pauvre que lui, font autant pour leurs frères, que l'homme puissant lorsqu'il verse l'or à pleines mains sur une grande masse d'individus. Les générosités qui partent de ces humbles sources, ont même quelque chose de plus touchant. Nous espérons donc que l'on nous saura gré d'avoir consacré ce paragraphe à recueillir les traits qui honorent des compatriotes dont les noms doivent échapper à la biographie universelle, mais qui ne sauroient être omis dans la biographie des hommes utiles à notre pays.

Si nous entreprenons de rechercher ceux à la mémoire desquels se rattachent des actions charitables, nous ne nous flattons pas de les découvrir tous, et encore nous bornerons-nous à faire un choix parmi les principaux.

Saint Désiré, quatorzième évêque de Besançon, qui bâtit une église à Lons-le-Saunier; qui mourut en ce lieu; et qui, dit-on, y avoit reçu le jour au IV.ᵉ siècle, exerça de grandes charités envers les pauvres, les prisonniers, les captifs, les veuves et les orphelins.

Un autre prélat, issu d'une illustre famille franc-comtoise, Bernardin de Vaudrey, abbé de Saint-Symphorien, étoit aumônier de Louis XII. Avoir servi d'intermédiaire au *père du peuple* et aux infortunés, c'est avoir assez mérité notre respect, et l'histoire n'a pas besoin de nous en apprendre davantage.

Celles de toutes les abbesses de Château-Châlon qui a le plus relevé la véritable splendeur de ce monastère, est sans contredit Catherine de Rye. Sa louange a été tracée sur le marbre. Nous vimes un jour ce monument à travers les décombres de l'abbaye ; et un autre jour, nous ne l'y retrouvames plus : puisse une main pieuse ne l'avoir enlevé que pour assurer sa conservation ! les lignes rimées qui formoient l'inscription ne sont pas un chef-d'œuvre, mais les vertus dont elles réveillent le souvenir, n'ont pas besoin des ornemens de la poésie. Les voici :

> Cy git dame Catherine de Rye
> Qui de cette noble abbaye
> Fut abbesse plus de vingt ans;
> En laquelle fit des biens grands,
> Comme d'icelle vraie restauratrix.
> Puis trespassa le grand jeudy
> *Dont le peuple fit grands soupis,*
> L'an mil cinq cent vingt huit.
> Jour de feste Notre Dame,
> Prions Dieu qu'ayt son ame.

La piété généreuse de la famille Thoulier, originaire de Saint-Lamain, établie à Mirebel, acquit aux sujets de ce nom le titre distinctif de *bons*. La maison d'Anatoile Thoulier étoit un hospice pour les étrangers riches, pauvres, sains ou malades indistinctement ; pour les religieux et pélerins. Ses douces inclinations au bien passèrent à sa postérité, mais ne la garantirent pas du poignard des fanatiques : Anatoile son fils fut assassiné, comme il sortoit de la table sainte ; et son petit-fils, chanoine de Saint-Maurice de Salins, tomba dans l'église même, sous le couteau d'un calviniste (1).

Les Crozets, village de l'arrondissement de Saint-Claude, ont donné naissance à Girard Martin, conseiller au présidial de Lons-le-Saunier, mort en 1720. Ce magistrat est célèbre dans le pays par ses libéralités : à sa mort, il laissa un domaine à chacun de ses domestiques ; sa maison à la commune; un autre domaine à la Charité de Moirans ; et institua ses héritiers les pauvres de la paroisse de Saint-Lupicin pour le surplus de sa fortune.

S'il a été pénible pour nous de remarquer avec quelle tenacité les chanoines de Saint-Claude ont soutenu les droits de leur seigneurie féodale, il est agréable maintenant d'avoir à citer de la part de quelques-uns d'entr'eux, des actes de bonté qui honorent infiniment leur caractère. M. le haut doyen Jacques-François d'Angeville qui fit, avec le cardinal d'Estrées, tant d'efforts infructueux pour réformer cette abbaye, avoit une charité sans bornes.

(1) *Mémoires historiques de Poligny*, t. II, p. 149.

Outre les copieuses aumônes qu'il distribua pendant sa vie, il institua les pauvres ses héritiers universels. Un séjour de plus de soixante-neuf ans, c'est-à-dire une vie tout entière écoulée parmi nous, et plus encore le bien qu'il nous a fait, l'ont naturalisé dans le Jura. Il étoit originaire du Bugey, avoit fait profession dans l'abbaye de Saint-Claude en 1684, et en étoit devenu grand prieur en 1700. « Vieillard véné-
« rable et digne des plus beaux siècles de l'E-
« glise, d'Angeville étoit justement apprécié du
« cardinal d'Estrée, bon juge du mérite : cet
« abbé de Saint-Claude avoit pour lui une es-
« time qui tenoit de l'admiration ; et tous ceux
« qui l'avoient connu en avoient conservé un
« tendre souvenir. Aujourd'hui ils ne sont plus,
« et la jeunesse qui nous succède, étrangère à
« leurs sentimens, ne croira peut-être pas à des
« vertus auxquelles il étoit si doux à nos pères
« de rendre hommage ! Cet excellent homme
« qui auroit dû toujours vivre dans les lieux où
« il avoit fait tant de bien, y mourut en 1743,
« et aussi ignoré après sa mort, qu'il avoit
« voulu l'être pendant sa vie. Il ne reste de lui
« que le modeste éloge consigné dans le *Gallia*
« *Christiana :* le meilleur des hommes, plein
« d'amour pour les lettres et pour la discipline

« régulière, *vir optimus, litterarum studiosus,*
« *regularisque disciplinæ amantissimus* (1). »

Deux de ses confrères et de ses dignes imitateurs, M. Georges-Gabriel de Champ-d'Hyvers et M.r Léon-Antide de Raincourt avoient aussi reçu une âme toute céleste qui ne vivoit que pour Dieu, qui ne respiroit que charité. L'un, qui mourut en 1772, donna tout ce qu'il possédoit à l'hôpital. L'autre, qui étoit premier archidiacre du chapitre de cette ville et seigneur de Cinquétral, ordonna par son testament du 7 mai 1783 que son revenu évalué à 2400.f fût affecté au soulagement des aveugles, des infirmes, des vieillards sans ressources et des malades incurables de sa terre. Il en avoit toujours consacré le tiers, chaque année, à réparer les pertes causées aux laboureurs par les maladies, les mauvaises saisons, les épizooties. Son frère, l'abbé de Fallon, rivalisoit avec lui pour toutes les œuvres que peut inspirer la vertu. Leur bienfaisance aimoit à se cacher dans l'ombre : on ne connoîtra jamais tout le bien qu'ils ont fait.

Nous aimons à consigner tous les actes d'humanité dont le Jura s'est ressenti, lors même que leurs auteurs ne sont pas nés dans ce

---

(1) Note d'un habitant de Saint Claude.

département. C'est une dette de la reconnoissance, et d'ailleurs on ne peut pas dire qu'ils nous sont étrangers, puisqu'ils ne nous ont pas traités comme tels.

Au chapitre VIII de sa dissertation, M. Christin s'exprimoit en ces mots : « M. le duc
« de la Rochefoucault, seigneur de Nozeroy et
« d'autres lieux dans le voisinage de la terre
« de Saint-Claude, informé que ses vassaux
« (qui ne sont point serfs*), manquoient de
« pain dans ces dernières années, leur a fait
« des distributions abondantes de riz et de blé.
« Ce même seigneur ayant appris que son
« fermier les vexoit, et les avoit fait condamner
« à des amendes qui montoient à dix mille
« livres, a renvoyé ce fermier, et remis toutes
« les amendes à ceux contre qui elles avoient
« été prononcées. Nous pourrions (ajoute le
« défenseur des main-mortables du Jura) citer
« mille autres traits de l'humanité et de la
« bienfaisance de ce seigneur, s'ils étoient
« moins connus d'une province où il est adoré. »
C'est un malheur pour le Jura que M. de la Rochefoucault n'ait fait que s'y montrer : il le

* Erreur. La main-morte a existé dans plusieurs terres de madame de Lauragais, jusqu'au moment de la révolution.

parcouroit en 1770, lorsqu'il y reçut la nouvelle de la mort infortunée de sa femme, dont il n'avoit pas d'enfans; il partit sur-le-champ, et on ne le revit plus !

L'année 1784 fut très-rigoureuse: voici une lettre que M. le marquis Chastelier du Mesnil, inspecteur des troupes légères, écrivoit de Paris, le 28 février de cette année, au desservant de Publy, qu'il avoit chargé du soin de répartir des secours aux nécessiteux de sa paroisse:
« Vous n'avez nullement dépassé vos pouvoirs,
« M.; j'approuve toutes les aumônes dont
« vous m'envoyez la note; et si la rigueur de la
« saison continue à rendre les besoins de vos
« paroissiens pressans, je vous autorise à venir
« encore à leur secours. Je regarde comme un
« premier devoir de soulager les malheureux;
« et l'argent destiné à cet usage me paroît trop
« bien employé pour que je le regrette jamais.
« Quand la répartition totale des aumônes
« iroit, cette année, à trente louis, cela ne me
« feroit rien; et si cela ne suffit pas, j'irai
« même plus loin. Ainsi vous pouvez compter
« là dessus. Dites-en autant de ma part à MM.
« les curés de Blye, de Poite, de Nogna, de
« Conliége, etc., etc. Je ne peux mieux placer
« ma confiance pour la distribution, qu'en en

« chargeant MM. les curés ; ils connoissent les
« vrais pauvres, et c'est au secours de ceux-là
« que je veux venir. »

« Titus de mon hameau, son protecteur, son père,
« Je veux, autour de moi, que tout vive et prospère ;
« Je veux que sur ma tombe on puisse écrire un jour :
« Il sema les bienfaits et recueillit l'amour ».

Voilà la maxime que se proposoit dans ses *Essais sur la nature champêtre*, M.' le marquis Cl.-Fr.-Adrien de Lezay-Marnézia, seigneur de Saint-Julien, né en 1735 (1), mort en 1801, et dont il fit une constante application aux localités qu'il habita. Il se peignit surtout dans la charmante *Épître à mon curé*, où l'on trouve ces vers qui n'étoient que la fidèle expression des sentimens de son âme :

Les habitans de mon village,
La bêche en main, ont orné mon séjour ;
C'est par leurs soins qu'il me plait davantage ;
Je leur dois des soins à mon tour.
Je dois écarter d'eux les soucis, la misère,
Les consoler, les aimer, les servir.
Ainsi que toi le ciel m'a fait leur père.
A ce nom seul je me sens attendrir.
O mon pasteur ! ma plus douce espérance
Est de couler, au sein de l'innocence,
Mes paisibles jours avec eux !

(1) A metz. Nous avons démontré ailleurs que ses parens étoient

Le curé auquel s'adressoit ici le poète étoit M. Guirand, dont il a parlé ailleurs avec beaucoup d'estime et de respect.

Les pasteurs apostoliques de nos villes s'y faisoient pour la plupart admirer par leur extrême tendresse envers leurs ouailles. On jugeroit à quel point M.' Vulpillat aîné, curé de Lons-le-Saunier, mort avant 1785, portoit l'amour de son prochain, par un seul trait de sa piété à l'égard des pauvres : trait dont la singularité se rachète par la sainteté du motif. Assuré pour cette raison de la bienveillance avec laquelle on a coutume d'accueillir de pareils actes, qui d'ailleurs ne sont pas sans exemples, nous n'hésitons pas à rapporter celui-ci. Le vénérable ecclésiastique rencontra dans la rue un mendiant que ses haillons faisoient ressembler au *lutrin vivant* de Gresset :

« Vous m'entendez ! sa culotte trop mûre
« Le trahissoit par mainte découpure.

Le bon pasteur entra dans une allée, ôta son haut-de-chausse, le fit mettre au pauvre, et reboutonnant sa soutane, continua son chemin.

Franc-Comtois et que sa famille étoit particulièrement sortie du Grand-Vaux. Les noms de *Lezay* et de *Marnézia* appartiennent d'ailleurs à notre nomenclature géographique.

L'abbé de Rotalier se déshabilloit aussi pour couvrir les membres souffrans de J. C. ; et M.' Jean-Henri-Fr. Marion, curé de la même ville (1), chanoine honoraire de Besançon, décoré de la légion d'honneur, se fit tellement aimer de toute la population de sa ville natale (où il exerçoit en secret ses bonnes œuvres, et publiquement une rare influence), que sa perte y répandit un deuil universel.

Après cet exemple, l'impartialité historique que nous nous honorons de professer, nous presse de retracer le nom de M.' Bruet, né à Arbois en 1727, et mort curé de cette ville en 1821. Ses concitoyens qui ont tous, dans leurs maisons, le profil de sa figure caduque et révérée, ne tarissent pas sur ses traits de charité et de bienveillance.

Sans doute une foule d'autres lieux auroient à nous citer des noms recommandables par de semblables vertus ; mais la seule liste en deviendroit trop longue, et sortiroit par conséquent des bornes que nous nous sommes prescrites. Nous n'en citerons plus que deux.

La paroisse de Saint-Jean-des-Treux pleure la mort récente de son vieux pasteur Louis-

---

(1) Il y étoit né en 1764, et il y est mort en 1820.

François Carterot, qui la desservoit déjà antérieurement à 1790, et qui s'empressa d'y revenir aussitôt que le gouvernement eût rouvert les églises aux fidèles. Il aperçut un jour, dans la boutique d'un menuisier de Saint-Amour, un jeune homme qui étudioit, un rudiment à la main, et au milieu de ses outils. Après lui avoir fait des questions, il apprend que cet enfant tout perdu à l'incendie de Saint-Claude, et que ne pouvant continuer ses classes, il s'exerce dans la menuiserie pour en faire son état. Le bon curé, qui étoit la charité même, emmène chez lui cet adolescent, se charge de son éducation, lui enseigne les langues française et latine, le fait admettre au séminaire de Besançon, et lui obtient bientôt une succursale.

En 1808, la commune de Septmoncel, divisée en trois hameaux, avoit demandé à M. l'Archevêque de Besançon un desservant pour la Mora, qui est la partie centrale de ce vaste territoire. L'élève du curé de St.-Jean-des-Treux M. Mandrillon y fut envoyé; mais, dans cette Sibérie du Jura, il n'existoit alors ni église ni presbytère. M.r Mandrillon eut beaucoup de courage. Confiant dans la providence en qui son maître lui avoit appris à espérer, il célébra pendant trois ans les saints mystères dans une grange, et se logea lui-même comme il put. Mais aidé de la bonne volonté de ses nouveaux paroissiens, dont il se fit aussitôt chérir, il parvint à bâtir avec eux le temple du Seigneur et la maison de son ministre. Le curé en fut lui-même l'architecte, le charpentier et le maçon. Il étoit édifiant pour ces paroissiens de voir leur jeune pasteur, quittant les vêtemens sacerdotaux pour revêtir un habit d'ouvrier, travailler tout le jour, comme un simple manœuvre, la hache et la truelle à la main, et ne jamais se plaindre de ses peines. Feu M. de Ville-Francon, dans la dernière visite qu'il fit de cette portion de son diocèse en 1820, voulut passer deux jours dans cette paroisse, et n'admira pas moins l'ouvrage que l'ouvrier.

Un héros chrétien dont le nom a retenti dans l'Europe entière, à l'époque de notre histoire la plus féconde en crimes et en belles actions, est M. l'abbé de Montrichard, connu sous le titre d'abbé d'Andre à Voiteur où il est né, et sous celui de chanoine de Liége à Nevers où il est mort en 1814. Il fut une seconde providence pour les prêtres réfugiés en Suisse. Étant à Fribourg, il conçut l'idée d'une table gratuite en faveur de tous ceux que la dure nécessité contraignoit d'y recourir, et

une autre table à laquelle, moyennant un écot fort modique, des ecclésiastiques moins indigens étoient admis. Approuvé, encouragé par les évêques qui étoient en cette ville, autorisé par le gouvernement helvétique, ne s'étonnant pas plus des difficultés que des simples démarches; adressant partout ses demandes de fonds aux protestans comme aux catholiques, notre charitable compatriote fit contribuer à sa bonne œuvre d'abord Fribourg, puis le canton, puis la Suisse entière, puis enfin l'Autriche, la Hongrie, la Bohême, la Russie, la Pologne, les Electorats ecclésiastiques, l'Angleterre et Constantinople. Ce devoit être aussi une chose bien édifiante de voir, en 1795, M. de Montrichard servant lui-même à table tous ses convives au nombre de quarante à soixante-cinq, avec une joie égale à son humilité; soignant ceux de ses confrères malades qu'il n'avoit pu placer à l'hôpital, et donnant des vêtemens, du bois de chauffage, des bréviaires à ceux qui n'en avoient pas. L'heureuse idée d'une table commune porta des fruits ailleurs qu'à Fribourg, on en vit bientôt à Soleure, à Creutznack et à Constance. « Ainsi, par son exemple, dit l'abbé
« Lambert, de Lons-le-Saunier (dans ses *Mé-*
« *moires de famille,* etc.), M. de Montrichard

« avoit eu le bonheur de faire du bien, même
« où il n'étoit pas. »

§ II.

BIENFAITS GÉNÉRAUX ET DIVERS.

Médecine.

Insensiblement nous revenons aux hommes qui ont rendu d'utiles services à des masses collectives de la grande famille. Devons-nous y comprendre l'introducteur de la thériaque dans les pharmacies de la province, cette composition médicale qui jouit d'un tel succès dans la république de Gallien, qu'elle eût déjà chassé la fièvre par la seule confiance que l'on y mettoit? C'est à Pierre Verney, de Dole, que l'on fait cet honneur. Né en 1580, il avoit reçu ses licences en médecine à Paris, et son diplôme de docteur à l'université de Dole. Il voyagea pour s'instruire, et ce ne fut pas sans fruit, puisqu'il acquit des connoissances variées en pharmacopée, en botanique, en anatomie, et que c'est de Venise qu'il rapporta la découverte alors récente de la thériaque.

Chirurgie.

Jacques Beaulieu ou Beaulot, né en 1651, à l'Étendonne sous Beaufort, fut plus célèbre que le précédent, mais ce n'est pas dans son pays. On sait à peine qu'il y demeura, et sa mémoire y auroit tout à fait péri, si l'on n'avoit pas observé pendant longues années des plantes étrangères croissant à travers un champ qui fut autrefois son jardin. Apporté malade à l'hôpital de Lons-le-Saunier, ce pauvre villageois qui n'avoit encore que seize ans, y puisa le goût des opérations chirurgicales ; et, dans sa convalescence, il montra un grand zèle à secourir les malades. Il demandoit avec instance qu'on voulût bien lui apprendre la saignée, empressement auquel on dédaigna de répondre, parce qu'il ne savoit tout au plus que lire et écrire. Il s'engagea dans la cavalerie ; et, au régiment, il fit la connoissance d'un chirurgien qu'il suivit assez long-temps. A Venise, Beaulieu prit le nom de *frère Jacques*, et adopta un habillement qui lui devoit donner une tournure très-pittoresque : un manteau à peu près dans le goût de celui des Carmes, une robe qui ne lui dépassoit pas le gras de jambe, des souliers lacés de courroies, et un chapeau au lieu de capuchon, tel étoit son accoutrement; mais une piété vive, une ardente charité, un singulier désintéressement auprès des riches mêmes, un désir immodéré d'acquérir de la science, le distinguoient encore davantage. La méthode qu'il se créa dans l'opération de la taille lui valut la réputation du plus habile lithotomiste de son temps : un certain hollandais, les Anglais ensuite se l'approprièrent; mais les magistrats d'Amsterdam et ceux de Bruxelles firent graver le portrait du frère Jacques, et frapper des médailles d'or à sa gloire. La première portoit cette légende : *Frater Jacobus de Beaulieu, Anachoreta Burgundus, lithotomus omnium Europeorum peritissimus*; la seconde : *pro servatis civibus*. Rentré dans sa province, sur la fin de sa carrière, ce savant modeste mourut en 1720, à Besançon.

Inoculation.

JEAN-François Girod, de Mignovillars, né vers l'an 1710, mort le 5 septembre 1785, à Arlay, fut insensible à la gloire et à la fortune; mais il ne le fut pas à l'amour de l'humanité, qu'il servit jusqu'à lui faire le sacrifice de sa vie. Trop d'assiduité auprès de ses malades atteins d'une épidémie, l'a fait succomber victime de son zèle. Il avoit été inspecteur pour les épidémies de la Franche-Comté. La société royale de médecine de Paris lui décerna, le 23 août 1783, un jeton d'or pour un mémoire qu'il lui avoit adressé sur l'épidémie observée à Bornay, près de Lons-le-Saunier, en 1779. M. Vic-d'Azir a prononcé son éloge dans une des séances de cette société. Besançon lui avoit décerné le titre de citoyen, et le roi l'avoit anobli. Pouvoit-on trop honorer l'introducteur de l'inoculation dans sa patrie? Plus de vingt-cinq mille individus inoculés en Franche-Comté sont un beau témoignage de son dévouement au bien de ses semblables.

Vaccine.

N'OUBLIONS pas les services récens. Que l'on nous pardonne du moins de profiter de cette occasion pour signaler à la reconnoissance des Jurassiens qui nous succéderont, les personnes zélées qui ont propagé dans ce département le bienfait de la vaccine, sous les auspices de M. le baron Destouches, de 1808 à 1813. M. Sébastien Guyétant, de Lons-le-Saunier, docteur en médecine, avoit déjà en 1807 reçu la première médaille d'encouragement que le ministre de l'intérieur eût accordée, dans le Jura, pour récompenser les premiers efforts; il en a obtenu de nouvelles depuis cette époque, et son exemple a produit les plus heureux effets dans les autres arrondissemens. M. Dumont, médecin qui habitoit Arbois en 1809, et qui est mort à Sellières; M. Faivre, docteur en médecine à Salins, en 1810; M. Gauthier, chirurgien à Septmoncel, en 1811, méritèrent successivement de semblables récompenses. Nous savons d'ailleurs que sur d'autres points il y eut des vaccinateurs très-actifs qui, pour n'avoir pas reçu assez d'encouragement dans leurs travaux, n'en doivent pas moins occuper un rang fort honorable à côté de leurs émules; tels sont M. Meynier, chirurgien en chef de l'hôpital de Dole; M. Hyppolite Bon, médecin, alors domicilié dans cette ville, et M. Jeannier de Clairvaux. M. Humbert, curé de Chapelle-Voland, se distingua également dans des localités qui offroient plus de difficultés peut-être, et le gouvernement lui décerna une médaille d'argent pour reconnoître l'utilité de ses travaux jennériens.

De semblables récompenses en 1823 et 1827

ont payé le zèle de MM. Commoy à Morez, et Grand-Clément à Molinges, qui s'étoient fait remarquer par un redoublement de soins dans la propagation de la vaccine, à une époque où la petite vérole exerçoit de grands ravages en diverses contrées de la France.

Sourds-Muets.

Un disciple de l'abbé de l'Épée, un rival de l'abbé Siccard mérite bien d'être compté au nombre des amis de l'humanité. Pierre-Claude-Ignace Perrenet, de Foncine-le-Haut, né le 29 mars 1741, mort instituteur des sourds et muets à Lons-le-Saunier, le 21 février 1822, étoit aussi connu par sa candeur que par ses lumières. Ayant fait ses premières études à Nozeroy et son noviciat chez les grands Augustins à Seurre, il se rendit au couvent de Paris, où il fut successivement bibliothécaire, sous-prieur, prieur et docteur de Sorbonne. Tandis qu'il n'étoit encore que simple religieux, on lui adressa un de ses parens, sourd et muet âgé de vingt ans, que l'on désiroit faire admettre à l'école de l'abbé de l'Épée. Non-seulement le bon père Perrenet procura à ce jeune infortuné une pension gratuite dans sa communauté, mais il le conduisit à l'école et lui servit de répétiteur. Cette circonstance le mit en rapport avec l'illustre professeur et le fit aussitôt son ami que son émule. Bientôt le mérite de notre compatriote le mit en vue. On le rechercha pour professer dans les grandes villes cet art presque divin. La correspondance qui s'établit à ce sujet entre le vénérable instituteur et M. l'archevêque de Bordeaux, exprime les tendres sentimens qui unissoient le maître et le disciple. On y trouve le motif généreux qui engagea le P. Perrenet à ne pas accepter le poste qui lui étoit offert : il demandoit à la ville de Bordeaux qu'elle fît les frais de douze bourses au profit d'autant de pauvres qu'il se réservoit d'instruire, clause qui ne fut point accordée. L'abbé Siccard et le P. Perrenet contractèrent le même nœud : l'amitié de pareils personnages fait assez l'éloge du Jurassien. Au moment de la suppression des ordres religieux, Perrenet fut appelé à Pithiviers, pour faire l'éducation du fils de Mme d'Ymonville. C'est dans cet asile qu'il fut arrêté, et c'est de là qu'il fut ensuite transféré dans les prisons d'Orléans où il étoit destiné à la mort (1). Depuis dix-huit mois,

---

(1) Il y occupoit une chambre dont le plafond étoit si bas, que le pauvre P. Perrenet, qui étoit d'une grande taille, ne pouvoit s'y tenir de bout.

il languissoit dans une pénible attente, lorsqu'enfin le geolier vint annoncer à ce martyr et au jésuite qui partageoit son cachot, que le jour suivant seroit le terme de leur existence. Les prisonniers ne furent point troublés de cette nouvelle. Apercevant dans un coin une bouteille de vin de Bourgogne que l'on avoit donnée au jésuite, le P. Perrenet dit plaisamment à son compagnon : « Laisserons-nous donc cette « bouteille à boire aux patriotes? » Après l'avoir sablée ils s'endormirent tranquillement. Ils furent bien surpris le lendemain de n'être pas réveillés par le signal de la mort. Au contraire, le geolier n'entra que pour leur annoncer leur délivrance : Robespierre venoit de succomber. Les orages de la révolution appaisés, notre compatriote, à la merci de ses parens, erra sans domicile fixe, de Pontarlier à Champagnole. On lui donna le soin d'une paroisse, d'abord à Foncine-le-Bas, ensuite au Bief-des-Maisons et enfin à Syam, où il resta de 1803 à 1806. C'est alors que l'éclat de son mérite perçant l'obscurité de sa retraite, il fut attiré à Lons-le-Saunier par M. Poncet préfet du Jura. Il y arriva accompagné de trois sourds-muets, et il y reçut d'autres élèves. En 1812, M. Destouches, successeur de M. Poncet, proposa au conseil général l'établissement d'une école publique de sourds-muets au chef-lieu. La ville et le conseil général y applaudirent, et le vœu en fut porté au ministère ; mais les circonstances ont empêché que le projet n'eût son exécution. Le P. Perrenet demeura néanmoins à Lons-le-Saunier, pour s'y dévouer à ses bonnes œuvres. Là on le vit plusieurs années, comme un vrai père, entouré de sa famille adoptive, développer dans ses élèves une âme qu'ils eussent méconnue sans lui, et leur rendre une existence digne de leur fin.

Régime militaire.

L'ABOLITION de la peine de mort pour crime de désertion n'est pas un titre équivoque à la gloire de l'un de nos plus célèbres compatriotes, M. le comte Claude-Louis de Saint-Germain, ministre de la guerre sous le règne de Louis XVI. Il naquit le 15 avril 1707, sur le territoire de Vertamboz, dans une maison de chasse où sa mère fut surprise par le travail de l'enfantement. Il est mort le 28 janvier 1778, avec une réputation européenne. Adoré du soldat comme général, haï de l'armée comme ministre; sa destinée semée de vicissitudes continuelles fit revivre en lui plusieurs personnages de l'antiquité, Aristide, Alcibiade, Cincinnatus et Bélisaire. Voici comment : on admire Aristide allant avertir Thémistocle son rival, que son armée est investie à Salamine par les vaisseaux des Perses : on doit admirer Saint-Germain préservant d'une défaite certaine le maréchal de Broglie, à la fameuse journée du 10 juillet 1760. Alcibiade mécontent de ses concitoyens et réfugié chez leurs ennemis, refuse de combattre contre sa patrie : Saint-Germain méconnu à la cour de Louis XV et réfugié en Allemagne, refuse au grand Frédéric de commander les troupes ennemies de son pays, que ce prince lui confioit. Bélisaire illustre appui de l'empire romain, victime des intrigues d'Antonia et de la cour de Justinien, fut, dit-on, réduit à la dernière indigence : Saint-Germain couvert des lauriers de Rocoux, de Laufeld, de Berg-op-zoom, de la guerre de sept ans, sauveur de l'armée française à Rosbac, à Crévelt, à Minden, à Corbac, mais dédaigné de la marquise de Pompadour; vainqueur des Russes, ministre de la guerre en Dannemarck, se retire des palais pour venir terminer ses jours dans une métairie de Lauterbac, où la faillite d'un banquier de Hambourg le jette dans une telle détresse que ses anciens frères d'armes français se cottisent pour lui faire une pension. C'est là que, nouveau Cincinnatus, il cultivoit de ses propres mains la terre de son petit domaine, lorsqu'il reçut un message secret de la part de Louis XVI qui l'invitoit à partager les soucis du gouvernement. Le comte de Saint-Germain arrivé à ce nouveau poste, y fut bientôt calomnié. Le roi reconnut son innocence trop tard, et pour le dédommager de ses ennuis, il lui envoya le bâton de maréchal de France : l'ex-ministre étoit mort ; l'insigne de cette nouvelle dignité ne lui parvint qu'à son cercueil. On reproche à cet homme d'état d'avoir remplacé la peine capitale qu'encouroit le déserteur, par le boulet attaché aux pieds du coupable ; cependant on convient que cette ordonnance (appelée par Frédéric *un monument de législation militaire*) a eu un meilleur résultat que le régime précédent qui étoit plus dur. L'armée française qui avoit surnommé Saint-Germain *le père de la victoire*, se tourna contre lui dès ce moment ; et il est peu de personnes qui ne disent encore qu'il étoit plus fait pour gouverner des Allemands que des Français. Notre compatriote Bourdon de Sigray de qui nous parlerons ailleurs, fut quelquefois consulté par ce ministre : il s'opposa aux coups de bâton que Son Exc. vouloit renouveler des Romains (1) dans la discipline militaire; « eh bien, « dit M. de Saint-Germain, des coups de plat « de sabre? — Mais, monseigneur (répartit Si- « gray), ce sont toujours des coups ! » L'avis de cet officier vraiment français fut négligé, et le soldat qui jusqu'alors, n'avoit eu qu'à se louer de Saint-Germain, commença à le détester : il s'étoit attaché à ce général par le double sentiment de l'admiration et de la reconnoissance, à la suite de ses belles actions, et surtout depuis la réforme de la maison militaire des Tuileries. D'après le plan de l'homme d'état, chaque corps d'armée devoit être successivement appelé à la garde du roi, et passer ainsi tour à tour sous les yeux du monarque, ce qui resserroit davantage les liens qui l'unissent à ses soutiens naturels. On est revenu à ce plan : il a été adopté en 1815 par Louis XVIII, et suivi par S. M. Charles X.

---

(1) Les Romains se servoient de *l'avertissement du bâton* pour châtier le soldat : on choisissoit de la vigne à cet effet, parce que cette essence de bois n'étoit employée à aucun autre usage. M. le comte de Maistre propose le laurier pour anoblir la correction.

Dévouement.

Le village de Chamblay a donné le jour à un jésuite que la morale publique et l'humanité doivent compter au nombre de leurs modèles: François Bouton mourut à Lyon en 1628, victime de son zèle à secourir les pestiférés. Il étoit né en 1578, et avoit été envoyé de bonne heure aux missions du Levant. A son retour il échoua sur les côtes de la Calabre, où il fut assez heureux pour atteindre en nageant; encore y fut-il en danger d'être assommé par les habitans du pays qui le prenoient pour un corsaire africain. Nous parlerons ailleurs des œuvres de ce savant orientaliste.

Une contagion des plus funestes ravageoit la province de Franche-Comté; elle avoit pris naissance au siége de Dole en 1636. Les cordeliers de cette ville s'y montrèrent en vrais chrétiens: la crainte de la mort ne les intimida point, ne les empêcha nullement de porter des secours et des consolations aux malades, et c'est en donnant l'exemple d'une héroïque abnégation d'eux-mêmes qu'ils périrent tous.

Pareil dévouement honore la mémoire de Claude-François Froissard de Broissia, qui appartenoit à l'ordre des Carmes, et qui périt aussi de la peste, aux missions d'Alep en Syrie, en allant, jusque dans les bagnes, porter les sacremens aux malades. Il étoit frère de Charles de Broissia, missionnaire qui mourut à Pékin, et dont la mort fait le sujet de la lettre du P. d'Entrecolles à M. le marquis de Broissia(1).

Le docteur Chapuis, chirurgien de l'hôpital de Saint-Amour en 1637, revenant de Lyon à sa ville natale, la trouva bloquée par le duc de Longueville. Quoiqu'il sût bien que la place ne pouvoit pas tenir devant une armée aguerrie et nombreuse, il ne voulut pas séparer son sort de celui de ses concitoyens, et il pensa que c'étoit au contraire la circonstance de sa vie où il leur seroit le plus utile. Il va donc trouver le général français à sa tente, et lui demande en grâce qu'il veuille bien lui permettre de rentrer dans sa patrie, afin de porter à ses frères les secours de son art. Trop généreux pour s'opposer à l'élan d'un si noble zèle, le duc consent à ce qu'on lui demande; et, donnant à Chapuis une sauve-garde pour le conduire jusqu'aux portes de Saint-Amour, allez, dit-il, et transmettez à vos concitoyens le salutaire avis de se

(1) *Lettres Édifiantes*, t. XVIII, p. 56. Édit. du P. Querbœuf.

rendre sur-le-champ, s'ils veulent s'épargner de grands malheurs. — « Je ne saurois vous le promettre, répond le docteur; je ne puis que soigner mes compatriotes et mourir fidelle avec eux ». Il entra dans la ville, et il n'est pas nécessaire d'ajouter qu'il tint parole.

Les scènes de la révolution française n'ont pas fait briller des élans moins sublimes. Monsieur Henri-Catherine Brenet, né à Moissey en 1774, élu député de la Côte-d'Or en 1815 et 1820, et mort à Paris en 1824, fut un médecin si habile et un concitoyen si dévoué, que malgré la franchise extraordinaire de ses opinions, les partisans de la terreur se virent à la fin obligés de recourir à son ministère et de respecter sa liberté. Ayant d'abord été renfermé par eux au château de Dijon, il étoit parvenu à s'échapper par une embrâsure, et il cachoit son existence dans les forêts du Jura, lorsqu'une épidémie des plus terribles se manifesta dans cette capitale de l'ancien duché de Bourgogne, qui étoit depuis quelques années sa résidence. A cette nouvelle, le généreux Brenet, oubliant toute rancune, s'élance vers ce foyer de mortalité, au risque de retomber dans un piége, ou d'être atteint par la contagion. Il reparoît à la tête du service des hôpitaux civils et militaires ; plein d'une charité intrépide, il rend ses soins accoutumés aux malades qui encombroient ces établissemens; et cet acte de vertu d'un citoyen *suspect* trouve grâce devant le terrorisme lui-même.

M. Xavier Messageot, de Lons-le-Saunier, élève de l'école centrale à Dole, se promenant le 29 avril 1801 au Cours-Masson, entend les cris d'une femme et voit un enfant qui se noie dans le Doubs : ne consultant que sa générosité et son courage, il s'élance tout habillé dans le courant rapide, et il parvient à ramener la foible créature à sa mère, à qui l'on pourroit dire qu'il sauva également la vie, car, désespérée de la perte de son fils, elle alloit déjà se précipiter elle-même dans les flots, et elle y auroit certainement partagé le même sort. Aussi modeste que dévoué, le jeune homme se déroba sur-le-champ aux transports de la reconnoissance de cette femme qui ne put même obtenir qu'il se nommât; et depuis il se déroba de même à la couronne civique que les magistrats de la ville avoient délibéré de lui décerner, lors de la distribution générale des prix.

Un ancien militaire demeurant à Dole en 1811, Jean-Antoine Jeantet avoit, à diverses époques, retiré du Doubs plusieurs personnes en péril ; l'administration exposa la conduite de ce brave sous les yeux du ministre, et lui fit accorder une gratification. Il étoit beau de voir un homme qui d'abord avoit passé une partie de sa vie à détruire ses semblables, employer l'autre à les conserver.

La même année et le même lieu furent témoins de la superbe action d'un sapeur-pompier de cette ville, le sieur Ferdinand Monnier. Trois enfans étoient entraînés dans un gouffre, il se jette trois fois à la nage et les ramène sur la rive ; et comme le père de ces enfans (qui, ne sachant nager, s'étoit précipité dans le gouffre pour les secourir) devoit y périr infailliblement, Monnier plonge une quatrième fois dans la rivière, et rend bientôt ce bon père à sa jeune famille. Une médaille d'argent a été décernée par le ministre de l'intérieur à ce généreux citoyen.

Le 28 novembre 1811, Jean-Pierre Perrot, de Vouglans, passoit avec quatre autres personnes la rivière d'Ain, sur une barque qui portoit en outre huit bœufs sous le joug. A peine étoient-ils au milieu du trajet, que ces animaux effrayés font un mouvement brusque ; la nacelle chavire ; tout est submergé. Hommes et bêtes gagnent la rive à la nage ; mais une fille, qui se trouvoit avec les passagers, reste au fond de l'eau. Perrot n'écoutant alors que la voix de l'humanité ne balance pas à plonger dans la rivière, saisit par ses vêtemens cette infortunée, et par de promptsse cours lui rend une existence près de lui échapper.

Le même endroit vit, l'année suivante, une aussi belle action : le 22 janvier, un habitant de Menouilles revenant de Moirans se hasarde à traverser la rivière d'Ain alors gelée. La glace se rompt sous ses pieds, et il reste suspendu dans l'eau par les deux bras, sans pouvoir changer de position. Claude-Joseph Gandy, de Chamia, qui se trouve heureusement à une légère distance, entend les cris de cet homme, s'empare d'une perche, se glisse à genoux sur la rivière, et parvient, au péril de ses jours, à sauver ceux d'un père de cinq enfans.

Un pâtre de la commune de Doucier, Joseph Désiré Roux, âgé de quatorze ans (le 25 juillet 1812) voit un plus jeune enfant entraîné par le ruisseau de l'Hérisson près d'un moulin, il se jette à la nage pour le sauver, et son heureuse audace en vient à bout. Le dévouement de ce petit héros de l'humanité n'est pas resté sans récompense.

Sur la route de Paris à Rome passant au

Mont-Cornu près de la Chaux des Crotenay, il existe une corniche de rocher calcaire dont les couches sont verticales et reposent sur un lit de marne glaiseuse. Les voyageurs surpris par la tempête y cherchent un abri plus dangereux que la tempête même. Le 13 octobre 1812, un violent orage oblige deux cantonniers à se réfugier sous cette excavation ; mais à peine y sont-ils placés, qu'une portion de leur toit se détache et les couvre. Augustin Loup, leur chef, accourt pour les dégager; il rassemble toutes ses forces, et par un effort incroyable, il soulève le bloc. Cette masse se délite et va retomber sur les malheureux blessés ; il oppose à ce poids son propre corps, jusqu'à ce que d'autres personnes survenues aient pu les tirer de là. Enfin le chef cantonnier délivré à son tour se sent mal, il vomit le sang, et on l'emporte chez lui malade de l'excès de ses efforts. L'un des subordonnés d'Augustin Loup avoit été retiré mort de dessous le rocher, et l'autre ayant eu les deux cuisses brisées, ne survécut que trois jours à son compagnon.

A Morez, le 12 juillet 1813, un enfant tomba dans la Bienne grossie par des pluies continuelles ; il y alloit trouver la mort, si M. François Reverchon, percepteur, sans consulter sa frêle constitution ni le péril, ne se fût précipité dans le courant pour l'en tirer. Tout le monde voyant cet homme presque abîmé sous les eaux impétueuses et écumantes, le croyoit déjà enveloppé dans le même sort que l'enfant. En effet, à quelques pieds plus bas, sa perte étoit inévitable. L'homme le plus intrépide, le plus habile nageur, qui n'auroit pas eu un cœur aussi généreux, n'eût osé l'imiter ; et pourtant en exposant la vie d'un citoyen utile pour celle d'un enfant qui n'est encore rien à la société, M. Reverchon a donné dans cette circonstance une belle leçon à l'égoïsme, et il a bien justifié ce vers de Racine, que

.... dans un foible corps s'allume un grand courage.

Onze habitans de la commune de Longwy, passant le Doubs dans une barque que l'excès du chargement fit chavirer, ne durent la conservation de leurs jours qu'au dévouement de Claude Poulain, batelier, et à un inconnu. Le ministre de l'intérieur a décerné au sieur Poulain une médaille où sa belle action est consignée sous la date du 28 août 1821.

Terminer ainsi le livre des services rendus parmi nous à l'humanité, ce seroit, nous l'avouons, le laisser fort incomplet; mais on trouvera dans les trois livres suivans d'autres noms et d'autres faits qui semblent se rattacher au premier. N'est-ce pas en effet avoir servi l'humanité que d'avoir donné à sa patrie l'exemple des vertus, ou d'avoir versé son sang pour sa défense; d'avoir perfectionné les arts qui font prospérer la société; et d'avoir enfin propagé au milieu d'elle les saines lumières dont elle a besoin pour se connoître et pour se soutenir?.

FIN DU LIVRE PREMIER.

LES JURASSIENS RECOMMANDABLES.

LIVRE SECOND.

MORALE PUBLIQUE.

DIVISION DE CE LIVRE.

Les mœurs sont un des premiers soutiens de la société; les vertus publiques sont donc très-importantes à un état. Comme il n'y a pas d'esprit public sans vertus, il n'y a pas non plus de corps solidement constitué sans esprit public; et voilà pourquoi des publicistes moroses, remarquant moins de vertus dans les peuples modernes que dans les anciens, témoignent tant d'inquiétude sur la stabilité de certains gouvernemens.

La Franche-Comté avoit un esprit public et conséquemment son caractère distinct, comme les provinces voisines avoient le leur, avant la fusion générale qui s'est opérée dans toute la France. Encore peut-on dire avec une certaine exactitude, que chacune d'elles conservera long-temps encore quelques traits de son ancienne physionomie.

Il seroit à souhaiter pour la nôtre en particulier, qu'elle restât toujours semblable à elle-même dans ce qu'elle a de bien. On y trouvoit et l'on y trouve encore tous les nobles élémens qui constituent une nation forte. Aux yeux de tous les observateurs qui l'ont visitée, la piété a paru être autrefois son type spécial. Cette vertu n'exclut pas l'esprit belliqueux qui la distingue éminemment, et il n'est pas douteux que la religion ne prescrive plus de vertus que la loi naturelle. En effet ne commande-t-elle pas l'amour de la patrie, le mépris de la mort, la justice, l'intégrité, la modération, en un mot tous les devoirs sociaux?

Nos pères ont pratiqué ces vertus; et il étoit

moins rare, de leur temps que du nôtre, d'en trouver l'assemblage dans le même individu ; mais, comme ils ont été plus soigneux de les professer que d'en signaler les modèles, il est fâcheux que nous n'ayons à retracer qu'un petit nombre d'anecdotes honorables qui les concernent. Vus isolément, ces traits divers ne prouvent rien ; mais réunis en masse, ils font apprécier la trempe du caractère national. Nous allons donc poursuivre les citations commencées dans le chapitre précédent, et rappeler à nos compatriotes les services qui ont été rendus chez eux à la morale publique, par leurs devanciers et par quelques-uns de leurs contemporains : ce sera la morale en action du Jura. Si nous commettons des omissions essentielles, on les pardonnera à notre ignorance, et ce sera nous servir selon nos vœux, que de nous mettre à même de les réparer.

Les habitans du Jura qui ont fait ouvertement profession des hautes vertus que prescrit l'évangile, soit dans l'église, soit dans les armes, soit dans la magistrature, occuperont le premier chapitre.

Les belles actions qui ont été inspirées par l'honneur national et par l'amour de la patrie, rempliront le second et le troisième.

A la quatrième division de ce même livre, iront se placer les actes de justice, d'intégrité, de désintéressement; et là figureront les traits de probité qui est plus spécialement la vertu du peuple.

CHAPITRE PREMIER.

RELIGION.

§ I.er

RELIGION DANS L'ÉGLISE.

Il est tout simple, dira-t-on, que des ministres du Seigneur, que des personnes qui prononcent le vœu solennel de le servir, soient des modèles de mœurs, de piété, de bienfaisance. Pourquoi d'ailleurs n'en signaler que quelques-uns ? N'est-ce pas faire injure aux autres ? Il vaudroit mieux n'en citer aucun. — Cela est spécieux ; mais d'un autre côté, tout passer sous silence, ce seroit laisser une trop grande lacune. Or, nous ne parlerons ici que de ceux dont les vertus ont été consacrées par des monumens, par l'histoire et par nos chroniques.

Nous ne reviendrons pas sur les prélats que

nous avons déjà mentionnés dans cet écrit, pour des services rendus à l'humanité; nous en réservons même pour les chapitres qui suivront.

L'un des plus grands du diocèse de Besançon fut saint Donat, fils du patrice Vandelin, duc de la haute Bourgogne dans la contrée de Scoding (1). La tradition rapporte qu'étant simple religieux, sous saint Colomban, au monastère de Luxeuil, il fut envoyé à Arlay, afin d'y propager la foi et de desservir une église déjà existante que lui avoit donnée son père. Elle rapporte aussi qu'il avoit même fondé dans ce lieu une abbaye, de laquelle il ne seroit resté que des pavés mosaïques et des vestiges de fondations. Donat étoit sur le siége archiépiscopal avant 625; il est mort en 655, suivant Dunod.

La modération est le trésor du sage.

Aussi ne faut-il pas être surpris de voir de pieux personnages abandonner la scène mouvante et perpétuellement troublée des passions et des grandeurs, pour se réfugier au désert où l'on vit en paix, même avec soi, quand on y arrive exempt de remords. Aux siècles de

(1) Elle compose la moitié, méridionale, du département du Jura.

ferveur où la véritable dévotion faisoit, dans les premières séries des archevêques et des abbés, succéder des saints à des saints, on vit un fils de la famille Claudia, né à Salins, quitter le siége de Besançon, en 700, pour se retirer parmi les cénobites de Condat. Claude mourut au milieu d'eux, et c'est de son nom révéré que, par la suite, la ville de Condat ou de Saint-Oyen-de-Joux fut appelée Saint-Claude.

En 889, un comte souverain du pays de Scoding, laissant la cour et ses plaisirs, fonda le monastère de Gigny, et s'y voua au service du Seigneur. Pour s'être retiré à l'ombre du cloître, Bernon, que l'on peut assimiler à un prélat à cause du nombre de monastères qu'il gouvernoit, n'en fut pas moins célèbre : *in hoc tempore*, dit Albéric, sous la date de 895, *claruit in Burgundiâ sanctus Berno, ex comite abbas Gigniacensis cœnobii à se fundati.*

Hugues I.er, archevêque de Besançon en 1031, mérita le titre de bienheureux dans l'église par la régularité de sa conduite et par la pureté de ses mœurs. Il étoit né d'Humbert II, sire de Salins. Rodolphe III en fit d'abord son chapelain, son aumônier, son notaire, son chancelier, et l'associa ainsi au ministère de son gouvernement. Hugues fut ensuite archichancelier de l'empire sous Henri III. Il parut à plusieurs conciles en orateur éloquent, et notamment à celui d'Angers, vers l'an 1055, où il présida. Légat du pape, il assista au couronnement de Philippe I.ᵉʳ roi de France, en 1059. Léon IX l'appela son ami dans une bulle pour le chapitre de S.ᵗ-Paul de Besançon, et Hugues étoit lié avec les plus beaux génies de son siècle. Il mourut le 27 juillet 1066, et fut inhumé à l'église de Saint-Paul à Besançon, dans un tombeau portant l'inscription suivante qui est bien dans le goût mystique de l'époque :

Lux clero, populo dux, pax miseris, via justo,
Fulsit, disposuit, consuluit, patuit. (1)

Jean de Poupet, né à Salins, qui mourut démissionnaire de l'évêché de Chalon-sur-Saône, le 16 mars 1491, s'étoit fait chérir de ses ouailles. Voici quelques vers latins tirés de son épitaphe, à laquelle on a confié le soin de garder le souvenir de ses vertus :

---

(1) On lit au frontispice de l'hôtel de ville de Delpht en Hollande un distique du même genre :

Hæc domus odit, amat, punit, conservat, honorat
Nequitiam, pacem, crimina, jura, bonos.

Dans ces vers chaque mot du bas correspond à ceux qui lui sont immédiatement supérieurs.

Claruit Antistes multâ pietate beatus ;
Justitiâ populum rexit et ipse suum.
Inclita perpetuæ meruit cognomina laudis ;
Pontificem dixit publica fama bonum.

Nos pères ont aussi recommandé à notre respect un autre évêque enterré à l'entrée du chœur de l'église des Frères prêcheurs du couvent de Lons-le-Saunier, où nous avons déchiffré ces mots aujourd'hui presqu'effacés :

> Sous cette tombe ici-bas se présente,
> Duquel encor la mémoire est récente,
> Aimant vertu et sainteté aussi,
> Docteur fameux bien prêchant par la France,
> Le bruit courant de sa grand' suffisance.
> Lequel Lyon pour suffragant retint,
> Que si forfait de gloire le détint,
> Est inhumé notre maître Henrici.
> Au survivant de cette ville ici,
> A travaillé pour acquérir science,
> A grand honneur et titre d'Éminence.
> En son ordre tous les états il tint,
> La dignité de Pontife il obtint,
> Après avoir soutenu la doctrine.
> Priez pour lui, la coutume est insigne.

Anima ejus requiescat in pace..... immutationem sui expectans, beatis sit associatus. Amen.

Virtuti honor !

La même inscription nous apprend que Henrici étoit né en 1507 ; qu'il s'étoit fait mineur en 1526; qu'il étoit devenu évêque en 1554 et visiteur de l'ordre en 1558; qu'enfin il étoit mort en 1574.

Sans doute il n'est pas dans le bon ordre que le sacerdoce, s'ingérant dans les démêlés politiques, change le gonfanon contre l'étendart, et répande le sang au nom d'un dieu de paix. Cependant si des sectaires séculiers tentent de faire triompher par les armes leur nouvelle doctrine, en massacrant les dépositaires de l'ancienne, il est juste que ces derniers se défendent. Lorsque les Huguenots (nous nous servons du mot de cette époque), pénétrèrent en 1575 dans la place de Besançon, vers le milieu de la nuit, l'archevêque Claude de la Baume se jeta promptement hors de son lit; puis se munissant d'une rondache et d'un coutelas, il courut se joindre à quelques citoyens déjà rassemblés pour repousser l'ennemi, et l'on prétend qu'il eut le plus de part à la victoire. Que ceux qui voudront porter un jugement sur cette action, la méditent! Les admirateurs de ce prélat intrépide y verront surtout un défenseur de la foi de ses pères; les autres lui sauront au moins gré de son courage.

Un des plus grands prélats de la province dans les temps modernes, Ferdinand de Rye étoit archevêque de Besançon, lorsqu'il vint s'enfermer dans la capitale de la province pour figurer au nombre de ses défenseurs, en 1636. Il en sortit malade le jour de la levée du siége, et mourut le lendemain à Vuillafans. Il étoit né au château de Balançon (aujourd'hui commune de Thervay), en 1588.

Descendons maintenant à des rangs subalternes sans abandonner le sujet.

L'exemple qui va suivre prouve également que la piété n'amollit point le courage. Sébastien Râcle, né à Salins en 1664, missionnaire qui possédoit presque tous les dialectes de l'Amérique, étoit âgé de soixante ans, lorsque huit cents anglais et trois cents sauvages vinrent fondre, les armes à la main, sur Naurantzouac sa paroisse. Ce vieillard, le père et le protecteur de cette peuplade, se met à la tête de cinquante braves et les mène à l'ennemi. Obligé de plier sous le nombre, il rétrograde en se battant jusqu'au pied d'une croix, avec sept de ses guerriers, et ils y reçoivent une mort glorieuse.

Mais c'est quand elle désarme les hommes que la religion triomphe et qu'elle mérite le mieux nos hommages. Au temps des guerres de la France et du comté de Bourgogne, un général avoit envoyé à Conliége un détachement de soixante hommes. Les habitans, exaspérés sans doute par les maux qu'ils avoient déjà soufferts, avoient résolu d'exterminer cette garnison pendant la nuit. Cependant le complot ne trouva qu'un seul exécuteur, et un seul soldat fut lâchement égorgé par son hôte. Informé de l'affaire, le général indigné se dirigea aussitôt contre ce bourg, dans le dessein d'y mettre le feu, et de se venger de tous les habitans. Ceux-ci recourent alors aux conseils du vénérable pasteur qui les desservoit, et qu'ils consternent par cette nouvelle. Mais reprenant bientôt courage et l'inspirant à ses paroissiens, M. Buffet leur promet de les sauver, s'ils veulent tous se confier à lui. Revêtu de ses ornemens sacerdotaux, et portant le saint sacrement, le bon curé va donc, à leur tête, attendre le général aux portes de Conliége, et il le conjure, au nom de son divin Sauveur, d'épargner le sang de ses frères. Le guerrier touché de cette démarche, leur pardonna le meurtre, à condition que chaque année, à pareil jour, ils feroient une procession en mémoire de cet événement.

Mirebel se glorifie d'avoir vu naître une vierge vertueuse à qui il n'a manqué que d'arriver en des temps plus anciens, pour être révérée publiquement dans l'église romaine. Anatoile-Françoise Thoulier (tante de l'abbé d'Olivet, l'un des quarante de l'Académie), reçut le jour le 3 janvier 1645; prit le voile au couvent de Sainte-Claire de Poligny en 1661, et mourut dans cette ville le 30 avril 1672, jour dédié à sainte Catherine de Sienne, que cette jeune sœur s'étoit proposée pour modèle. Le cercueil découvert de cette chaste colombe du cloître resta pendant trois jours, dit M. Chevalier, exposé à la vénération des peuples accourus de toutes les campagnes et de toutes les villes voisines pour assister à ses funérailles. Son cœur fut enchâssé dans un reliquaire d'argent que l'on plaça dans le mur de l'oratoire secret de sainte Colette, et l'on grava sur son tombeau une inscription qui se termine par ce verset du livre de la sagesse: *Consumata in brevi implevit tempora multa; placita enim erat Deo anima illius.*

Ne devons-nous pas un souvenir à un des martyrs de la révolution? M. Patenailles, curé d'Arlay, arrêté en l'an IV de la république, voulut scéler de son sang *son attachement à son Dieu et à son roi*, (ce sont ces expressions). Le conseil de guerre qui le condamna étoit composé de dix-huit hussards : Patenaille fut fusillé à Besançon. Des élèves de l'école de médecine qui s'étoient approprié son corps, en ont distribué plusieurs ossemens; une dame de cette ville fut, à cette époque, traduite en appel à Lons-le-Saunier, comme accusée d'avoir conservé chez elle, dans une boîte, une main de ce prêtre; mais elle y fut acquittée. M. Perrin (A. Hya.) présidoit alors le tribunal, et se faisoit remarquer par une modération digne de louange dans tous les temps.

§ II.

RELIGION DANS LES ARMES.

Nous allons passer de l'Eglise dans les camps. Nul n'est plus propre à nous servir de transition d'une classe à l'autre que Jacques de Molay, dernier grand-maître de l'ordre du Temple. L'auteur anonyme de la vie de cet illustre compatriote, dans la *Biographie universelle*, après avoir rapporté l'extinction des Templiers et les circonstances de leur condamnation, ajoute que les documens nombreux, apportés de Rome, il y a quelques années; la publication de la procédure; les débats auxquels ont donné lieu la tragédie de M. Renouard, et l'ouvrage récent de M. Hammer, ont jeté un grand jour sur ce terrible événement du XIV.ᵉ siècle; et que l'opinion publique paroît désormais fixée sur l'injustice de l'accusation et sur l'innocence de cet ordre célèbre. Jacques de Molay, né au château de Rahon, tiroit son origine des sires de Longwy, et son nom d'un petit village dépendant de cette terre. Vers l'an 1265, il entra dans cette association religieuse et militaire; en 1299, il en fut élu grand-maître à l'unanimité, quoiqu'il ne fût pas alors en Orient. Le pape, en 1305, le rappelle en France; en 1307, tous les chevaliers qui se trouvent en Europe sont arrêtés. Leur mort avoit été concertée d'avance par Philippe-le-Bel à qui les immenses richesses du Temple portoient ombrage, et qui avoit besoin d'argent, ainsi que par Clément V qui peut-être se trouvoit engagé malgré lui à seconder ce monarque. Tout le monde connoît le résultat que produisit la question sur les suppôts de l'ordre, dont les uns avouèrent dans les tortures et nièrent dans les supplices, dit Bossuet. Molay avoit bien d'abord cédé à la douleur; mais il ne tarda pas à se reprocher cette foiblesse, au moment où tous ses juges et tout Paris s'attendoient à le

voir confirmer publiquement ses prétendus aveux, à l'aspect du supplice de ses religieux fidelles. « Mais l'on fut bien surpris, dit M.
« de Vertot, lorsque ce prisonnier secouant
« les chaînes dont il étoit chargé, s'avança
« jusqu'au bord de l'échafaud, d'une conte-
« nance assurée; puis, élevant la voix pour être
« mieux entendu : il est bien juste, s'écria-t-il,
« que dans un si terrible jour, et dans les der-
« niers momens de ma vie, je découvre toute
« l'iniquité du mensonge, et que je fasse triom-
« pher la vérité. Je déclare donc, à la face du
« ciel et de la terre, et j'avoue quoiqu'à ma
« honte éternelle, que j'ai commis le plus
« grand de tous les crimes; mais ce n'a été
« qu'en convenant de ceux que l'on impute
« avec tant de noirceur, à un ordre que la vé-
« rité m'oblige aujourd'hui de reconnoître
« pour innocent. Je n'ai même passé la dé-
« claration qu'on exigeoit de moi que pour
« suspendre les douleurs excessives de la tor-
« ture, et pour fléchir ceux qui me les fai-
« soient souffrir. Je sais les supplices que l'on
« a fait subir à tous ceux qui ont eu le cou-
« rage de révoquer une pareille confession.
« Mais l'affreux spectacle qu'on me présente
« n'est pas capable de me faire confirmer un

« premier mensonge par un second, à une
« condition si infâme : je renonce de bon
« cœur à la vie qui ne m'est déjà que trop
« odieuse. Et que me serviroit de prolonger
« de tristes jours que je ne devrois qu'à la ca-
« lomnie ?.... Ce seigneur en eût dit d'avantage,
« si on ne l'eût pas fait taire. On le brûla vif
« et à petit feu, avec d'autres religieux de
« son ordre, dans une petite île de la Seine; et
« le grand-maître y soutint le caractère qu'il
« avoit déployé quelques jours auparavant en
« présence du public, s'accusant encore de sa
« première foiblesse, et s'estimant heureux
« de l'expier par le sacrifice de sa vie. » Semblable aux martyrs qui célébroient les louanges de Dieu, il chantoit des hymnes au milieu de la flamme. Mézerai rapporte que l'on entendit alors le grand-maître s'écrier : « Clément !
« juge inique et cruel bourreau ! je t'ajourne à
« comparoître, dans quarante jours, devant
« le tribunal du souverain juge. » Quelques-uns écrivent, dit Vertot, qu'il ajourna pareillement le roi à y comparoître dans un an. Peut-être que la mort de ce prince et celle du pape, qui arrivèrent précisément dans les mêmes termes, ont donné lieu à l'histoire de cet ajournement. Tout le monde donna des

larmes à un si tragique spectacle, et des personnes dévotes recueillirent les cendres de ces dignes chevaliers.

Comme on vient de le voir le caractère du Jurassien est fortement trempé de l'esprit de religion. Il est moins commun pourtant de rencontrer de pareils hommes à la cour et sous les tentes de l'armée. Nous avons eu des guerriers assez marquans qui ne rougissoient pas plus d'être chrétiens que les Bayard et les Turenne ; nous les nommerons ailleurs comme capitaines, et nous nous bornerons ici à rappeler M. le Comte de Saint-Germain. Sa sévérité de mœurs fut peut-être même la source de ses disgrâces: comment plaire avec des vertus chrétiennes à la marquise de Pompadour, qui ne dispensoit les faveurs royales qu'aux adulateurs de ses vices? Elle n'avoit jamais vu le fier Franc-Comtois dans son antichambre, car il eût été humilié de lui devoir sa fortune. « Et qu'irois-je faire à la cour, répondoit-il à ceux qui le pressoient de s'y présenter comme les autres officiers généraux, qu'irois-je faire à la cour, je ne sais point mentir : *in aulâ quid faciam, mentiri nescio?* » Mais si le caractère que lui avoit imprimé la religion fut la première cause des injustices humaines qu'il eut à essuyer, cette même religion l'aida à les supporter avec dignité; et l'on en vit surtout la preuve à Courlans en 1768, et à Lauterbac en 1773, à son premier et à son second retour de Danemarck. Au sein de ces campagnes, il couloit des jours sans remords et sans regrets, doucement occupé de ses devoirs de simple citoyen et de fidelle croyant, lorsque deux fois sa bizarre destinée vint le tirer de son repos pour le ramener aux pieds des trônes, et pour le lancer de nouveau sur un océan si fécond en naufrages.

§ III.

RELIGION DANS LA MAGISTRATURE.

« Que des magistrats pénétrés des vérités de
« la religion chrétienne, s'écrie le judicieux
« Dunod, fussent incapables de rien faire
« contre la justice et leur conscience, c'est une
« vérité certaine; et l'on ne peut révoquer en
« doute que la piété éclairée ne soit en ce cas un
« guide plus sûr que la simple morale. Tant de
« vertus et de talens réunis dans les respectables
« vieillards qui composoient le parlement de
« Dole, lui ont mérité le titre d'Aréopage
« chrétien. »

Une particularité que la tradition nous a conservée est bien propre à nous donner de ce tribunal l'idée la plus sublime : c'étoit un usage qui avoit quelque chose d'auguste, et nous ignorons si l'antiquité a rien eu de comparable. Après son installation au parlement, le nouveau magistrat choisissoit le lieu de sa sépulture, et là se mettant en présence du tribunal suprême, où comparoîtront à leur tour les juges de la terre, il donnoit carrière à de sérieuses méditations sur les devoirs de cette vie et sur le sort de l'autre.

Parmi les membres de cette cour, Jean Girardot seigneur de Beauchemin, né à Nozeroy vers l'an 1590, se fit distinguer par une piété qui s'allie très-bien avec le dévouement patriotique. Etant du conseil supérieur qui étoit chargé du gouvernement de la province en 1636, il y déploya un caractère égal en hauteur aux circonstances où il se trouvoit. Un jour il s'opposa à l'adoption d'une certaine mesure, et il en proposa une autre qu'il appuya de l'exemple du grand Scipion. L'événement prouva qu'il avoit bien jugé. Dès-lors ses collègues, marquant plus de déférence à ses avis, ne manquèrent jamais de le consulter dans les conjonctures difficiles, en lui disant: « monsieur

« de Beauchemin, trouvez-nous encore quelque
« scipionade. » Il avoit publié en 1627, *Le Chemin de l'Honneur à la noblesse catholique dans le monde*, ouvrage au sujet duquel dom Grappin a dit que l'on peut assurer que l'auteur a constamment suivi la route qu'il traçoit aux autres. Il a aussi composé l'*Oratorium matutinum viri christiani in republicâ agentis*, ainsi que la *Bourgogne délivrée*.

Un savant magistrat de qui l'on a pu dire *vir bono publico natus, per humanos casus divino incedet animo,* que Voltaire appeloit le terrible velche, mais qui, tout sévère qu'il se montra dans ses écrits, jouit encore de la réputation la plus honorable dont puisse jouir un homme public; Pierre-François Muyart de Vouglans, conseiller au grand conseil, naquit à Moirans en 1713, et mourut à Paris le 14 mars 1791. L'auteur *des Trois Siècles de la Littérature française* dit que les ouvrages de jurisprudence de M. de Vouglans, souvent cités dans les matières criminelles, faisoient déjà autorité auprès des tribunaux, honneur dont peu d'auteurs ont joui de leur vivant. « On doit encore, ajoute-t-il, à
« cet écrivain, un petit ouvrage en faveur de
« la religion, qui se fait lire avec intérêt, il a
« pour titre *Motifs de ma foi*. Les Italiens et les

« Allemands l'ont fait passer dans leur langue,
« et il a été accueilli en France des esprits qui
« tiennent à la religion et aux mœurs. Nous
« ne connoissons pas d'écrit moderne plus ca-
« pable que celui-ci d'affermir dans leur foi les
« âmes chancelantes, et de ramener au chris-
« tianisme celles qui en ont secoué le joug. »
Une conformité de principes engagea M. Courchetet d'Esnans à choisir Mr Muyart de Vouglans pour l'exécuteur de ses dispositions testamentaires, bien qu'il ne le connût à peu près que de nom. « Il falloit (observe à cette occa-
« sion, le P. Joly) qu'il eût conçu la plus haute
« estime de notre compatriote, pour lui donner
« cette marque d'une confiance si singulière,
« car M. Courchetet ne la prodiguoit pas. »

La perte que fit, en 1814, la magistrature dans M. le Comte Adrien de Lezay-Marnézia, préfet du Bas-Rhin, laissera de longs regrets. Les écrits de ce diplomate distingué attestent la sagesse de ses vues, son zèle pour le bien public, son respect pour les saines doctrines. Les souffrances qui terminèrent sa courte carrière mortelle firent voir en lui un philosophe chrétien qui aspire au séjour du ciel avec une foi sincère. Les exhortations pathétiques qu'il fit entendre à sa famille, à ses domestiques assemblés, n'éton-

nèrent personne et pénétrèrent tout le monde :
il les engageoit à demeurer fidèlement attachés
à la religion catholique, à pratiquer les devoirs
qu'elle impose ; et il les prioit de lui pardonner
toute les fautes dont il auroit pu se rendre coupable envers eux (1). Son panégyriste à l'académie de Besançon, a dit que ce magistrat
inappréciable étoit mort « avec la consolation
« de n'avoir froissé les intérêts de personne.
« Loin de se permettre des abus de pouvoir en
« franchissant les limites posées par la loi, il ne
« cessa jamais de prendre la loi pour boussole.
« Étranger à tous les partis, oubliant même
« depuis la rentrée des Bourbons qu'il appartenoit à une classe distinguée, il avoit vu du
« même œil tous les habitans de Rhin-et-
« Moselle et du Bas-Rhin : ils étoient pour lui
« comme une seconde famille dont il fut le
« chef et le père. Aussi est-il comblé de bénédictions publiques, et regretté de tous les
« Français honnêtes et sensibles. » Trop préoccupé de son goût pour la politique, et ensuite

(1) La fin de M. de Lezay nous rappelle celle de M. le baron de la Rochette, l'un de nos meilleurs préfets, mort en 1822; jeune magistrat mais prudent, littérateur estimable mais tout dévoué à ses fonctions publiques, homme du monde mais chrétien, et dont le souvenir sera toujours cher au Jura.

trop appliqué à ses fonctions administratives, M.ʳ Adrien de Lezay n'eut pas le temps d'élaborer un manuscrit de son père, ouvrage où, pour remplir le plan dont Pascal n'a laissé que l'esquisse, le marquis de Marnézia vouloit réconcilier la philosophie avec le christianisme, et se servir des armes de l'une pour faire triompher l'autre. La mort arrêta le préfet de Strasbourg dans cette belle entreprise : M. Albert de Lezay son frère, ancien préfet du Rhône, devroit l'exécuter.

La dévotion est malheureusement devenue une mode de notre époque, ou plutôt une puissante auxiliaire de l'ambition ; mais on sait encore discerner de cette piété improvisée la piété de tous les temps. Il y avoit même grand nombre de personnes connues par leur religion sincère, long-temps avant la restauration de notre ancienne monarchie, et nous pourrions citer des familles entières où cette vertu, professée dans la simplicité du cœur, est comme transmise avec le sang.

CHAPITRE SECOND.

HONNEUR NATIONAL.

§ I.er

FIDÉLITÉ DE LA PROVINCE.

On ne sauroit trop honorer la fidélité, première condition de l'amour de la patrie. Cette vertu est aussi un garant de la stabilité des institutions sociales : dès que le sujet s'écarte de ce principe, l'état s'ébranle ; on ne peut plus compter sur rien. Il ne tient plus dès-lors qu'à un fourbe, revêtu d'une grande confiance, de culbuter le gouvernement établi, semblable à un artificieux pilote qui conduiroit à des bords ennemis des navigateurs endormis ou sans armes. L'obéissance passive a bien ses inconvéniens quelquefois, et l'on peut citer de fort beaux exemples d'une source opposée ; mais quand on y a long-temps réfléchi, on conçoit que des exceptions honorables à cette règle ne la détruisent pas, et que l'on peut dire du moins: le devoir de la fidélité est si rigoureux, et repose sur une base tellement immuable, qu'il oblige de servir loyalement et sans examen toute espèce de maîtres, chéris ou redoutés, délices ou fléaux du genre humain. Quiconque a prononcé un serment n'a plus le droit de l'enfreindre de sa propre volonté ou de l'autorité d'une puissance illégale. Louis XVIII a récompensé la résistance de ce brave gouverneur de Vincennes qui, en 1814, n'ayant pas encore reçu de nouveaux ordres, refusa au duc de Berry de le reconnoître, jusqu'à ce que le roi lui-même l'eût dégagé de son serment. Qui n'a pas accordé son estime à la fidélité de Bertrand lorsqu'il s'exila avec Bonaparte, après l'abdication de 1814? Qui n'a pas au contraire blâmé le maréchal Ney de s'être joué sans pudeur, en 1815, de la religion du serment? Et sans quitter notre propos, quel est l'homme (quelle que fût alors sa manière de voir) qui n'a pas admiré l'action hardie de notre compatriote le comte Alexandre de Grivel, inspecteur général de la garde nationale du Jura, lorsque, le 14 mars 1815, il brisa son épée en présence d'un corps d'armée tout entier, dans le mouvement d'indignation que lui causa la perfidie de cet indigne pair de France? Un soldat, que ce trait avoit pénétré de respect, releva de terre le fragment de ce glaive, et dit en le baisant: « *je suis maintenant un soldat de l'Empereur, mais n'importe; ceci étoit l'épée d'un brave, et je veux la conserver.* » Le soldat étoit un brave aussi : ce mot le prouve, et il prouve encore plus combien la fidélité tient essentiellement à l'honneur dans toutes les opinions.

On voit que la nation franc-comtoise n'a rien perdu de la loyauté qui la distingua sous les dominations anciennes.

Philippe IV, roi d'Espagne, qui entretenoit trois régimens de milice de cette province dans son armée, faisant un jour la revue de ses troupes à Sarragosse, fut ému jusqu'aux larmes à la vue de nos cohortes, lorsqu'à leur tour elles défilèrent devant lui. Les preuves multipliées de la bravoure et de l'attachement de ce bon peuple à la cause espagnole, se retracèrent à sa mémoire (la Franche-Comté n'appartenoit plus à sa couronne), et il s'écria plusieurs fois dans le transport de son émotion: « *mis Borgonones! mis Borgonones!* »

Cette fidélité s'exprime avec une touchante

naïveté dans les *Remontrances* que fit en 1668 Jules Chifflet, abbé de Balerne, à l'occasion de l'enquête dirigée contre les membres du parlement accusés d'avoir livré la province au roi de France. Le narrateur, après avoir parlé des votes émis par quelques membres de sa compagnie, au sujet d'une lettre de Louis XIV, ajoute : « comme les suffrages alloient filant
« qu'on se dût rendre, Dieu voulut que le pre-
« mier qui en interrompit le cours fût le con-
« seiller Boivin, fils du grand président Boivin,
« lequel dit merveilles pour empêcher la plu-
« ralité ; et comme je le suivois immédiate-
« ment, je fus ravi d'avoir un si noble exemple,
« disant en termes exprès et fort clairs, que je
« ne pensois plus être moi-même, me consi-
« dérant au lieu où j'étois, à l'abord de telle
« proposition ; que ceux qui avoient opiné pour
« se rendre n'étoient pas enfans de ces braves
« héros qui avoient soutenu le glorieux siége de
« 1636 ; que l'Europe avoit les yeux sur nous ;
« qu'il n'y auroit jamais savonnettes pour
« effacer la tache d'infâmie dont nous serions
« pour toujours noircis dans l'histoire ; que
« nous disposions du bien et des états du roi qui
« avoit hérité ce pays si légitimement ; qu'il
« n'y avoit pas moins de 700 ans que nous

« appartenions à ses prédécesseurs. J'eus le cœur
« tellement serré, considérant la sacrée image
« de V. M. portant le deuil du feu roi son père,
« qui étoit là entre les portraits du même bon
« roi et de notre sage reine sa mère ; que je
« tranchai là dessus, et dis que je suivois tota-
« lement l'avis du conseiller Boivin, comme
« d'un fidèle serviteur de votre majesté. »
L'abbé de Balerne cite ensuite comme oppo-
sant à la soumission proposée, le maître des
requêtes Froissard-Broissia, vieillard de quatre-
vingt-deux ans, issu de très-dignes serviteurs
du roi d'Espagne et père de plusieurs autres qui
étoient à leurs régimens. Nous ne craignons
pas de terminer nos citations par celle-ci (1) :
« Voyons maintenant, dit-il, comment je me
« suis comporté envers les bons sujets de V. M.
« Dieu m'est témoin que pendant les maladies
« populaires qui ont fait ravage en cette ville
« de Dole, j'ai toujours préféré à tous autres,
« en matière de secours temporels et devoirs
« de charitable chrétien, ses fidèles sujets ;
« qu'ayant appris de petits miracles de fidélité
« et d'amour de quelques personnes du vul-
« gaire, envers votre personne royale, je leur

(1) Le mémoire d'où ces extraits sont tirés est resté manuscrit.

« témoignois une cordiale reconnoissance ; que
« j'embrassois les bons ecclésiastiques qui m'as-
« suroient qu'à la messe ils ne l'oublioient
« point, et cela lorsque le comte de Gadagne
« alloit de couvent en couvent menacer les con-
« fesseurs (pour déraciner l'amour que nous
« avions à votre sacrée personne, et à son au-
« guste maison, par la voie des tribunaux de la
« pénitence); et qu'en un mot, auparavant, pen-
« dant et depuis notre attaque, j'ai eu le cœur
« tout attendri aux occasions de servir ceux que
« je reconnoissois avoir l'intention recte et
« généreuse pour son royal service. »

La vertu que nous préconisons ici, l'une des plus éclatantes de nos pères, étoit d'autant plus admirable qu'elle n'étoit généralement pas assez récompensée par les personnages augustes qui en étoient l'objet, ou plutôt par leur gouvernement. C'est une chose étonnante qu'ils se soient attachés à leurs souverains d'une manière si vive, si tendre, qu'ils n'avoient pas besoin de les voir pour les aimer : bien différens en cela des peuples actuels, transformés en penseurs, qui savent à peine gré à leurs chefs des libertés et du bonheur qu'ils leur procurent! Ne croiroit-on pas que les rois et les sujets ont des intérêts différens?

§ II.

FIDÉLITÉ DES VILLES.

Il conviendroit peut-être, pour apprécier la fidélité que montra le peuple du Jura à ses légitimes souverains, de dérouler le tableau de ses longues infortunes, de le montrer en proie aux fléaux successifs ou simultanés de la guerre, de la famine et de la peste : nous nous étions livrés à ce travail, mais nous l'abandonnons parce qu'il embarrasse notre marche par une trop grande affluence de dates et de nombres. Seulement nous ferons comprendre toute la misère du temps par un seul trait qui fait frémir : un soldat ayant eu la main fracassée par un coup d'arquebuse, le chirurgien qui en fit l'amputation, demanda cette main pour son salaire, et la mangea. Quant à la dépopulation qui suivit tant de calamités, il nous suffira de dire aussi, d'après M. Mochet de l'Aubepin, que la seule terre de Saint-Claude pouvoit encore en 1636 fournir trente-quatre mille hommes en état de porter les armes, et qu'en 1668, il n'y avoit pas trente mille familles bourguignones dans toute la province !

Charles d'Amboise commandoit pour Louis XI au siége de Dole, en 1479. Le comté de Bourgogne attendoit des troupes allemandes levées dans le comté de Férette. Ces troupes arrivent ; d'Amboise les séduit, prend leur uniforme, le donne à ses soldats qui, sous ce déguisement, se présentent comme alliés aux portes de la place. Pour les recevoir, le maïeur de la ville avoit fait dresser à l'entrée un autel sur lequel étoit placé le saint sacrement, et qu'entouroient le sacerdoce, les magistrats et les bourgeois. Chaque officier, en défilant, portoit la main sur l'autel et juroit de défendre la place. Les soldats, sans prononcer de serment, y adhéroient par un signe de leurs armes. La troupe sacrilége n'a pas plutôt pénétré au centre de la ville, qu'elle s'écrie : ville gagnée ! A ces acclamations des traîtres, les Dolois courent aux armes, et se joignent aux compagnies de l'arc et de l'arquebuse ; ils veulent au moins, dans le transport de leur indignation, leur faire acheter le fruit de cet infâme stratagème. Ces braves périrent presque tous sur la grande place. Quelques-uns, retranchés dans une cave (qu'on nomma dès-lors la cave d'enfer), soutinrent si constamment l'assaut des Français, que d'Amboise faisant cesser l'attaque, dit: « qu'on les laisse pour graine!» La ville fut saccagée, brûlée; partie des habitans furent passés au fil de l'épée, partie emmenés captifs. Une croix, plantée sur la sépulture des héros de cette triste journée, avoit été détruite en 1793, elle a été remplacée en 1820, par une nouvelle croix de fer, à l'issue d'une mission des PP. de la foi. On lit sur la base de ce monument l'inscription suivante :

>Urbe captâ dolo,
>cives numero fracti,
>hùc ad unum occubuêre,
>25.ᵉ maii 1479.
>Heroum ossa piè collecta,
>sacro sub hoc vexillo,
>nefandis deturbato diebus,
>nunc hic decus pristinum
>restituto,
>grati nepotes condidêre,
>1.ᵃ martii 1820.

L'ordre des dates nous oblige à quitter Dole sans parler du siége immortel de 1636. Salins nous réclame en ce moment pour la bataille de Dournon, du 17 janvier 1592. Charles VIII roi de France, fit injustement la guerre à Maximilien d'Autriche, roi des Romains, son rival, pour s'emparer du comté de Bourgogne dont la possession ne lui avoit été assurée, par le traité d'Arras, que sous la condition qu'il épouseroit Marguerite fille de Maximilien, condition qu'il n'avoit pas remplie (1), puisqu'il venoit d'épouser Jeanne de Bretagne. L'Empereur, à la tête d'une petite armée de huit mille hommes, reprend dans la Franche-Comté toutes les villes qu'occupoit son ennemi, excepté celles de Dole, de Gray et de Poligny. Rentré dans Salins, il bloque au fort de Bracon Henri de Maillot qui y soutenoit le drapeau français; tandis que Baudricourt, chambellan du roi, rassembloit à Poligny 10,000 soldats, afin de venir à son secours. En effet 900 Français se mettent en marche, le 16 janvier, et rencontrent au-dessus des monts de Salins 400 Bourguignons amenant à cette ville un renfort d'artillerie. Investis par un ennemi si supérieur en nombre, ceux-ci se voient forcés d'abandonner dans les champs leurs canons, et de se retrancher sur un rocher voisin, d'où ils se défendent avec tant de vigueur, que la cavalerie française, très-maltraitée, remet au lendemain de s'emparer de l'artillerie bourguignone. Mais

---

(1) C'est cette princesse qui, en 1497, ayant été embarquée pour l'Espagne où elle alloit joindre l'infant, son second fiancé, fut ballotée par une violente tempête, et qui, dans ce moment, se composa elle-même l'épitaphe si connue où elle plaisante sur ses deux mariages :

Ci-gît Margot la gente demoiselle
Qu'eut deux maris et si mourut pucelle.

le lendemain, quoique plus nombreux, les Français furent encore plus complettement battus, car les bourgeois de Salins arrivant au secours des 400 Comtois, et débouchant par le défilé de l'épaule près de Saint-Agne, renversèrent l'ennemi et préservèrent ainsi leur ville et leurs salines de la reprise dont elles étoient menacées. Cette victoire fut célébrée par la religion, par la peinture et par la poésie. Le jour même de l'action, les magistrats et le peuple de Salins, après avoir porté les clefs de la ville sur les reliques de saint Anatoile, avoient fait vœu, si leurs concitoyens revenoient vainqueurs, de faire chaque année, à pareille époque, une procession solennelle, et ils l'ont exactement rempli. Les chanoines du chapitre de Saint-Anatoile, en 1501, se gardèrent bien de laisser omettre, dans une série de tableaux représentant les prodiges opérés par l'intercession de leur saint, le succès de Dournon (1). Enfin, en 1596, la verve de Jacques Fleury, de Salins, en ranima le sujet dans une tragédie encore connue dans le canton sous le titre barbare de *La Dordoniade* (2).

(1) La tapisserie qui présentoit cette suite de tableaux, autour de l'église intérieure, n'existe plus. Elle avoit été faite à Bruges.

(2) On assure que M. Maillard, curé d'Arc-sous-Montenot, en a un exemplaire manuscrit.

Le Salinois montra encore sa bravoure à l'attaque de sa patrie par Louis de Beauveau-Tremblecourt, le 5 mars 1595 : une troupe composée de Lorrains et de Français, commandée par d'Assonville et Loupy, échoua sous Salins où nos chefs laissèrent eux-mêmes un grand nombre de braves.

Henri-le-Grand se présente, le 12 août 1595, sous les murs de Poligny. La ville lui député quelques citoyens des plus notables, parmi lesquels l'échevin Jean Masson est chargé de porter la parole au prince, et qui s'en acquitte avec la fierté d'un vieux Gaulois. « Si c'est une « contribution, lui dit-il, que votre majesté de- « mande, nous sommes prêts à la donner pour « prévenir le ravage de nos terres, pour sauver « l'honneur à nos femmes et la vie à nos en- « fans ; mais si c'est un serment de fidélité « qu'elle exige, nous sommes disposés à nous « ensevelir sous les ruines de notre ville, plutôt « que de manquer à celle que nous avons jurée « à notre souverain. » Cette harangue eut le bonheur de ne pas indisposer Henri, et l'on traita facilement : 20,000 écus furent le prix de la rançon de la ville, et quatre ôtages en furent le garant.

Le roi de Navarre n'arriva pas avec des dispositions aussi favorables à Lons-le-Saunier ; trois circonstances contribuoient à altérer alors la bonté naturelle de son caractère : c'étoient la résistance de tous les lieux fortifiés qui entravoient sa marche ; les nouvelles inquiétantes qu'il recevoit de Gabrielle d'Estrées, malade à Lyon ; enfin son mécontentement de M. de Pymorin, capitaine de Lons-le-Saunier, qui, dans une lettre au comte de Champlite, interceptée, l'appeloit *le Béarnais*, injure dont il avoit juré de se venger en faisant pendre cet officier (1). Cependant après avoir, le 15 et le 16 août, saccagé et rançonné le bourg d'Arlay, et s'être venu poster au château du Pin, il agréa d'abord les propositions des députés de Lons-le-Saunier, tendantes à ce que l'armée française passât outre sans entrer dans leur ville, et moyennant la somme de 25,000 écus, la caution de douze otages, et l'admission de quarante Suisses dans le château. La nuit survenue, le traité ne fut pas écrit, mais les paroles furent données et les Suisses reçus dans la ville. Aussitôt les dames se dépouillent des bijoux les plus précieux pour aider à former une valeur à-compte de la ran-

(1) Aussi dans le traité verbal que le Roi fit avec les députés de Lons-le-Saunier, exigea-t-il qu'on lui livreroit M. de Pymorin, ce qu'on lui promit, parce que l'on savoit qu'il s'étoit évadé.

çon; et le lendemain les députés se hâtent de porter au prince tout l'or qu'on a pu réunir en si peu de temps. Mais à leur grand étonnement, ils rencontrent l'armée disposée à l'attaque. Le docteur Guillaume Desprels, l'un des quatre prud'hommes parmi lesquels on distinguoit M. de Branges, rappelle au conquérant les conventions de la veille; il n'est pas écouté: il ose lui représenter qu'un roi n'a que sa parole: on lui impose silence; et on le menace de le *brancher* au premier arbre. Henri avoit sans doute appris l'évasion du baron de Pymorin. Quoiqu'il en soit, déconcertés par un accueil aussi extraordinaire, les députés rentrent; on se dispose en tumulte à se défendre; mais la fidélité des Lédoniens fut mal servie dans la conjoncture: un espion (le nommé Thiébaud Magnin, d'Arbois) venoit de rapporter à l'ennemi que Lons-le-Saunier n'étoit pas en état de tenir devant l'armée française; et d'ailleurs les quarante Suisses que la capitulation verbale y avoit fait admettre, en ouvrirent les portes aux troupes de Henri qui y firent un long et funeste séjour, et qui ne l'abandonnèrent pas sans incendier deux faubourgs, celui des Dames et celui de Saint-Désiré. Il est vrai que le Roi n'y étoit plus: il étoit parti, dès le 20 août, pour Lyon, laissant à d'Assonville le soin de contraindre les bourgeois au paiement des 25,000 écus qu'on lui avoit promis, au château du Pin. Ce devoit être une chose digne d'exciter l'intérêt et en même temps l'indignation de l'étranger arrivant à Lons-le-Saunier, à la suite d'une catastrophe aussi terrible, que de lire au frontispice de l'une des portes de cette ville, le distique latin que voici :

Ledo viatori.

Civibus orbatam me cernis et igne crematam.
Hospitis hoc scelus est, illud et hostis erat.

La fidélité unie au patriotisme ne consulte pas les forces qui peuvent la soutenir. Nos villes, ruinées par les guerres, dépourvues de garnison et d'artillerie, au dix-septième siècle, se défendoient encore avec des résolutions tout héroïques qui rappellent la conquête des Gaules long-temps disputée aux guerriers du Capitole et à l'expérience de César.

Nous avons parlé des Dolois surpris par le sacrilége d'Amboise, en 1479 ; parlons maintenant de leurs succès en 1636. Le grand Condé, qui se battoit loyalement, et qui n'eût point voulu d'une victoire achetée au même prix que l'avoit fait le général de Louis XI, attaqua en vain la capitale de la Franche-Comté, depuis le 14 mai jusqu'au 15 août, qu'il en leva le siége. Dans cet intervalle de temps, le prince l'avoit sommée de se rendre, et elle lui avoit répondu par l'organe de ses principaux défenseurs : « après un an de siége, nous délibérerons sur la réponse que nous avons à vous faire. » Ici tout se fit soldat pour résister aux armes de Louis XIII, les jeunes élèves des écoles, les femmes et le clergé. Le président Boivin, qui a écrit la relation de ces jours mémorables, raconte des prodiges de valeur qu'il seroit trop long de rapporter à notre tour. L'abbé Cailler, de Villeneuve, a composé un petit poème latin sur le même sujet, auquel Mr Cournot a mis également la main.

Quand les Français et les Suédois, commandés par le duc de Longueville, au mois de mars 1637, eurent pris d'assaut la ville de Saint-Amour qui leur avoit résisté une semaine entière, ils furent extrêmement surpris de n'y pas trouver de garnison : un peloton de bourgeois qui ne leur cédoit que pied à pied les rues, fut tout ce qu'ils virent les armes à la main. Ce dévouement toucha le colonel du régiment de Conti qui fit cesser le carnage et l'incendie. Vainement dans un conseil de guerre, tenu deux ou trois jours auparavant, on avoit délibéré de capituler, voyant que la ville et le fort n'étoient nullement capables de tenir plus long-temps ; les habitans qui espéroient un secours (il ne vint point) avoient au contraire résolu d'attendre ce secours en combattant. Tout le monde s'étoit armé, et les femmes ne se montroient pas les moins intrépides. La jeune comtesse de Saint-Amour portoit dans les rangs de l'eau-de-vie, de la poudre, du plomb, des bandages, et s'offroit pour panser les blessés.

Après trois semaines de siége, Lons-le-Saunier défendu par de foibles moyens et par ses propres habitans, est pris d'assaut, le 27 juin 1637. Les Français y entrent par trois brèches ; pénètrent dans le château par la plus large ; portent partout la flamme ; allument un incendie qui ne laisse de cette malheureuse ville qu'un amas de cendres, triste monument de sa fidélité.

Jean de Serre, qui étoit un historiographe de France, ne rapporte pas sans éloges les détails relatifs à la prise de Bletterans. « La garnison qui y étoit, dit-il, se défendit avec beaucoup de résolution ». Au mois de septembre 1637, le duc de Longueville, qui avoit son quartier général à Chilly, fit faire les approches de Bletterans par le comte de Guébriant, et il n'en vint à bout que le 4 octobre. Se voyant forcés dans la place, les bourgeois mirent eux-mêmes le feu à leurs maisons; et forcés ensuite dans la forteresse, ils capitulèrent honorablement. Le brave Jean-Baptiste Vagnaud de Visemal, seigneur de Frontenay, gouverneur de la place, y mourut de la peste, avec une partie notable de la population.

CHAPITRE TROISIÈME.

GLOIRE MILITAIRE.

§ I.er

ANCIENS GUERRIERS.

Du XII au XV.e siècle compris.

Bernard de Dramelay, né dans le douzième siècle, au château de ce nom qui domine le bourg d'Arinthod et le village de Montagna-le-Templier, fut un des plus illustres grands-maîtres de l'ordre du Temple. C'est lui qui, parvenu à ce poste que la valeur bourguignone transmettoit pour ainsi dire comme un héritage aux enfans de la Séquanie (1), fit seul avec ses

---

(1) Il est en effet remarquable que le comté de Bourgogne a donné quatre grands-maîtres, auxquels (dit Dunod) on pourroit ajouter sur des conjectures Robert-le-bourguignon et Thomas de Montaigu.

chevaliers les approches de la place d'Ascalon, en 1153 ; monta sur la brèche d'un rempart écroulé, pénétra dans la ville, et s'y croyant assez fort, empêcha que les autres croisés ne s'y précipitassent pour fixer la victoire : faute qui lui fut justement reprochée, puisqu'il fut contraint d'abandonner sa proie; mais qu'il répara dans la même bataille, en retournant au combat avec une ardeur extraordinaire, et en forçant les Sarrasins vaincus à se rendre par capitulation. M. de Vertot taxe d'avarice Bernard de Dramelay, et M. Dunod cherche à le justifier. Dans une autre action, le grand-maître tomba au pouvoir du grand Saladin, qui ne consentit à lui rendre la liberté qu'à la sollicitation de l'empereur de Constantinople.

Un de ses plus vaillans successeurs et le dernier de cet ordre religieux et militaire, Jacques de Molay se signala surtout à la prise de Jérusalem, en 1299. Nous avons déjà, dans ce chapitre, payé un juste tribut à son héroïsme, en retraçant sa fin tragique et glorieuse.

Jean de Vienne, seigneur de Mirebel, amiral de France, naquit vers l'an 1342 d'une famille illustre qui tiroit son origine des anciens comtes de Bourgogne. Le souvenir de ses premières campagnes se rattache au siége de Calais où se

déploya, d'une manière si énergique, le courage des habitans de cette ville et celui d'Eustache de St.-Pierre. Il parut avec autant d'éclat dans toutes les guerres de Charles V. Amiral de France en 1377, il fit une descente en Angleterre d'où il ne revint que chargé de butin. Une nouvelle descente fut méditée : Jean de Vienne s'étoit déjà rendu en Ecosse pour la seconder, mais par suite d'intrigues du duc de Bourgogne, elle n'eut pas lieu. L'Espagne, la Barbarie, la Hongrie admirèrent d'autres marques de la valeur de ce vieux guerrier. Il fit voir aux dépens de sa vie, à la journée de Nicopolis, qu'un bon soldat sait obéir aussi bien que commander. Le sire de Coucy, contre l'avis duquel Philippe d'Artois obtint de livrer la bataille, ayant demandé à Jean de Vienne ce qu'il convenoit de faire; « sire de Coucy, répondit le brave amiral,
« là où la vérité et la raison ne peuvent être
« ouïes, il convient que outrecuidance règne;
« et puisque le comte d'Eu se veult combattre,
« il fault que nous le servions. » Il le servit en effet, mais il succomba avec honneur à cette funeste bataille du 26 septembre 1396. On dit que Guillaume de Vienne, qui mettoit tout son orgueil à lui avoir donné le jour, recommanda que l'on gravât sur sa tombe, *Cy gît le père de Jean de Vienne.*

Il y avoit autrefois au comté de Bourgogne une famille distinguée, du nom de Choux (1), qui, dès le quatorzième siècle, étoit en possession de la noblesse, et qui avoit pour devise *Meminisse juvabit.* Cette devise doit se rapporter, ce nous semble, à la part que MM. de Choux eurent au combat livré en 1364, par les citoyens de Besançon aux troupes anglaises qui ravageoient cette ville et ses alentours. On avoit fait un appel aux gentilshommes de la province et à ses plus braves habitans. Aidés de ce renfort, les Bisontins sortirent de leurs murs sous le commandement de Jean de Vienne, marchèrent à l'ennemi, et le défirent complétement dans la plaine de Chambornay.

Hugues de Balay, souche des seigneurs de Marigna, eut vingt-deux enfans de Marie de la Forêt, son épouse. L'un des vingt-deux fut Jean de Balay, si connu, dit Moréry, par son zèle pour la maison de Bourgogne. Étant prisonnier de guerre, on ne lui rendit la liberté qu'à condition qu'il ne monteroit jamais à cheval, et ne porteroit point d'armes de fer. En conséquence Jean monta une mule, s'habilla de peau de buffle, et s'armant d'une lourde massue de

---

(1) Choux, près des Bouchoux et de Viry.

bois, continua de donner des marques de son courage et de son attachement au service de son prince.

Le château d'Arlay avoit déjà reçu bien des atteintes par suite des guerres intestines du comté et du duché de Bourgogne, lorsque des troupes de Louis XI, sous les ordres de Craon, vinrent l'assiéger. Aymar de Boujailles, vaillant chevalier à qui ce poste étoit confié, y donna un exemple admirable. Trois fois il est sommé de se rendre, trois fois il prononce le plus noble refus. Les assaillans feignent de se retirer, se ménagent des intelligences dans la place, puis reviennent tout à coup, et pénètrent par surprise dans le fort pendant la nuit. L'infortuné gouverneur, puni de sa longue résistance, eut la tête tranchée sur la porte du château.

Chevalerie.

Le xv.ᵉ siècle fut le siècle des chevaliers, comme celui de Charlemagne avoit été celui des preux. Le comté de Bourgogne, que Charles-le-Belliqueux appeloit *le verger d'honneur*, ne pouvoit résister à l'influence martiale de cette époque: il semble même avoir été le dernier rendez-vous des héros et le dernier théâtre de la chevalerie. Honneur à ceux qui ont senti que la force d'un pays réside dans cet esprit militaire, cette noble ardeur pour la gloire, cet amour des prouesses, alimens de rivalité et garans de l'indépendance nationale! Lorsque les ordres chevaleresques furent tombés, la bravoure de la nation dût se soutenir avec plus d'efforts. Des compagnies de l'arquebuse et de l'arc s'étoient organisées dans les villes, même dans les bourgs : leurs jeux publics eurent encore d'heureux effets, ils entretenoient l'adresse et l'émulation. Les anciens seigneurs avoient aussi institué dans leurs terres des exercices où la jeunesse venoit disputer des prix offerts à l'adresse, à la course, à la force, à la lutte et à l'agilité. Il reste encore en quelques lieux des vestiges et des souvenirs de ces fêtes anniversaires; mais ces petites solennités n'existent plus. Aujourd'hui l'éducation de l'homme qui est appelé à la victoire, se fait en quelques jours à la caserne.

Revenons aux tournois. Les mémoires d'Olivier de la Marche ont signalé, en plusieurs endroits, la valeur chevaleresque de notre noblesse franc-comtoise : on l'y voit figurer avec honneur dans de grandes circonstances. De treize gentilshommes qui, en 1443, tinrent près de Dijon le pas appelé *le pas de Charlemagne*, il y eut sur dix franc-comtois six chevaliers de notre pays, savoir : Guillaume et Antoine de Vaudrey, Guillaume de Vienne, Guillaume de Champ-d'Hyvers, Jean de Chaumergy et Pierre de Bauffremont, seigneur de Clairvaux, qui étoit leur chef. On vit au *pas de la Dame en pleurs*, près de Châlons, se distinguer Tristan de Toulongeon, fils d'un maréchal de Bourgogne, et Gaspard de Dortans; au *pas de l'Arbre d'or* (tenu à Bruges pour le mariage du comte de Charolois avec Marguerite d'York), Philip. de Poitiers, seigneur de Vadans, et Claude de Vaudrey. Gollut a vu en Espagne les mémoires de deux tournois où la valeur franc-comtoise brilla de même, notamment à celui de Bruxelles, de l'an 1558, où les sires de Rye, de Vaudrey et de Poupet s'acquirent une grande gloire.

Les fêtes de ce genre que l'on a données dans notre département, avoient déjà signalé le nom de quelques familles nobles. Au château de Vincelles près de Lons-le-Saunier, en 1511 et 1517, Claude de Salins avoit appelé tout ce qu'il y avoit en France de plus valeureux chevaliers. Claude de Poligny avec le comte de Thierstin, y avoit remporté toutes les couronnes. Au pas de

1519, donné au château de Nozeroy, on vit figurer sur les siéges des juges les vétérans de la chevalerie, Charles de Poitiers seigneur de de Vadans, Simon de Chantrans seigneur de Courbouzon, Claude de Salins seigneur de Vincelles, et Aimé de Balay seigneur de Terrans; parmi les entrepreneurs du tournoi, le jeune Philibert de Châlon prince d'Orange, Jean du Vernois, Jean de Falletans, Claude de Visemal, Jean de Chantrans; parmi ceux qui vinrent les combattre, Claude de Vienne, Louis et Marc de Sugny (fief situé près de Montmorot), Arthaud et Philippe de Falletans, Christophe Bouton, Marc et Pierre du Vernois, Pierre de Brans, Simon de Champagne, Jean du Tartre, Vaulgrenans et Marnoz.

Un auteur de la vie de Bayard a dit de Claude de Vaudrey seigneur de l'Aigle et de Chilly, Chambelland du duc Charles-le-Téméraire, qu'il étoit le *plus apert et duit chevalier de guerre qu'il y eust au monde*. Au tournoi qui se donna à Lyon, sous les yeux de Charles VIII, Vaudrey fit généreusement ressortir la bravoure naissante de Pierre du Terrail, alors âgé de dix-huit ans, et qui étoit à son premier début. « Sa valeur
« et ses prouesses, dit Saint-Julien, seront en
« éternel souvenir chez les Bourguignons. »

Toute cette famille de Vaudrey, que l'on pourroit surnommer chevaleresque par excellence, étoit l'école des gentilshommes de la province. Les couronnes et les trophées y abondoient; et s'il y a dans l'histoire du comté de Bourgogne quelques souvenirs poétiques à consacrer, c'est là que Polymnie les doit aller choisir.

Philibert de Châlon, prince d'Orange, est encore un de ces chevaliers que les muses ne dédaigneroient pas de placer dans des chants de gloire. Il naquit en 1502 à Nozeroy : *natus est hìc magnus heros Philibertus*, dit Paul Mérula. Son père étoit mort le 9 avril de la même année; mais Philiberte de Luxembourg, sa mère, étoit une femme bien capable de l'élever et d'en faire un grand homme. Les jeux de l'enfance du prince d'Orange furent ceux du jeune Ascagne : M. Roux de Rochelle semble avoir voulu peindre les penchans et l'éducation de ce fils des preux dans le passage de son poème des *Trois Ages*, où il dit :

> Ainsi se propageoient les vertus des guerriers.
> Leur fils a vu le jour sur un lit de lauriers :
> A l'ombre des drapeaux, commençant sa carrière,
> A peine arrive-t-il à la douce lumière,
> Déjà l'éclat du fer étincelle à ses yeux :
> Le château retentit du nom de ses aïeux ;

De l'écharpe du brave on couvre son enfance ;
Il s'endort, il s'éveille au chant de la romance
Où le bon ménestrel, rappelant les vieux jours,
Dit les faits de Roland et ses folles amours.
Quel instinct le conduit sous la voûte sacrée
Où brille de nos preux l'armure révérée ?
Il soulève leur lance ; et, d'un air solennel,
Il attache à son flanc le glaive paternel.
Voyez sa foible main renversant la cuirasse ;
Il s'y glisse en vainqueur, et rampe avec audace :
Sa mère suit de l'œil le héros à venir,
Et verse, en souriant, des larmes de plaisir.

A l'âge de seize ans, Philibert donna un tournoi au château de sa ville natale, où, déjà enflammé de l'amour de la gloire, il ne put rester tranquille spectateur, et d'où il sortit victorieux. Ces nobles exercices n'étoient que le prélude d'une carrière plus vaste, qu'il fournit bientôt d'une manière aussi brillante que rapide ; mais que, malheureusement, il termina au période de la vie où les autres hommes la commencent à peine, et ce fut au champ d'honneur, un jour de victoire (1). Il meurt à 28 ans gouverneur de Bourgogne, vice-roi de Naples, généralissime des armées de l'Empereur Charles-Quint. Cent trente-huit drapeaux arrachés à l'ennemi sont portés à sa pompe funèbre, à

---

(1) Devant Florence, le 3 août 1530.

laquelle assistent plusieurs rois représentés par leurs ambassadeurs, et ce magnifique trophée est érigé sur le mausolée du guerrier qui venoit de soumettre à l'obéissance de son maître la Lombardie, le royaume de Naples, et que l'on avoit vu prendre Rome, à l'âge de vingt-quatre ans.

Suite des Guerriers du XVI.ᵉ siècle.

En 1505, naquit à Bletterans un brave qui relève beaucoup le nom de cette petite ville, laquelle étoit alors une place de guerre, et qui a été long-temps regardée comme la clef du bailliage d'Aval. Ferry Guyon parvint sans naissance, par son propre mérite et de grade en grade, au poste alors très-éminent de lieutenant général dans les armées de Charles-Quint. A la journée de Pavie, au siége de Rome, il fit preuve d'une rare intrépidité, et ne se distingua pas moins en Afrique. A la suite de cette expédition, il fut anobli et nommé Bailli de Pesquincourt-les-Douay. Là il fut obligé, en 1566, de prendre les armes pour chasser du territoire de Marchiennes les protestans qui s'y étoient présentés en ennemis, et il les défit. Marguerite d'Autriche, pour lui témoigner sa satisfaction de cet exploit, lui écrivit, et le nomma au commandement du fort de Bouchain ; mais au moment de se transporter à son nouveau poste, Guyon fut frappé d'apopléxie, et mourut en 1567. Il avoit écrit ses campagnes, et son manuscrit fut livré à l'impression en 1664.

Le comte Réné de Portier, de Lons-le-Saunier, l'une des résidences de sa famille dont il subsiste encore quelques membres à Poligny, étoit aussi un vaillant capitaine du même siècle. Nommé au commandement de la cavalerie franc-comtoise par le parlement, en janvier 1592, il se réunit, en 1595, au connétable de Castille, et se signala dans cette campagne, contre les soldats de Tremblecourt, qui l'avoient enveloppé. Il eut un cheval tué sous lui, et, bien que couvert de blessures, il ne voulut point quitter le champ de bataille que ses ennemis ne fussent dispersés. On ne sait pas précisément à quelle action éclatante il faut attribuer le singulier privilége dont les sujets de la maison de Portier, dite de Frolois-Bourgogne, ont joui de toute ancienneté à Salins : devoient-ils cet honneur à leur descendance présumée de nos anciens souverains ; ou bien Réné de Portier auroit-il rendu un service signalé à cette ville, lorsqu'au 5 mars 1595, elle se délivra de Tremblecourt et des troupes qui l'assiégeoient? Ce privilége, qui d'ailleurs fait allusion au nom et aux armes des Portier, consistoit à leur présenter les clefs de la ville, quand ils y arrivoient pour la première fois; et on leur devoit à cette occasion *tout honneur et joyeuseté*.

Le même siècle a encore vu naître Gaspard de Coligny, originaire du comté de Bourgogne, où son aïeul avoit eu sa résidence au château du vieux Coligny situé à la stricte limite de la Franche-Comté. Il fit ses premières armes avec le duc de Guise, et fut blessé deux fois dans la campagne de 1543. Au siége de Bains, il fut atteint à la gorge d'un coup de feu, et il en perdoit beaucoup de sang, mais il ne voulut point pour cela abandonner la tranchée. Le reste de sa vie militaire mit au grand jour des talens remarquables, et qui furent en effet remarqués. Ayant adopté les idées de la réforme religieuse, il devint un des plus redoutables soutiens de ce parti; et l'on sait de quelle peine il a payé l'abandon de la foi de ses pères dans l'exécrable nuit de la Saint-Barthélemy, après avoir reçu de la cour de Charles IX un accueil flatteur (trop flatteur pour n'être pas suspect), contre lequel l'auroit dû prévenir le mot d'un gentilhomme qui lui demandoit son congé : — « Pourquoi donc? lui disoit l'amiral. — Parce que l'on vous fait ici trop de caresses. »

Mais, comme l'a dit J. B. Rousseau,

« Laissons périr dans une nuit profonde
« Ces mots affreux et de ligue et de fronde. »

Rentrons dans notre province, et si nous n'y trouvons pas d'aussi hautes renommées, nous y rencontrerons des braves qui ont mieux connu leur patrie.

Joseph Morel, dit le *Petit-Prince*, capitaine d'infanterie, avant de venir se battre à Arbois contre Henri IV, servoit sous les ordres de M. d'Apremont dans l'armée française. On lui avoit confié un poste à défendre; mais, soit qu'il ne l'eût pas pu conserver, soit qu'il n'eût pas consenti à porter les armes contre ses concitoyens, il avoit noblement déserté le service de France. A la tête de cent hommes seulement, et dans une place peu fortifiée, il osa pendant trois jours (du 3 au 7 août 1595) arrêter la marche du roi de Navarre; mais à la fin, accablé par le nombre de vingt-cinq mille hommes commandés par le maréchal de Biron, qui s'emparèrent de la ville, Morel fut saisi sur la brêche qu'il défendoit encore, et pendu sur-le-champ, sans respect pour sa valeur et son courage. Une tradition conservée sur les lieux, mais qui paroît douteuse aux personnes qui se sont le plus occupées de l'histoire d'Arbois, veut que Biron se soit donné l'atroce plaisir, pendant son repas, de contempler cet infortuné expirant sous l'arbre auquel il l'avoit fait attacher. Cet arbre existe encore, et sa caducité est vraiment vénérable : quand il sera entièrement détruit, on ira honorer la mémoire du *Petit-Prince* sur la tombe que l'on conserve dans l'église de Saint-Roch, où se lit ce quatrain :

Dùm patriam, fortis princeps Morelle, tueris,
Solus pro patriâ victima sacra cadis.
Civis sic patriæ es cœlestis factus, et hostis
Dùm tulit æternum nomen habere dedit.

§ II.

GUERRIERS DES TEMPS MODERNES.

Du XVII.ᵉ *au* XIX.ᵉ *siècle.*

PAREIL sort étoit réservé à Charles Dusillet, capitaine au régiment de la Verne. A la prise d'assaut du château de Rahon par Henri d'Orléans duc de Longueville en 1638, ce brave officier, que l'on a surnommé *le martyr de l'honneur*, ayant refusé de capituler, quoiqu'il n'eût que cinquante-un soldats pour défendre son poste, fut pendu, le 17 avril, à l'une des quatre tours de briques qui flanquoient les angles du donjon, et son corps fut ensuite jeté dans un puits. Le château de Rahon fut ruiné par le vainqueur ; mais les rois d'Espagne érigèrent le lieu même où Charles Dusillet avoit subi son supplice, en fief héréditaire dans sa famille, sous le nom de Fief de la Place.

Un autre martyr du devoir, dont on auroit dû nous transmettre le nom, si digne de ne point périr, nous paroît encore plus admirable. Villeroy venoit en 1640 ravager le territoire de Dole. Le comte de la Verne, gouverneur de cette ville, établit un poste avancé à St.-Ylie, dans une vieille tour supportée par une voûte. Quinze soldats y sont jetés ; le caporal qui les commande voyant le nombre prodigieux des ennemis fait prévenir le gouverneur de Dole, que le poste n'est pas tenable, et lui demande s'il faut cependant le défendre. Sur l'ordre qu'il reçoit de s'y maintenir, il s'y maintient avec courage. Les Français le somment inutilement de se rendre : les seize Franc-Comtois leur répondent par le feu le plus actif. Alors des barriques de poudre, placées sous la voûte, font sauter la tour et la petite garnison. Le brave caporal est couvert de débris, hors la tête et le bras droit : dans cette position, il a encore la force de résister à ses adversaires qui lui proposent d'être parjure ; alors le sergent français lui enfonce sa hallebarde dans la bouche, et le perce de part en part.

Au mois de février 1668, Besançon, Dole, Salins, le Château-de-Joux, Gray et d'autres places s'étoient déjà rendues à Louis XIV, que plusieurs lieux moins importans tenoient encore. Guillaume de Montrichard, d'une famille qui, depuis 1492 jusqu'en 1771, a fourni des gouverneurs à la ville et au château de Nozeroy, sans aucune interruption (chose digne de remarque, et qui atteste une fidélité et une vaillance de bonne race), avoit alors le soin de la défense de ce château et de cette ville. Dom Jean de Watteville secondoit de tout son pouvoir la soumission de la province au roi de France : il offre à ce capitaine une récompense au nom de S. M. T. C., s'il ouvre les portes de Nozeroy à la troupe française

qu'il lui envoie de Château-Vilain, et s'il l'admet comme garnison. Montrichard reçoit cette proposition comme une insulte; il répond: « qu'il
« ne traitera jamais avec un parjure ; et que si,
« par le sort des armes, Watteville se rend
« maître de la place, Montrichard fera sauter et la place et le traître. » Ayant échoué de ce côté, l'abbé de Baume se tourne vers les habitans qu'il fait pratiquer secrètement ; qu'il indispose contre le gouverneur; qu'il menace du pillage ; et ceux-ci s'emparent de leur défenseur, le livrent, et reçoivent l'ennemi dans leurs murs. Cependant, à la paix d'Aix-la-Chapelle, le comté de Bourgogne est rendu à l'Espagne; des commissaires de la Belgique viennent informer le procès des membres du parlement accusés d'avoir vendu la province; Guillaume de Montrichard est appelé pour déposer contre Watteville et les habitans de Nozeroy. C'est dans cette conjoncture que l'intrépide capitaine montre toute la noblesse de son caractère; il excuse les habitans qui l'avoient livré, mais il ne justifie point Watteville, car rien ne peut justifier un sujet félon aux yeux d'un sujet loyal et dévoué.

Jean-Claude Prost, dit Lacuzon, né à Longchaumois, commença de se distinguer dès l'an

1635 qu'il amena la milice de la terre de Saint-Claude à Bletterans, jusqu'en 1659 que fut signée la paix des Pyrénées, fut employé par M. le colonel César du Saix d'Arnans à reprendre sur les Français qui occupoient le bailliage d'Aval, les postes les plus importans; et par là, ramenant la confiance parmi le peuple et les autorités qui étoient éparses dans les bois et dans les rochers (1), contribua si puissamment au rétablissement de la justice et de l'ordre, qu'il fut proclamé, presqu'à l'unanimité, le restaurateur de ce bailliage. La terreur qu'il imprima dans les contrées ennemies, s'y est perpétuée plus d'un siècle après sa mort: long-temps les villageois de la Bresse, située sous la domination française, répétèrent dans leurs litanies du soir et du matin : *de Lacuzon, délivrez-nous, Seigneur !* Les écrivains du duché de Bourgogne ne ménagent pas sa mémoire. Il eut aussi ses ennemis dans le pays même qu'il avoit protégé au péril de ses jours : on l'accusa de concussions, de rapts, de violence, voires de sorcellerie. Le procureur-général Dagay estima que ces dénonciations étoient assez graves pour en faire l'objet d'une

---

(1) A Baume, à Cressia, aux Rousses.

information secrète, et cette information fut si infâmante, que l'inculpé se vit obligé de réclamer au parlement une contre-enquête. Il résulta de cette mesure, ordonnée par la cour, et dont l'exécution fut confiée au conseiller Bonvalot, une justification complète de la conduite militaire de Lacuzon. Vingt communes déposèrent en sa faveur, par l'organe de soixante députés, et comme nous l'avons rapporté, on ne craignit pas de déclarer à sa gloire, qu'on lui devoit, après Dieu, le rétablissement du bailliage et le retour des malheureux habitans dans leurs propriétés. Lacuzon avoit remporté divers avantages sur les Français à Coldres, à Montaigu, à Saint-Laurent-la-Roche, à Montmorot, à Courlaoux, à Mainal, à Cuiseau, à Frontenaux et dans une foule de communautés de la Bresse chalonnaise. Il avoit pris Arlay et Cuiseau par la ruse (1). Un littérateur très-distingué, qui se

(1) Les habitans de Cuiseau en ont consacré la mémoire dans les stalles de leur église : on y voit un renard, en habit de religieux, prêchant des poulardes de Bresse qui ne s'aperçoivent pas que ce prédicateur en tient déjà une. On raconte que Lacuzon avoit envoyé à Cuiseau un de ses soldats les plus rusés, sous l'habit de capucin ; et qu'au moyen de déclamations furibondes contre Lacuzon lui-même, ce nouveau Sinon parvint à capter la confiance des bourgeois au point d'en obtenir à la fin la garde des clefs de cette place.

propose de faire de Lacuzon le héros d'un roman dans le goût de Walter Scott, a dit : « Lacuzon étoit l'homme de Lysandre, qui ne « se servoit de la peau du renard que dans les « circonstances où celle du lion devenoit inu- « tile. » On rapporte pourtant que toutes les fois qu'il alloit se mesurer avec l'ennemi, il éprouvoit un tremblement involontaire, et que pour se punir de cette marque de foiblesse, il se mordoit le bras, en disant: « ah chair ! ne faut-il pas que tu périsses? de quoi as-tu peur? » On montre dans nos montagnes des grottes qui lui servirent d'asiles après les guerres, car il se mit en fuite dès l'année 1669, et fit courir le bruit qu'il s'étoit retiré à Milan où il seroit mort en 1680, suivant les uns ; mais suivant les autres, il est fort douteux qu'il ait terminé sa carrière en Italie. Le roc aujourd'hui inaccessible de Saint-Romain-de-Roche a retenu le nom de ce partisan célèbre ; et il n'est pas sans vraisemblance que ce soient son squelette et son épée qui furent, en 1810, découverts par des bergers qui alloient dérober le nid d'un aigle dans la grotte escarpée de la Frânée, non loin du château de Crilla, où il avoit commandé pendant les hostilités.

On vante aussi la longanimité du capitaine

Varroz, son contemporain, dont le nom est resté à une caverne (celle qui est voisine du Pont de la Pile), parce qu'elle lui servit de dernier retranchement. L'ennemi lui crioit d'en bas : « rends-toi, Varroz! » et lui ne manquoit pas de répondre : « *non de par tous les diables !* » La tradition de ce fait est encore si présente, que l'on se rappelle même le ton nasillard avec lequel il prononçoit ces paroles. C'est apparemment ce Jean Varroz, appelé *le colonel gaucher*, que dom Grappin cite au nombre de nos guerriers les plus marquans. Son régiment avoit été composé de deux mille chevaux : avec lui Varroz s'illustra par sa valeur au service des Philippes d'Espagne, second, troisième et quatrième du nom. Il étoit originaire d'Orgelet ou des environs de cette ville.

On ne peut rappeler cette illustre époque de notre histoire, sans parler du siége de Dole en 1636. Parmi les faits nombreux rapportés par le président Boivin, qui lui-même y eut une grande part, nous avons distingué ceux qui nous donnent la plus haute idée de la bravoure franc-comtoise. Ainsi, sans compter cet avocat qui, du haut des murs, renversa jusqu'à soixante Français à coups d'arquebuse ; ni ce milicien qui, armé d'un fléau, dans une des sorties, tua d'un seul coup trois ennemis à la fois ; nous citerons l'intrépide Donneuf qui, dans l'attaque d'un chemin couvert, abandonné des siens, se défendit seul, jusqu'à ce que son épée s'étant rompue, il saisit vigoureusement deux de ses adversaires et s'en fit un bouclier contre les autres. En cet état le brave caporal reçut à la tête et au bras plusieurs blessures, sans désemparer. Alors sa compagnie, revenue à la charge, avec le capitaine Desgaudières, le dégagea et le transporta à la ville, où il mourut. Le second trait ressemble fort à celui qu'admira César au siége d'une ville des Gaules. L'ardeur martiale avoit gagné le sexe même le plus timide : deux femmes qui portoient l'une du vin, l'autre des pierres dans un ouvrage avancé, y furent tuées ; la première eut le corps partagé par un boulet, la seconde eut les deux jambes emportées. Une troisième qui venoit de vider sa charge de pierres, et passoit en cet endroit, remplit avec sang-froid son panier des pierres de sa camarade qu'elle voyoit gisante dans son sang, et les porta au bastion des Benits, à travers une grêle de coups de mousquets.

Il y a peu d'instans, nous avons nommé le colonel César du Saix, d'une famille recommandable par autant d'illustration que de noblesse.

Il étoit venu, le premier de sa race, s'établir au comté de Bourgogne, où il signala sa valeur héréditaire contre les Français et les Suédois, principalement à la reprise des châteaux de Mont-Saugeon, de Château-Vilain et de Nozeroy. De lui naquit, au bailliage d'Orgelet, Humbert-Dominique du Saix, libre baron du Saint-Empire romain, chambellan de l'empereur en 1723, feld-maréchal, gouverneur des ville et citadelle de Brisach. Sous les ordres du prince Eugène, il fit la guerre contre la Turquie; et c'est là que, embusqué avec deux cents hommes seulement dans une fente de rocher à Carashébek, il arrêta une flotte turque, forte de trois mille combattans, qui, ayant débarqué pour exterminer cette petite troupe, en furent vigoureusement repoussés dans leurs vaisseaux. Dès-lors le brave maréchal contribua puissamment aux succès obtenus à Témeswar et à Zenta ; et devenu général d'artillerie impériale, il réduisit Lille, en 1708, à se rendre aux alliés.

Après ce capitaine, nous aurions encore, en suivant l'ordre des temps, à citer un autre général que le soldat français avoit justement décoré du titre de *père de la victoire;* mais nous ne devons pas revenir sur ce que nous avons dit du comte de Saint-Germain, sans tomber dans des répétitions inutiles.

Qui pourra trouver mauvais que nous plaçions à leur suite un simple soldat dont le nom, digne d'arriver à la postérité, comme le leur, se présente maintenant à notre admiration ? Que ne sommes-nous à même de consacrer ici le souvenir de tous les simples soldats qui n'ont pas moins acquis l'estime de leurs chefs par des actions brillantes, que celle de leurs concitoyens par des actions utiles ! C'est l'héroïsme des Alexandres à cinq sous par jour, qui souvent fait les Alexandres à dix écus. Le trait suivant annonce toute l'énergie d'un vrai spartiate. Claude Thion, né en 1765 à Pesmes, de parens originaires d'une commune de l'arrondissement de Dole, étoit soldat au régiment de Touraine. Au siége de Brumstown-Hill, le 20 janvier 1782, il fut chargé avec un camarade de transporter les bombes du dépôt à la batterie. Les bombes se portent au moyen d'un bâton dont les bouts reposent sur les épaules. Dans le trajet, ce jeune homme a le bras droit fracassé par un boulet de canon, et ce bras tombe suspendu par un seul nerf. Sans se décourager par ce terrible accident, il demande à son compagnon un couteau, afin de couper le nerf et de se débarrasser d'un membre inutile; recharge le bâton de la bombe sur son épaule gauche et continue sa marche jusqu'à sa destination. Cet acte de courage fut bien consigné dans le certificat délivré à ce pauvre malheureux que l'on envoya aux invalides; mais aussi modeste que courageux, Thion n'en parloit jamais. A la fin pourtant le trait fut connu, raconté à tous les frères d'armes de l'hôtel royal et publié dans les journaux. Plusieurs officiers accoururent pour voir ce soldat et pour lui offrir de l'argent qu'il refusa. M. le comte de Guibert, gouverneur des invalides, le nomma sergent-major et lui fit accorder la solde du grade supérieur. La veuve d'un maréchal de France et un autre officier général lui firent des pensions. La société, connue en 1783 sous le nom de *la Candeur*, honora d'une espèce de triomphe ce héros de vingt ans: dans une séance de cérémonie, composée de 173 personnes, qu'elle fit suivre d'un banquet de cent couverts, Thion fut couronné, reçut une belle médaille d'or frappée à sa gloire, et occupa la place d'honneur au milieu d'une foule de personnes de la première distinction. On n'a pas toujours si bien récompensé la vertu et la valeur.

L'honneur français réclame ici une place pour le capitaine Baratte (Claude-Etienne), né le 21 mai 1734, à Baume-les-Messieurs, où il est mort le 14 septembre 1799. Simple soldat au régiment de Navarre, à l'époque de la guerre d'Hanôvre, il se fit d'abord remarquer par son ardeur pour la gloire, et par son sang-froid dans le péril. On voyoit ce jeune militaire accompagner ses chefs et les ingénieurs sur les tranchées, sans faire attention aux balles qui siffloient à ses oreilles. Il falloit alors, pour obtenir des grades que se disputoient les cadets de familles, être doublement brave : Baratte les parcourut sans exciter l'envie, en se faisant au contraire admirer et chérir. Ses vertus lui avoient même acquis un rare ascendant sur l'état-major. Lorsque son régiment fut dédoublé, les plus nobles restèrent dans Navarre ; le reste forma le cadre d'Armagnac, et notre officier de fortune en fit partie. Cette démarcation déplut. Or, à l'issue d'une campagne éclatante, un officier général passant en revue ces deux régimens, dit aux officiers d'Armagnac, que le Roi étoit si satisfait de leur conduite, que s'ils le désiroient, leur régiment prendroit le titre de *Royal Navarre*. — « Non, s'écria fièrement « Baratte, nous n'avons plus rien de commun

« avec Navarre, c'est Armagnac seul qui s'est
« distingué ! » Notre compatriote cueillit de
plus beaux lauriers encore dans la guerre
d'Amérique, sous le comte de Guines et le
comte de Grasse, surtout à Sainte-Lucie et à
Saint-Christophe. A cette dernière affaire, qui
eut lieu le 11 janvier 1782, il se fit voir
dans toute sa gloire. Seul à la tête de sa compagnie, il osa attaquer cette île, y descendre
et s'en emparer, contre toute attente de la
part de ses chefs, et malgré l'infériorité du
nombre. La moitié de ses compagnons tombèrent à ses côtés, mais la victoire lui resta.
Ce fait d'armes retentit dans les journaux du
temps, et valut à son auteur la croix de Saint-Louis et une pension du roi. D'autres vertus
le recommandent à notre respect; nous nous
réservons de lui décerner ailleurs une nouvelle
couronne.

Alexandre Thouverey, né à l'Abbaye du
Grand-Vaux, mort sergent-major d'infanterie
en 1807, avoit fait, en 1781, la campagne d'Amérique sous le général Rochambeau. Simple
caporal dans une compagnie du régiment de la
Marche que ce général avoit formé lui-même,
et qui avoit la réputation d'être le plus parfait
en tactique et en discipline, Thouverey se

signala par un fait d'armes assez singulier. L'armée française ayant opéré sa jonction avec les troupes Américaines commandées par Wasingthon, alla mettre le siége devant New-Yorck en Virginie. Un poste d'honneur fut confié à la prudence de notre caporal (c'étoit la défense des magasins), et on le prévint qu'il seroit attaqué par les Anglais pendant la nuit. Sa garde étoit composée de douze hommes : il les exerce aussitôt à des mouvemens simulés et rapides qui puissent en imposer à l'ennemi, et quand, à la pointe du jour, l'avant-garde anglaise vient se présenter à l'attaque, le poste se met en défense sur des points si espacés, et fait un feu roulant si bien nourri, que l'ennemi, jugeant qu'un régiment tout entier occupe le retranchement, se retire bientôt avec perte. Cette action sauva les magasins de l'armée qui alloit manquer de provisions. Le général, informé de ce trait de bravoure et du stratagème ingénieux de Thouverey, lui manda de se rendre au quartier : le caporal y fut porté comme en triomphe par ses camarades ; et là, en présence de toute l'armée, il fut fait sergent-major et reçut les félicitations les plus honorables.

Le jeune et brillant officier Thervay, de

Dole, tué à Austerlitz, mérite d'occuper ici une place. On a dit que, admis dans la garde impériale par suite de ses actions guerrières, il fut tellement affectionné par Napoléon, que pour éterniser la mémoire de ce brave, et pour stimuler le zèle des élèves, ce souverain ordonna que le nom de *Thervay* seroit donné à l'une des plus belles cours de l'école militaire. Il est pourtant moins connu que le capitaine Renaud, de Poligny, qui de 1793 à 1814, obtint successivement tous ses grades par des actions d'éclat, habitué qu'il étoit à arracher des drapeaux à l'ennemi comme à sauver les siens.

Joseph Dévaux, de Dole, né en 1785, vivra éternellement par l'histoire de la grande armée de M. de Ségur. Plusieurs actes extraordinaires de force et d'audace honorent la carrière de ce nouvel Hercule. « Mais c'est au
« passage de la Bérézina, où les pontonniers
« et les troupes du génie se couvrirent d'une
« gloire impérissable, qu'il rendit les plus
« grands services, dit la *Biographie des Con-*
« *temporains*. Le général d'artillerie Aubry
« venoit de reconnoître les points les plus
« favorables à l'établissement des ponts. Ef-
« frayé des difficultés qu'on éprouveroit pour

« fixer les chevalets dans le lit du fleuve, il
« jugea qu'il ne pouvoit confier cette pénible
« tâche qu'à l'intrépidité et au dévouement
« de Dévaux. Il l'amena sur les lieux et lui
« dit : sergent Dévaux, vous sentez-vous la
« force de sonder le fleuve ? c'est pour l'hon-
« neur de votre patrie et pour sauver vos ca-
« marades que je vous demande ce sacrifice :
« je connois votre zèle, votre bravoure, et
« vous ne refuserez pas de servir la nation et
« l'empereur. Pour toute réponse, Dévaux se
« précipita dans les flots, y plongea jusqu'à la
« bouche, en combattant les glaces que char-
« rioit la rivière, et parvint, après un travail
« de sept heures consécutives, à placer vingt-
« deux chevalets qu'il porta sur ses épaules
« nues, et qu'il fixa dans la Bérézina, malgré
« la rapidité de son cours et les glaçons que
« poussoit un vent violent. Dévaux fut secondé
« dans cette opération périlleuse par les sol-
« dats des 3.ᵉ et 7.ᵉ compagnies de pontonniers,
« et les marins du 64.ᵉ de flotille, commandés
« par le capitaine Milleville qui périt dans les
« flots avec beaucoup des siens, victime d'un
« dévouement au-dessus de ses forces physi-
« ques. Dévaux a fait la dernière campagne
« d'Espagne, qui lui a valu le grade de ca-
« pitaine. »

Bataillons de Volontaires.

Entraînés par des citations d'actes de courage isolés, nous sommes arrivés au temps actuel sans nous en apercevoir. Cependant nous n'avons pas perdu de vue les grands capitaines qu'a produits notre département, depuis la révolution. C'est surtout en ces fatales circonstances, que l'esprit militaire et l'amour de la patrie se sont déployés avec plus d'éclat parmi nous.

L'appel que fit, en 1791, l'assemblée nationale au peuple français, en déclarant la patrie en danger, enfanta des miracles d'héroïsme. Des légions formidables surgirent du Jura, emportées presqu'aussitôt vers les frontières par un élan qui ne peut être comparé qu'à celui des Lacédémoniens et des enfans du Latium. Quelqu'en ait été la direction, le sentiment en fut pur et sublime. L'enthousiasme avec lequel se formèrent nos douze bataillons de volontaires, semble se ranimer encore dans les vieux soldats, toutes les fois que l'on en réveille devant eux le souvenir.

Douze généraux et sept colonels sont sortis de ces immortelles phalanges : nous les nommerons avec plus ou moins de détails, suivant les notes que nous avons pu recueillir, mais sans rien retracer de leurs opinions politiques, ce qui n'est pas de notre ressort; autant du moins qu'il nous sera possible de nous en dispenser, en caractérisant chaque personnage.

Le général Malet, né à Dole en 1754, si connu par la tentative hardie de renverser, au 24 octobre 1812, le gouvernement impérial, avec un fort petit nombre de conjurés qui s'étoient, comme lui, évadés de la prison la veille, paya de sa tête avec eux une témérité si inconcevable, le 29 du même mois. Voici le portrait qu'a fait de ce général l'auteur de l'*Histoire des sociétés secrètes de l'armée* : « Malet, que l'histoire connoîtra peu, parce « qu'il n'a joué sur le théâtre du monde qu'un « rôle d'un moment, n'avoit qu'une qualité « qui l'élevât remarquablement au-dessus de la « médiocrité; mais il la portoit à un tel point « qu'il y a peu de grands hommes qui ne la « lui eussent enviée : c'étoit une inflexibilité « de principes, une rigidité de volonté qui ne « se laissoit plier à aucun événement, et qui « réagissoit contre tous les événemens con- « traires, sans aucune acception d'intérêt per- « sonnel. » Le président de la commission militaire qui le condamna à mort, lui ayant demandé quels étoient ses complices : « Si j'avois réussi, répondit-il, j'aurois pour complices la France, l'Europe et vous-même. (1) »

Lons-le-Saunier est le lieu natal de **Claude-Joseph Lecourbe.** Tout à la fois chef et soldat, montrant aux siens le chemin du péril et ne craignant pas de s'y précipiter à leur tête, donnant et exécutant ses ordres, on vit Lecourbe, au blocus de Maubeuge, un fusil à la main, entrer le premier dans les lignes de Wattignies. Chef de brigade, il soutient avec trois bataillons l'attaque d'une colonne de dix mille Autrichiens ; officier général, il arrête pendant vingt-quatre heures, à la retraite de Mayence, en 1795, l'armée qui l'avoit investi de toutes parts (parce qu'il n'avoit pas reçu l'ordre de se retirer), et à travers laquelle il s'ouvre un passage ; Lieutenant-général en 1799, il montre une prudence consommée dans la retraite de Zurich. C'est-là que, quelques mois après le 18 brumaire, Lecourbe imita la fermeté d'un Romain qu'il s'étoit peut-être proposé pour

---

(1) Son frère cadet, le chevalier Cl. Jos. de Mallet a cherché à prouver, dans un ouvrage de sa composition, l'existence d'une secte révolutionnaire, qui auroit pris son origine au douzième siècle, et dont la révolution française seroit le chef-d'œuvre.

modèle : il parvint, par un acte de sévérité singulier, à rétablir la subordination parmi les soldats qui réclamoient leur solde arriérée, à peu près comme les légions romaines de la Pannonie et du Rhin, à l'avénement de Tibère à l'empire. Moins heureux pourtant que Germanicus qui avoit tout obtenu par la force de son éloquence et par l'ascendant dont il jouissoit sur l'esprit de ses troupes, Lecourbe ne se voyant pas obéi, mit le sabre à la main, et fit rentrer les séditieux dans le devoir. Il fut aussi le héros de l'amitié : car ayant partagé la fortune de Moreau, il sut en partager la disgrâce. Dès que la condamnation du 10 juin 1804 fut prononcée, Lecourbe cédant au premier mouvement de son cœur, et s'énonçant avec la franchise d'un Jurassien, entra dans la salle du palais, et s'écria : « Quel est le juge inique qui a osé condamner le brave Moreau ? »

Moissey avoit vu naître Jacques-François Sibaud, qui mourut général en l'an IV, dans l'île de Corse, après avoir marqué sa courte carrière militaire à l'armée du Rhin et du Nord par une ardeur qui est presque sans exemple, et qui pourtant ne l'a pas rendu célèbre. On rapporte que lorsqu'il apprenoit qu'une bataille auroit lieu le lendemain, Sibaud couroit au quartier-général, solliciter les avant-postes; et qu'il n'étoit content qu'au milieu des hasards.

Le général de brigade David, d'Arbois, est aussi un de ces guerriers dont les noms méritoient un plus long souvenir. Il partit adjudant-sous-officier au 7.ᵉ bataillon du Jura, et sa valeur lui avoit déjà acquis tous ses grades dès l'année 1794. Mais il fut arrêté dans sa course par le coup mortel qu'il reçut à la bataille d'Alkmaër. « Ce brave général, a-t-on dit de
« lui, avoit fait la guerre dans des pays riches,
« avec un tel désintéressement, qu'il n'a laissé
« à ses parens pauvres, qu'une modique somme
« de 700 francs, encore provenoit-elle de la
« vente de ses équipages. »

La valeur a été le premier titre à l'avancement rapide de Claude-Etienne Michel de Pointre, qui étoit parti, en 1793, simple sous-lieutenant, et qui est tombé dans la plaine de Waterloo, en 1815, lieutenant-général. Le baron Michel, officier de la légion d'honneur, commandoit en qualité de colonel le premier régiment de grenadiers à pied de la garde impériale en 1814.

Jean-François Romme, né à Monay le 30 octobre 1773, entra sous-lieutenant au service en 1792, à l'âge de dix-neuf ans. Il fut créé commandant de la légion d'honneur en 1812, général de brigade en 1813, chevalier de Saint-Louis en 1814, et fut digne de toutes ces distinctions par sa conduite militaire et par sa modestie. Le chevalier Romme est mort en 1826, commandant de place à Strasbourg.

Tels sont les généraux sortis du rang des volontaires du Jura, et qui n'existent plus : indiquons maintenant ceux qui vivent.

Le général Sauria, de Poligny, qui étoit parti en 1792, capitaine de la quatrième compagnie du second bataillon, achève en paix une carrière dont il avoit voué une part à des fonctions civiles.

Moins favorisé, Jean-Pierre Travot, son compatriote et son frère d'armes, qui fit la guerre dans la Vendée en 1796, 1799, 1800 et 1815, finira ses jours dans la démence. M. le vicomte de Walsh, dans les *Lettres vendéennes, dédiées au roi*, rend à ce général un témoignage qui n'est pas suspect. Après avoir parlé de l'héroïsme de MM.^{lles} de Couëtus et de la Rochette, cet auteur ajoute : « Quand ces « dames furent amenées devant le général « Travot, il les complimenta sur leur valeur « et fit panser leurs blessures. Lui a toujours

« su respecter le malheur ; Charette l'a re-
« connu. Parmi les dévastateurs de la Vendée,
« les traits d'humanité sont rares : quand il
« s'en trouve, on doit les citer (1). »

La poésie remplit aujourd'hui les loisirs de M. le baron Osias Delort, né à Arbois en 1774. Parti simple volontaire dans le 4.ᵉ bataillon du Jura, il est parvenu de grade en grade à celui de lieutenant-général. Blessé dans plusieurs rencontres, ayant son cheval tué sous lui, et ses vêtemens criblés de coups, il ne quittoit jamais le champ de bataille. Ce n'est pas ainsi que se montroit Horace, (dont il traduit les *Odes*), à la fameuse bataille de Philippes.

M. Urbain Devaux, d'Orgelet, qui commença ses campagnes avec le titre de lieutenant dans le même bataillon, est général de brigade. M. le baron J. B. Jeannin, de Lanéria, lieutenant-général d'infanterie, étoit également parti lieutenant de la 8.ᵉ compagnie du 10.ᵉ bataillon, en 1792 ; et M. le baron Meunier, de Saint-Amour, son capitaine à cette époque, est aide-de-camp titulaire des princes dans l'inspection générale d'infanterie. Ces deux

(1) On en parle encore avec éloge au tome II, pages 45 et 47.

derniers lieutenans-généraux ont pousé les filles du peintre David.

Nos volontaires devenus colonels sont MM. Albert, de Chaléa; Genevay, de Montfleur; Monneret, de Saint-Claude; Jacques Oudet, de Maynal; Barrelier, de Sainte - Agnès; Simonin, de Mantry; Alpy, de Miége; etc., qui ont échappé aux dangers toujours renaissans des combats, pendant vingt-trois ans, à l'exception du célèbre Oudet qui périt le 6 juillet 1809.

Son biographe le peint comme un héros des temps modernes, digne du nom de Philopémen qui le décoroit dans la société secrète des Philadelphes dont il étoit le chef. « Il au- « roit été à son choix poète, orateur, tacti- « cien, magistrat: l'armée entière l'a proclamé « brave. Jamais, ajoute-t il, on a rassemblé « des qualités si contrastées et cependant si « naturelles; il avoit la naïveté d'un enfant « et l'aisance d'un homme du monde; de l'a- « bandon comme une jeune fille sensible, de « la fermeté comme un vieux romain; de la « candeur et de l'héroïsme. C'étoit le plus ac- « tif et le plus insouciant des hommes ; pa- « resseux avec délices, infatigable dans ses en- « treprises; immuable dans ses résolutions;

« doux et sévère, folâtre et sérieux, tendre et « terrible; Alcibiade et Marius. » On nous permettra de nous servir encore des expressions du même auteur pour caractériser le colonel Oudet sous les armes. « Renversé à « San-Bartholomeo par un plomb brûlant, les « grenadiers croisent leurs fusils pour lui en « faire une litière et le transporter à l'hôpi- « tal. *Camarades!* s'écrie-t-il, *que faites-vous? « l'ennemi est là.* — Si nous n'enlevons votre « corps, lui dit un vieux sergent, il restera à « l'ennemi. — *Repoussez l'ennemi*, répliqua « Oudet mourant, *et mon corps ne lui restera « pas* (1). Il échappe à cette blessure comme par

---

(1) Ce mot nous rappelle un trait frappant, tiré de l'histoire de nos revers de 1812, et qui sembleroit plutôt appartenir aux mœurs antiques des Cimbres qu'à nos mœurs actuelles. Le Dolois Boudon, dit Faribole (un tel sobriquet est loin de préparer le lecteur à une scène tragique), adjudant au 15.ᵉ régiment d'infanterie légère, s'éloignoit, avec les débris de l'armée française, de Gowno, dernière ville de la Russie, emportant sur ses épaules sa femme et sa fille qui, excédées par des marches forcées, ne pouvoient plus le suivre. A la fin succombant lui-même à son double fardeau, il le dépose sur la route, et désespérant d'échapper aux Cosaques qui les pressent, il charge deux pistolets. « Le dernier moment, dit-il, à sa jeune et belle épouse, a « sonné pour nous; mais nous n'aurons pas à rougir de tomber « au pouvoir de l'ennemi : fais ton acte de contrition. » Cette malheureuse femme s'agenouille en pleurant, et reçoit le plomb fatal; son enfant reçoit le second coup; et Boudon se jetant aussitôt sur la pointe de son épée, meurt en les tenant embrassées toutes deux.

« miracle, et c'est lui qui dit, trois mois après,
« à Bonaparte effrayé : *montre-moi ton visage,*
« *afin que je m'assure encore si c'est bien Bo-*
« *naparte qui est revenu d'Egypte pour asservir*
« *son pays !* » A la journée de Wagram, le colonel Oudet fit ses dernières prouesses avec les officiers rappelés comme lui de l'exil. Frappé de trois coups de lance, il se fit lier sur son cheval. Après le combat, il reçoit l'ordre de prendre une position à trois lieues de là, où il tombe dans une embuscade au milieu de la nuit. Au lever du soleil, on trouva vingt-deux cadavres entassés sur son corps, le seul qui parut respirer encore. Ses camarades lui avoient fait un rempart du leur. Il respira encore trois jours, et cependant le bulletin annonça qu'il étoit mort sur le champ de bataille. « Quelle raison avoit-on, dit l'historio-
« graphe, pour donner à ce mensonge une au-
« torité historique? je souhaite que la solution
« de cette question ne se trouve pas dans la
« conscience de quelque assassin. »

Autres chefs de guerre des derniers temps.

Outre les généraux que nous avons désignés plus haut, le Jura en a fourni beaucoup d'autres aux armées françaises, depuis les premières années de la révolution.

Ainsi Lons-le-Saunier n'a pas seulement produit le général Lecourbe, cette ville a vu naître également dans ses murs X. Deverges, général de brigade en 1794, à l'armée des Pyrénées orientales, qui traduit, après un échec, devant le tribunal révolutionnaire de Paris, y fut condamné à mort, et qui subit sa peine en l'an 2, à l'âge de trente ans; M. le baron Rouget dit le Batave (C. P.), maréchal-de-camp commandant à Nantes, chevalier de Saint-Louis, officier de la légion d'honneur, frère de M. Rouget-de-l'Isle, de qui nous parlerons au livre suivant; M. Nicolas-Philippe Guye, né en 1773, commandant de la légion d'honneur depuis 1804, maréchal-de-camp d'infanterie depuis 1814, qui s'étoit signalé surtout en Espagne où il reçut le titre de marquis de Rio-Milanos, en récompense de ses actions courageuses; M. Nicolas Desvernois qui a fait les guerres d'Egypte, et s'est retiré du service du roi de Naples, en 1814. Lons-le-Saunier est enfin la patrie de M. le comte de Rotalier, chevalier de Saint-Louis, officier de la légion d'honneur, maréchal de camp commandant la 19.ᵉ division militaire, depuis la restauration de la monarchie des Bourbons.

Dole n'a pas seulement donné le jour au général Malet, il l'avoit aussi donné au général Jacques-Antoine Pélissard qui, le premier, monta dans la redoute du plateau de Montbach devant Mayence ; qui, à la tête d'une colonne française, emporta le fort de Kell ; et qui est tombé dans les champs glorieux de Friedland. Il est également le berceau du général de génie Simon Bernard, que Napoléon désignoit à ses officiers généraux comme le meilleur conseiller de l'armée pour la défense des places; et du général de division Bachelu qui étoit déjà colonel de génie dans l'expédition de Saint-Domingue, en 1801, c'est-à-dire à l'âge de vingt-quatre ans, et qui se distingua surtout au siége de Dantzick.

Arbois place au premier rang de ses hommes de guerre l'illustre Pichegru qui y naquit en 1761 et qui devroit y avoir une de ses statues (1). Sa campagne d'Alsace lui ouvrit une brillante carrière vers le nord, où l'on peut dire qu'il fit une marche toute triomphale jusqu'à Amsterdam : c'est l'immortelle expédition de la Hollande, commencée le 2 janvier 1795 et terminée aux premiers jours de février de la

(1) Sa Majesté a daigné en envoyer une en marbre à Lons-le-Saunier, et elle fait placer celle de bronze à Besançon.

même année. Le 1.ᵉʳ avril, se trouvant à Paris, il fut chargé de rétablir l'ordre et la paix qui étoient troublés par une insurrection populaire. La vue des effets de l'anarchie lui fit une impression profonde qui influa sur le reste de sa vie encore enveloppée de quelques mystères, et dès-lors il médita la gloire d'être le Monck des Français. La fortune n'a pas servi ses desseins, et il est mort victime d'un genre de dévouement qui ne s'apprécie pas au même degré dans toutes les opinions du jour, mais sur lequel la postérité prononcera sans doute comme elle a fait sur le restaurateur de la monarchie anglaise. Ainsi que Charles II avoit écrit au général Monck, Louis XVIII écrivit au général Pichegru. Nous ne pouvons résister au désir de mettre sous les yeux de nos lecteurs un passage de la lettre du 24 mai 1796, que S. M. T. C. lui adressa de Riégel : « Je « ne vous parlerai pas de l'admiration que j'ai « pour vos talens et pour les grandes choses « que vous avez exécutées. L'histoire vous a « déjà placé au rang des grands généraux, et' « la postérité confirmera le jugement que l'Europe entière a porté sur vos victoires et sur « vos vertus. Les capitaines les plus célèbres ne « dûrent pour la plupart leurs succès qu'à une

« longue expérience de leur art ; et vous avez
« été, dès le premier jour, ce que vous n'avez
« cessé d'être pendant tout le cours de vos
« campagnes. Vous avez su allier la bravoure
« du maréchal de Saxe au désintéressement de
« M. de Turenne, et à la modestie de M. de
« Catinat : aussi puis-je dire que vous n'avez
« point été séparé, dans mon esprit, de ces
« noms si glorieux dans nos fastes. »

Salins s'honore de la naissance de trois généraux. Le baron Jarry, mort en 1820, s'étoit distingué à Austerlitz et à la bataille d'Eylau. M. le baron Lepin, né en 1772, a commandé l'artillerie à Magdebourg et à Dantzik, en 1809 et 1813 : la culture des lettres ne lui est pas plus étrangère que l'administration des arsenaux. M. le vicomte de Préval naquit en 1772 comme son compatriote Lepin. Le comte de Cécile son père lui légua en mourant son épée, héritage d'espérance et de gloire, qu'il a recueilli de si bonne heure ! A l'âge de dix ans il étoit déjà porté sur les contrôles du régiment, et à vingt-deux il étoit capitaine. Une loi de circonstance le fit, en 1794, descendre de ce grade au rang de simple soldat, mais les réclamations unanimes de ses camarades l'y replacèrent aussitôt. M. le vicomte de Préval, chevalier de Saint-Louis, commandeur de la légion d'honneur, a été créé en 1818 lieutenant-général au corps royal d'état-major de l'armée, et en 1828 membre du conseil supérieur attaché au ministère de la guerre.

M. le comte d'Astorg, de Poligny, entra fort jeune au service de la marine dont il se vit écarté par la révolution. Membre de la chambre des députés en 1814, il reparut bientôt sur l'horizon militaire et reprit sa place dans son ancienne arme. Il y obtint le grade de contre-amiral; mais son âge le fit porter à la réforme, et il est mort au mois de janvier 1828, dans un âge très-avancé.

Clairvaux est le lieu natal du baron Alb.-Fr. Dériot, né en 1766, général de division depuis le 24 décembre 1812, vétéran de l'armée d'Egypte et de la garde impériale, et qui, de simple soldat, est monté jusqu'au rang de lieutenant-général à force de prouesses, et sans rougir jamais de son humble naissance.

Plus modeste encore, M. le baron Guyot, de Villevieux, qui, en 1814, étoit commandant de la légion d'honneur, général de division et colonel commandant en second les chasseurs à cheval de la garde impériale, n'est connu dans son pays que par le bien qu'il a fait à sa famille.

Enfin M. le baron Gauthier, officier de la légion d'honneur, général de brigade, né à Septmoncel, mort en 1814, beau-frère du général Lecourbe, a laissé en Allemagne, surtout à Manheim, le souvenir de sa modération et de sa probité.

CHAPITRE QUATRIÈME.

VERTUS CIVILES.

Caractère.

Dans l'éloge historique du parlement que fit, en 1784, Dom Ferron, et qui fut couronné par l'académie de Besançon, on lit ce passage éloquent : « Jean de Châlon, l'un des plus puis-
« sans seigneurs de la cour du duc Philippe,
« fier d'une opulence qui l'égaloit aux pre-
« miers souverains de l'Europe, croyant n'a-
« voir rien à redouter d'un prince qui étoit
« son proche parent, ni de l'animadversion
« des lois dont il sembloit mépriser les sup-
« pôts, venoit de se porter aux plus violens
« excès, en faisant mettre à mort un ser-
« gent du duc Philippe. Arrêté aussitôt et ren-
« fermé dans une étroite prison, il fut au mo-
« ment de subir la peine que méritoit son

« crime; et il ne dut la vie qu'aux sollicitations
« des grands, aux prières de ses amis et aux
« larmes de ses proches. » Le tribunal avoit
été juste et s'étoit mis au-dessus de toutes considérations humaines : le nom de ceux qui le composoient méritoit bien d'être transmis à leurs derniers successeurs.

L'amour a toujours fait commettre des imprudences. En 1407, Louis de Châlon, comte de Tonnerre, sire de Châtelbelin, de Rochefort et d'Orgelet, s'avisa d'enlever de la cour du duc de Bourgogne, une certaine dame d'honneur qui figuroit sans doute fort bien sur les tabourets de la duchesse. C'étoit Jeanne de Périlleux (ce nom semble être inventé tout exprès pour un conte moral). Louis de Châlon l'épousa après avoir, pour satisfaire une passion si vive, répudié Louise de la Trémouille.

« Amour, amour, quand tu nous tiens,
« On peut bien dire adieu prudence. »

Le scandale fit grand bruit dans le monde : le duc s'étoit plaint; le ravisseur s'étoit exilé, le parlement s'étoit assemblé à Dole, et le coupable avoit été condamné pour crime de félonie. Cependant peu à peu, à force de sollicitations, les choses se civilisèrent; on parla d'arrangement ; le duc octroya des lettres de grâces. Un traité s'ensuivit en 1410, portant remise des domaines saisis ; mais pour n'en avoir pas rempli les clauses, le jeune prince fut de nouveau proscrit ; et ses biens, une seconde fois confisqués en vertu d'arrêt du parlement de Dole, de l'an 1413, ont été une source féconde de procès pour sa famille.

A la fin ces sortes de transactions, moins conseillées par l'indulgence que par l'esprit de gain, ne paralysèrent plus le bras de la justice. Jean de Granson, qui tenoit un rang distingué parmi les grands seigneurs du comté de Bourgogne, vers le milieu du quinzième siècle, étoit un de ces barons turbulens qui se soulevoient contre leurs souverains et qui compromettoient souvent la tranquillité des peuples et leur sécurité. Il fut arrêté, enfermé dans le château de Poligny, jugé et condamné à mort en 1455. Le chancelier Nicolas Rolin, de Poligny, qui étoit l'âme du conseil du duc de Bourgogne, s'opposa avec une persévérance étonnante à ce que le prince fît grâce au coupable ; lui-même résista aux prières, aux larmes des parens, aux sollicitations du comte de Charolois, fils du duc, à celles de Thiébaud de Neuchâtel maréchal de Bourgogne, des sires de Vienne, de

Vergy, de Toulongeon et de plusieurs autres grands de l'état. La sentence fatale eut son exécution. Cet acte de justice rigoureuse mais salutaire indisposa contre le chancelier la haute noblesse dont il réprimoit les entreprises, dit Dunod, sans crainte ni respect humain.

L'impartialité de Gatinare, président du parlement de Dole au commencement du seizième siècle, lui aliéna aussi l'esprit de cette caste puissante : il avoit fait tomber plusieurs têtes nobles sous le glaive inflexible de Thémis. Des murmures s'élevoient contre lui; et à défaut de reproches réels, on l'accusoit d'être étranger. D'abord il voulut bien descendre jusqu'à se justifier sur ce point, en faisant connoître la filiation de ses aïeux originaires d'Arbois, ville dont ils avoient porté le nom; mais voyant le nombre de ses ennemis s'accroître de plus en plus, ce magistrat les étonna par un dernier trait de son noble caractère, trait qui est digne d'un ancien romain. Un jour de séance solennelle, il ouvrit l'audience par une harangue où il exposa la conduite loyale qu'il avoit tenue jusqu'alors, rendant la justice à qui elle étoit due, sans passion, sans intérêt, sans acception de personne; telle enfin que la prescrivoit une conscience pure; et il finit par annoncer que, sans y être conduit par aucun sentiment de pusillanimité, il se démettoit dès ce moment de la haute magistrature; et que désormais simple citoyen, il alloit attendre pendant quinze jours, l'attaque de ceux qui auroient à se plaindre de prévarications de sa part. Ensuite il appela sur l'estrade ses valets; se fit dépouiller des insignes de la présidence et de sa toge; descendit les degrés; traversa l'auditoire et s'en vint se placer derrière la barrière qui séparoit la cour d'avec le public. Il resta dans la ville tout le temps qu'il avoit fixé, sans que l'on osât le prendre à partie; et de Dole il passa dans le Piémont, non sans péril car on prétend que ses ennemis, trop lâches pour le provoquer en face, le furent assez pour tenter la voie de l'assassinat, dans les défilés des montagnes qu'il avoit à traverser pour se rendre en Suisse. Certainement cette action fut celle d'un grand homme. Il ne faut pas être un juge ordinaire pour montrer un pareil désintéressement: d'autres croiroient déployer encore plus de caractère, en restant à leur poste et en y bravant l'orage; mais le sentiment de l'honneur trace une autre conduite. On sera donc peu surpris de voir Gatinare reprendre le même chemin en s'éloignant d'un emploi encore plus éminent. Devenu chancelier de Charles-Quint, il refusa de signer le traité de Madrid relatif à la rançon de François I, roi de France, parce que la restitution préalable du comté de Bourgogne n'y étoit pas stipulée. « Votre Majesté, dit-il à l'empereur, peut m'ôter les sceaux et la vie, mais non m'obliger à rien faire contre ses intérêts. » Les sceaux furent remis au cardinal de Granvelle. La vie de cet homme extraordinaire nous intéresse trop vivement pour ne pas l'achever. Mercurin de Gatinare, né en 1470, avoit d'abord professé le droit à l'université de Dole; s'étoit élevé tout à coup à la présidence du parlement en 1508, et s'en étoit démis en 1516. Marguerite d'Autriche l'avoit appelé en 1518 à son conseil de Bruxelles; et l'archiduc Charles, comme on vient de le voir, l'avoit nommé son chancelier. Ayant perdu sa femme, Gatinare fut fait cardinal en 1529, par le pape Clément VII, et négocia le traité de Boulogne entre le Saint-Père, l'Empereur, la république de Venise et le duc de Milan : chef-d'œuvre de politique au jugement de Granvelle. Il mourut à Pistoye le 5 juin 1530, et fut enterré non à Dole, comme l'a dit Gilb. Cousin, mais à Gatinara dans le Piémont.

Ni l'ascendant du pouvoir ni sa condescendance flatteuse n'ébranloient l'intégrité du président Bonvalot, né à l'Étoile en 1603. Le prince ***, mari d'Henriette de Cuisance, veuve du marquis de Varambon, eut avec le comte de Poitiers divers procès, dont il s'occupoit lui-même avec autant de pénétration que ses propres avocats; mais notre magistrat ne le croyoit pas fondé dans ses prétentions. M. de Lampinet auteur de la vie des *Présidens du parlement de Dole*, rapporte que son altesse sérénissime étant venu trouver Bonvalot pour discuter ses droits, ce qu'elle faisoit avec beaucoup de grâce et de facilité, le président l'écouta jusqu'au bout sans laisser apercevoir son improbation, et qu'il n'y répondit que par ces mots : « Voilà bien vos *raisonnettes*, Monsei-« gneur, dites-moi maintenant vos raisons. » Le prince perdit son procès à Dole, et le gagna dans son pays. On pourroit taxer de rudesse le personnage parlementaire dont nous parlons ici, car il n'étoit pas flatteur; mais on ne l'accusera pas d'avoir été accessible à l'adulation. Le marquis d'Yenne, Philippe de la Baume-Saint-Amour, gouverneur de la province, descendant du chancelier de Granvelle et de Nicole de Bonvalot, lui offrit, dans un riche écrin, plusieurs titres honorifiques de la

maison de cette noble dame, et entre autres des lettres de chevalier concédées à un Bonvalot par l'empereur Sigismond. Le président renvoya le cadeau avec des remercîmens, en faisant observer que ces parchemins lui seroient inutiles, puisqu'il ne descendoit pas de la même famille, mais d'une souche roturière qui n'avoit jamais rempli que les modestes charges de châtelains ou de procureurs d'office à l'Étoile. Combien de parvenus, enchantés de trouver une si belle occasion de se détacher entièrement de la foule, ne seroient pas si délicats! Suivant les diverses manières d'envisager les choses, il arrive souvent que le blâme devient un éloge. En 1668, Jules Chifflet, abbé de Balerne, disoit dans son apologie que plus d'une fois il avoit encouru l'animadversion de ses collègues au parlement, pour avoir marqué trop de déférence aux désirs du roi et à ses jussions; il ajoutoit : « Le président Bonvalot
« me voyant un jour si ferme et si prompt à
« vouloir toujours obéir, passa à des termes
« fort offensifs, en plein parlement, contre
« moi; de sorte que je fus contraint de me
« retirer à Salins, pour lui donner lieu d'éva-
« porer sa colère. » Une plainte de cette nature fait apprécier la trempe de l'inculpé,

et nous prouve qu'avec l'indépendance de son caractère, il auroit dignement figuré de notre temps, à la représentation nationale. Il mourut le 22 novembre 1667, pour ainsi dire à la veille de la conquête de la Franche-Comté par Louis XIV, et M. Ferd. de Lampinet, de qui nous tenons presque tous ces détails, ajoute que ce fut un bonheur pour ce magistrat, que son heureuse étoile (1) n'avoit jamais abandonné; car le prince ***, dit-il, qui revint dans la province au mois d'août 1668, en qualité de gouverneur et chargé d'examiner la conduite du parlement, *auroit fait avaler de terribles coulœuvres à Bonvalot, s'il eût encore vécu.*

Notre époque s'honore d'avoir produit un personnage parlementaire qui a long-temps présidé la chambre législative avec une fermeté, une présence d'esprit et une impartialité très-remarquables. M. Ravès, aujourd'hui pair de France et ministre d'état, est originaire de la commune de Loisia, canton de Saint-Amour.

Désintéressement.

LA modération et le désintéressement du

---

(1) L'historiographe fait allusion au lieu d'origine de J. J. Bonvalot, et à l'étoile d'or qui figuroit dans ses armes.

frère Attiret a beaucoup de prix à nos yeux : il étoit jésuite et peintre. Nous parlerons ailleurs de Jean-Denis Attiret comme artiste. Il travailloit dans le palais de l'empereur de la Chine, lorsque, le 29 juillet 1754, (veille de l'anniversaire de sa naissance) entrant dans son atelier comme de coutume, il apprend que S. M. venoit de le créer mandarin. Cette nouvelle eût transporté de joie un religieux de son ordre plus empressé des grandeurs humaines, elle consterne notre compatriote. Sans attendre plus long-temps, il court chez le ministre, le conjure d'intercéder en sa faveur auprès du monarque et de vouloir bien faire retirer une grâce qu'il ne convient pas à un religieux tel que lui d'accepter dans l'humble rang où l'a placé la providence. Etonné d'un refus jusqu'alors inouï, « Acceptez au moins les honoraires » lui dit le ministre. Mais il le trouva aussi dénué d'intérêt qu'il l'avoit trouvé exempt d'ambition. On ne vit la sérénité se rétablir sur le front de l'artiste que lorsque Kien-Long voulut bien se contenter des excuses de cette louable désobéissance.

Après un si beau trait, on peut encore rapporter avec plaisir celui-ci ; car s'il est rare de résister aux offres d'un monarque, il l'est encore plus de refuser un bon héritage. M. Claude-Guillaume Bourdon, connu sous le nom de Sigray, capitaine de cavalerie, membre de l'académie des inscriptions et belles-lettres, né à Arlay en 1712, mort à Paris en 1793, avoit contracté avec M. Rodier, secrétaire du Roi et grand propriétaire de Châlons-sur-Saône, une liaison fondée sur des rapprochemens de goût et de caractère. Par son testament du mois de juillet 1784, M. Rodier légua tous ses biens à M. de Sigray, mais la générosité bien connue de cet officier ne lui permettoit pas de se prévaloir des dispositions d'un ami qui laissoit des parens dignes de recueillir cette riche succession, et il sut la refuser. Cependant pénétrés d'une juste reconnoissance, les héritiers le supplièrent d'accepter une pension; M. de Sigray ne crut pas devoir tenir contre leurs instances, par un autre motif de délicatesse, son épouse se trouvant aussi favorisée par le testament.

S'abstenir de succéder à un homme dans ses biens n'est pourtant pas aussi beau que de s'abstenir de succéder à un grand homme dans un poste qui promet d'avance la célébrité, car la gloire est la passion des grands cœurs. L'abbé Siccard est devenu illustre en remplaçant l'abbé de l'Épée; et l'abbé Perrenet (de qui nous avons déjà parlé) pouvoit obtenir le même honneur s'il l'eût voulu; mais ce modeste ecclésiastique, à qui le poste du premier instituteur des sourds et muets fut offert, ne se sentit point digne de le remplir, ou plutôt il sentit dans son condisciple plus d'aptitude à succéder à un tel maître; et détourna sur l'abbé Siccard l'honorable choix dont il étoit l'objet. On tient du P. Perrenet cette particularité, mais c'est comme si on la tenoit de ceux mêmes qui furent chargés de la présentation. L'assertion d'un homme tel que lui vaut une attestation authentique, tant il étoit connu par son humilité et par sa candeur! Jamais sa bouche ne proféra le mensonge, jamais l'orgueil n'enfla son cœur.

Modération. (1)

Au reste il y auroit encore plus de générosité à servir son rival, qu'à obliger son émule; et M. le comte Louis de Saint-Germain, que nous citons souvent, s'est illustré par un trait de ce genre en 1760, sur le Bas-Rhin,

---

(1) Parmi les traits suivans, il en est trois qui concernent des militaires : le lecteur voudra bien excuser leur admission dans le chapitre des vertus civiles.

lorsque le maréchal de Broglie, qui commandoit en chef l'armée française, soupçonnant le maréchal de camp franc-comtois d'aspirer à son remplacement, chercha à se passer de lui, et se hâta fort imprudemment de livrer bataille, avant que la jonction de leurs troupes ne pût s'effectuer. Le maréchal de France avoit donné ordre au comte de Saint-Germain de venir le joindre à Corbac, le 10 juillet, et il n'attendit point son arrivée pour commencer l'action. Bientôt il fut enfoncé par l'ennemi; et il battoit en retraite dans un grand désordre, lorsque le comte, arrivant à point nommé au lieu du rendez-vous, parut assez à temps pour rétablir le combat, et ramener la victoire aux étendards français. Ainsi ce brave général qui avoit été informé des dispositions de son chef, et voyoit qu'il alloit témérairement s'engager avec un ennemi trop nombreux, s'étoit hâté d'accourir; et sans prendre un instant de repos, s'étoit élancé sur cette lice sanglante. Il ne l'eût pas sitôt reconquise, qu'il disparut. Si, pour ce nouvel Aristide, Broglie avoit été un nouveau Thémistocle, le lieutenant-général eût promis d'imiter la générosité de celui qu'il regardoit comme son antagoniste, même de le surpasser par tout le reste de sa conduite; mais le caractère des héros de l'antiquité ne se retraçoit pas dans tous les capitaines du dix-huitième siècle. Le maréchal, humilié de se voir vaincu par une grandeur d'ame semblable, s'abaissa jusqu'à accuser son libérateur de lui avoir enlevé, par mésintelligence et par jalousie, la gloire de détruire complétement, à lui seul, l'armée hanovrienne; et à le faire remplacer dans son poste par le chevalier de Muy. On poussa plus loin l'infamie : on accusa de trahison le sauveur de l'armée française, déjà si mal récompensé, accusation qui l'indigna si fort, qu'après avoir renvoyé au ministre ses brevets et ses décorations, il quitta la France. De Bruxelles, il écrivit au même ministre, et le sollicita à réunir un conseil de guerre pour examiner sa conduite, promettant d'y apporter sa tête. Il ne put obtenir cette faveur, et il resta sans justification. Errant et sans fortune, il ne tarda pas à être mieux apprécié des cours étrangères; mais plus sage que Coriolan, il refusa de servir contre son ingrate patrie :

« Le sort l'avoit conduit aux champs de l'étranger
« Pour chercher un asile et non pour se venger. »

Le général Hoche fut pour le général Pichegru ce que le maréchal de Broglie avoit été pour Saint-Germain. On sait que les premiers succès obtenus en Alsace par le héros d'Arbois, sont dus principalement au système qu'il avoit introduit de faire la guerre en tirailleurs, et qui a surtout l'avantage d'être conforme à l'esprit du soldat français : Hoche voulut pourtant s'attribuer ces victoires. Le jeune et présomptueux général réussit, même dans le moment où il venoit d'être battu à Kaisers-Lautern (a dit la *Biographie universelle*), à persuader les Conventionnels qui dirigeoient les armées de l'Est, de sa supériorité sur Pichegru. Celui-ci fut soumis aux ordres de son rival, et il exécuta en second, avec sa modestie accoutumée, les plans qu'il avoit conçus lui-même. Ce fut ainsi qu'il força les lignes de Haguenau, le 23 décembre 1793, et qu'il fit lever le blocus de Landau.

« Savoir se vaincre, et réprimer les flots
« De son orgueil, c'est ce que j'appelle être
« Grand par soi-même, et voilà mon héros. »

Délicatesse.

LE capitaine Baratte, que nous avons déjà nommé ailleurs, fut fait prisonnier, le 12 avril 1782, au combat naval de Saintes (Amérique) où il montoit *la ville de Paris*, avec M. le comte de Grasse, lieutenant-général des armées de mer. Il sauva, par capitulation, la caisse de son régiment qu'il fit passer pour la sienne propre, et abandonna tout ce qui lui appartenoit en réalité. Les fonds s'élevoient à 31,091$^{l.}$ 6$^{s.}$ 8$^{d.}$ Il n'y toucha rien pendant sa captivité, quelque misère qu'il endurât ; et il la rendit intacte au Roi, dès qu'il eut mis le pied sur France, après sa rançon. Obligé de déposer comme témoin dans l'affaire du comte de Grasse, il déploya, en cette circonstance pénible, un caractère qui fut admiré. Baratte pouvoit perdre son chef, dont il n'avoit pas approuvé la conduite au 12 avril ; sa prudence trouva le moyen de concilier la conscience et l'humanité dans sa déposition, et son lieutenant-général fut tiré d'embarras. Après une nouvelle campagne d'Amérique, Baratte revient en France, où il apprend la mort de son beau-frère M. Morétin ; alors la bonté de son cœur lui fait sentir un autre dévouement ; il croit se devoir à sa sœur et à ses neveux ; il sollicite sa retraite, au mois de mars 1784. Cette nouvelle répand la consternation dans tout le régiment qui étoit alors en garnison à Thionville, et chacun fait auprès de lui des instances pour l'engager à changer de résolution. Ses chefs lui annoncent qu'il va être incessamment promu à un grade supérieur; il résiste toujours; enfin on lui conseille d'attendre au moins quelques jours, pour se retirer ensuite avec ce nouveau grade et avec la retraite qui y seroit attachée. *Ma conscience,* répond l'honnête capitaine, *me reprocheroit de jouir de la pension d'un grade dans lequel je n'aurois point combattu.* Il faut l'avouer, de tels hommes sont devenus bien rares !

Au funeste incendie qui détruisit Salins, le 27 juillet 1825, M. le notaire Chapuis, dépositaire de sommes d'argent et d'intérêts très-considérables, par suite de la confiance générale qu'il s'étoit acquise, porta toutes ses pensées sur ces dépôts; et abandonna aux flammes son or et son mobilier. Le même jour, M. Jean-Baptiste Considérant (né dans cette ville en 1771, où il étoit professeur de rhétorique et bibliothécaire), donna un exemple aussi rare de son dévouement à la chose publique : il laissa brûler deux maisons qui lui appartenoient, pour sauver le collége où il n'avoit qu'un logement précaire, et qui resta pendant tout l'incendie privé du secours des pompes. Plusieurs traits de dévouement d'un autre genre honoreront la mémoire de ce jurassien distingué, dont la perte affligea, en 1827, tous ceux qui l'ont connu. M. Râcle, ex-oratorien, son vieil ami, et un jeune médecin qui avoit été son élève, M. Broye, ont prononcé sur sa tombe les éloges les plus vrais et les plus touchans adieux. Une souscription a été ouverte pour lui ériger un tombeau ; et M. le maire de cette ville continue à sa veuve le traitement qu'il recevoit comme bibliothécaire. Les froids calculs de l'égoïsme ne trouvèrent jamais d'accès dans le noble cœur de Considérant. Ami dévoué on le vit quitter les douceurs de sa famille pour voler à Rome, défendre, devant un conseil de guerre, quatre de ses anciens compagnons d'armes que poursuivoit la vengeance d'un chef puissant dont ils avoient dénoncé les dilapidations ; et son éloquence en triompha. Ennemi généreux, il avoit quitté le service militaire en Espagne, à la vue des vexations que l'on faisoit éprouver à un peuple armé pour soutenir son indépendance ; et il fut le premier de Salins qui porta des secours aux prisonniers espagnols renfermés au fort Saint-André. Enfin cet homme que son âme mâle et la grandeur de sa physionomie faisoient ressembler au *dernier des Romains*, étant parti comme volontaire en 1791, n'avoit

voulu servir la république, que « jusqu'au mo-
« ment, a-t-on dit, où il s'aperçut que la
« licence et l'anarchie prenoient la place de
« l'idole qu'il s'étoit formée au fond de son
« cœur. »

Probité.

Où la probité va-t-elle se nicher? a dit Molière, parlant d'un malheureux : il ne faut pas appliquer ce mot à toute la classe pauvre ; car il y a souvent une grande distance morale entre le pauvre qui mendie et le pauvre qui vit du produit de ses sueurs.

Il y a encore moins à s'étonner qu'un artisan, qu'un domestique soient d'honnêtes gens ; ils ne suivent pas un autre évangile que ceux pour qui ils travaillent ; il faut seulement leur savoir gré de rester bons au milieu des mauvais exemples qu'ils ont quelquefois sous les yeux.

Un menuisier de Lons-le-Saunier, nommé Prost, de qui les moyens d'existence sont tout entiers dans l'emploi de ses journées, avoit, au mois de juillet 1813, donné le logement à deux militaires. Quelques heures après leur départ, sa femme, en ôtant les draps de leur lit, entendit tomber quatre louis enveloppés dans du papier. Elle court à son mari qui travaille en ville, et lui fait part de sa découverte. Voilà ces bonnes gens en peine de trouver le moyen de rendre cet or au soldat qui l'a perdu ; mais calculant qu'il peut encore, en faisant le sacrifice de sa journée, atteindre le régiment à cinq lieues de là, le mari se hâte de franchir cette distance, et il arrive à Poligny. A Poligny, nouvel embarras : comme il ignore le nom de ses hôtes, il fait d'infructueuses recherches. Enfin la troupe se remet sous les armes pour partir. L'honnête menuisier les cherche de l'œil dans les rangs, et il a le bonheur d'en apercevoir un. N'écoutant que son généreux empressement, il s'approche de son homme, s'en fait reconnoître et lui remet son or. Ce soldat pleuroit de joie, moins d'avoir recouvré sa petite fortune, que d'avoir été la cause d'une si belle action. Vainement pressa-t-il l'habitant de Lons-le-Saunier d'accepter une marque de sa reconnoissance : celui-ci ne consentit qu'à boire à sa santé.

Ce trait ressemble beaucoup à celui qui se passa, au mois de novembre 1814, à Poligny. Marie-Amable Chaillet, femme d'un pauvre cordonnier nommé Lavocat, se rendant avant jour au marché voisin, heurta du pied contre un sac qui contenoit quelques piles d'écus, et qui étoit apparemment tombé de la voiture publique. Rentrée dans son ménage, cette femme montre à son mari sa découverte, et ils attendent plusieurs jours sans prendre de parti ; mais, voyant que le propriétaire de la somme ne se découvre pas, ils la portent au juge de paix, en priant ce magistrat de vouloir bien faire les démarches nécessaires pour l'adresser à qui elle appartient.

Le capitaine Barnier passant à Dole, logea, du 10 au 11 septembre de la même année, à l'hôtel de la ville de Lyon. En partant, il oublie dans son lit une bourse pleine de cinquante louis, que trouve bientôt une des servantes de l'hôtel, nommée Josephe Magnin. Cette fille se met aussitôt en course pour atteindre l'officier, et lui rend sa bourse. Ce n'étoit pas la première action louable qui eût signalé sa fidélité.

Au mois de mai 1825, un voyageur s'aperçoit, lorsqu'il est près de passer la frontière, au village des Rousses, qu'il a perdu une somme de quatre mille francs ; il revient sur ses pas et fait publier partout son malheur, car il est père de famille, et 4,000 francs sont pour lui un trésor. Arrivé à Mont-sous-Vaudrey, il y reçoit d'un exprès, envoyé de la part du maire de Souvans, la nouvelle que son or est retrouvé, et il voit presqu'aussitôt un laboureur du Petit-Villey qui le lui rapporte. C'étoit Josephe Goy, du Grand-Abergement, sa domestique âgée de 15 ans, qui avoit fait cette découverte en gardant son bétail le long de la route. L'étranger attendri et reconnoissant donna cent francs de récompense à la jeune bergère et à son maître, en regrettant, ajouta-t-il, que sa fortune ne lui permît pas de suivre dans sa générosité les mouvemens de son cœur.

Après avoir exposé sur la scène une classe de citoyens que leur fortune met au-dessus des circonstances dont la vertu tire quelquefois tout son lustre, nous devions y introduire cette portion du corps social qui diffère plus de l'autre par la politesse que par l'honnêteté. Nous venons de remplir ce devoir, et d'éprouver à le satisfaire un plaisir plus doux que nous n'en avions trouvé à parler des actions du grand et du riche qui devroient être généreux sans efforts.

FIN DU LIVRE SECOND.

LES JURASSIENS RECOMMANDABLES.

LIVRE TROISIÈME.

ARTS.

DIVISION DE CE LIVRE.

Les services rendus aux arts dans le Jura peuvent se diviser en quatre classes; mais dans quel ordre les exposerons-nous? Auxquels sera dévolue la préséance? — L'esprit dans lequel cet ouvrage a été conçu dictera la réponse à cette question. Il s'agit de signaler des services; les services s'estiment au degré de leur importance; leur utilité règle donc le taux de leur valeur. Dans notre opinion, l'agriculture doit passer avant tout, non-seulement parce qu'elle est le plus ancien des arts, mais encore parce qu'elle en est dans la nature le seul indispensable. Tel sera le sujet de notre premier chapitre.

Comme nous vivons en société, et que notre industrie s'exerce sur des objets qui sont nés de nos besoins, nous devons regarder le commerce comme la chose la plus nécessaire après l'agriculture. Aussi en ferons-nous la matière du chapitre second.

Les arts mécaniques sont du domaine de l'industrie, et l'industrie appartient en partie à l'agriculture, en partie au commerce. Notre troisième chapitre sera donc un complément des deux premiers.

Quant aux arts libéraux qui, aux yeux de la raison, ne présentent pas la même utilité que les autres arts, quoique les hommes en aient reçu dans tous les temps d'éminens services, nous avons cru devoir leur assigner la quatrième place.

CHAPITRE PREMIER.

AGRICULTURE.

§ I.er

APERÇU GÉNÉRAL.

S'il est difficile de retrouver dans l'infidèle mémoire des hommes toutes les actions de ceux qui ont dignement servi l'humanité et la morale publique; il est plus difficile encore d'y ressaisir la trace des bienfaiteurs de notre agriculture. Modestement glorieuse d'être le plus utile et le plus antique de tous les arts, l'agriculture a trop négligé ses annales, ou plutôt elle n'en a jamais eu dans la Franche-Comté. Au reste on a conçu la raison de cette négligence, dès que l'on a fait attention que les services rendus par l'agronomie se répandent sans bruit et brillent sans éclat, semblables à ce genre de poème qui paroît être né au sein des campagnes, et que le législateur du Parnasse français compare à une bergère dont le front ne se charge point de superbes rubis, car

« Telle aimable en son air mais humble dans son style,
« Doit éclater sans pompe une élégante idyle. »

Les défrichemens s'opèrent avec lenteur ; le pampre ambitieux s'élève insensiblement des côteaux à la montagne ; les eaux stagnantes s'écoulent peu à peu ; les jachères opiniâtres cèdent, de temps en temps, quelques lambeaux de la plaine aux bons conseils ; une introduction précieuse se glisse, on ne sait comment, dans une ferme isolée ; l'économie dicte des réglemens nouveaux à un père de famille ; un laboureur ingénieux perfectionne un de ses instrumens ; un obscur voyageur revenant à son village, essaie ce qu'il a vu pratiquer ailleurs avec succès ; l'un hasarde une mesure de gypse sur un pré maigre, l'autre une poignée d'esparcette sur un terrain indocile ; la pomme de terre d'abord dédaignée voit tout à coup croître et se multiplier ses innombrables générations qui désormais s'opposent au retour de la famine (1) ; l'exemple se propage sans qu'on s'en

(1) Feu le docteur Thomassin, ancien chirurgien en chef des armées, né à Rochefort près de Dole, a publié en 1816 un écrit sur cet objet. Nous reviendrons ailleurs sur les productions les plus importantes de ce correspondant de l'Institut.

doute; en un mot on peut dire que les bonnes méthodes de culture voyagent *incognito*.

Pour avoir une idée assez exacte de l'état actuel de l'agriculture dans le Jura, on peut consulter l'essai qui porte ce titre. Non-seulement M. Guyétant y rend compte de ses observations dans la montagne, dans le vignoble et dans la plaine, en faisant connoître les améliorations que la culture a reçues depuis 30 ans; mais il y indique celles dont elle seroit encore susceptible.

Condition des Cultivateurs.

DÉJA nous avons représenté l'affranchissement des terres et des personnes, comme un service rendu à l'humanité : il est évident qu'il n'a pas été moins favorable à l'extension du domaine agricole, à l'aisance des habitans des campagnes vivant en communauté patriarcale, et par conséquent à la prospérité de la nation. Cependant, pour ne pas rétrograder sur un terrain déjà parcouru, le lecteur voudra bien retracer à sa mémoire les noms recommandables des bienfaiteurs des communes, qui ont passé sous leurs yeux au commencement de cet ouvrage.

Il est vrai, si l'on veut peser toutes les considérations, supputer tous les désavantages, il est vrai, disons-nous, que depuis l'abolition de la servitude, les familles de la haute montagne, en laissant rompre le lien de la communauté que resserroit l'ancien système, se sont privées de leur honnête aisance (1); mais le charme de la propriété s'accroît en raison de la disposition volontaire qu'on en a; et vivre plus pauvre n'est pas payer trop cher le bonheur de vivre plus libre.

Cet état de chose a amené la division de la propriété. Plusieurs politiques s'en plaignent: nous ne voulons pas nous rendre juges de leurs intentions. Considéré comme un obstacle à de grands établissemens utiles, le morcellement des terres a des inconvéniens graves; considéré comme un obstacle aux envahissemens de l'ambition, il n'est pas un mal.

Revenons. La propriété grande ou petite attache l'homme à sa patrie; elle l'attache au gouvernement qui la protége; elle l'attache au Roi qui est notre premier père de famille:

(1) C'est une réflexion que faisoit en 1811, dans sa *Notice historique sur la ville de St.-Claude*, M. J. B. Crestin, alors maire de cette ville, et qui fut depuis sous-préfet de l'arrondissement, à une époque plus difficile.

le prolétaire ne s'attache à rien. Au simple coup d'œil, on distingue dans la campagne le fonds qui a été cultivé par le propriétaire, de celui qui l'a été par le manœuvre.

Et quant au résultat, il ne faut pas se dissimuler qu'il y a généralement plus d'aisance sous le toit rustique d'aujourd'hui que sous le chaume d'autrefois, plus de propreté, plus de courage et moins de maladies; que les terres ont doublé de valeur par suite d'une culture plus soignée; et que leur produit éloigne assez la misère du cultivateur, pour qu'il ne soit plus à la charge d'un maître, lorsque la fièvre vient l'arrêter dans ses travaux.

Ce changement ne date pas encore d'une quarantaine d'années; mais ce n'est pas des fortunes créées par la révolution dont il s'agit ici. Celui qui a permis ces dernières a des vues trop profondes pour être facilement sondées par une intelligence aussi foible que la nôtre: *Esurientes implevit bonis et divites dimisit inanes.*

Impôt et charges locales.

UNE autre cause de la prospérité des campagnes, depuis la même époque, est l'abolition des dîmes. La récolte d'un même fonds étoit quelquefois décimée par plusieurs seigneurs ecclésiastiques ou séculiers : le cultivateur étoit singulièrement froissé de se voir enlever sur place le fruit des sueurs dont il étoit encore inondé ; d'attendre les décimateurs pour enlever sa part, et d'avoir en même temps sous les yeux des héritages exempts de toutes charges. L'égale répartition de l'impôt a relevé le courage de l'agriculteur ; et quoique sa cotisation aux rôles divers de sa commune soit pour le moins égale à la valeur de la dîme, des cens, des corvées et de la taille ancienne, il préfère le nouveau mode qui lui sauve du moins toute apparence de servilité et d'injustice.

Les premiers rôles, partis d'une base jetée avec trop de précipitation et même trop souvent avec partialité, furent vicieux ; mais on a cherché depuis à réparer le mal par le cadastre. On y parviendra nécessairement, si, dans le Jura, l'autorité administrative fait suivre les conseils que lui avoit donnés en 1818 M. Nicod de Ronchaud (1), dans son *Rapport sur la*

---

(1) Né à Clairvaux en 1780, il est mort à l'Étoile le 16 décembre 1827, membre du conseil général et du conseil de préfecture, président de la société d'émulation du Jura, correspondant de l'académie de Besançon, et député nouvellement réélu.

situation actuelle du travail du cadastre, et sur les données proposées pour bases d'une nouvelle répartition de l'impôt foncier.

Quant aux charges locales, elles devroient sans doute être réparties au marc le franc des contributions, dans toutes les circonstances où le bien que l'on se propose doit rejaillir sur le propriétaire : la réparation des chemins qui facilitent l'exploitation des héritages et l'exportation des produits agricoles, devroit en conséquence peser sur la propriété de tout le territoire, au lieu de peser sur les domestiques, sur les animaux et sur les voitures que tiennent les cultivateurs. Sans blâmer ce qui se pratique, il est permis de former des vœux pour une amélioration.

§ II.

TRAVAUX.

Desséchement des Marais.

PHILIBERT de la Baume, baron de St.-Amour, ambassadeur de Charles-Quint près de Henri VIII roi d'Angleterre, agrandit le domaine de l'agriculture par le desséchement des marais de la Bresse et des étangs qui étoient en trop grand nombre. Il porta son attention sur d'autres points non moins utiles : on lui attribue les premières plantations ou du moins les plantations les plus notables de châtaigniers dans les collines des environs de Saint-Amour, où le fruit de cet arbre est devenu l'objet d'une spéculation nouvelle pour les habitans de cette contrée. Il s'occupa aussi du croisement des races en faisant venir au pays des moutons d'Espagne, et il y propagea le mûrier pour l'éducation des vers à soie. Philibert de la Baume étoit né avec des dispositions si heureuses, et il plut si fort à S. M. B. (tant le génie favorisé par l'éloquence a d'empire sur les ames)! qu'il reçut d'elle la marque de confiance la plus singulière qu'aucun monarque ait jamais donnée à un ambassadeur étranger : Henri VIII lui permit d'exercer pleinement, un jour entier, la puissance royale, distinction à laquelle applaudit toute la nation anglaise, et dont Philibert n'usa pas indiscrètement ni à son profit, ce que l'histoire n'eût pas manqué d'observer. On assure que, en 1762, on voyoit encore, aux archives du Château de Châtonnay, plusieurs ordonnances du *Roi Philibert*, datées de Londres.

Défrichemens.

Nul ne conteste aux pieux enfans de Saint Benoît le mérite d'avoir défriché les déserts, et par là d'avoir élargi la principale source de la prospérité publique. Des bois immenses transformés en guérets, en prairies, en vergers, sont déjà un bel ouvrage ; mais combien d'autres résultats précieux en ont été la suite ! La température devenue moins rigoureuse et plus favorable à la propagation de l'espèce, qui fit toujours la richesse des états; la destruction des bêtes féroces aussi redoutables aux troupeaux que nuisibles aux récoltes; une série de nouvelles occupations données aux bras oisifs, qui sont le fléau de la société; tels sont les premiers bienfaits du défrichement dans une région dont la moitié avoit été une solitude consacrée aux dieux du paganisme ou abandonnée aux animaux sauvages, et dont l'autre moitié ne suffisoit pas à alimenter la population, car cette population avoit été tellement surabondante qu'elle s'étoit vue quelquefois forcée d'émigrer pour des climats lointains. Sous ce rapport, on peut donc regarder les monastères de Bénédictins comme des institutions bienfaisantes.

Il y eut [de ces établissemens sur plusieurs points solitaires de la Franche-Comté; notre département comptoit en particulier ceux de St.-Claude, de Baume, de Gigny, de Balerne, de Miége, de Vaux-sur-Poligny, de Château-Châlon, etc., qui avoient de nombreuses colonies éparses dans le haut Jura, dans le Grand-Vaux, dans le val de Miége et dans les grandes forêts de la plaine.

Il conviendroit peut-être d'ajouter à cette nomenclature les autres fondations monastiques, telles que les chartreuses de Bonlieu, de Vaucluse; les abbayes de Gouailles, du Sauvement, de Damparis; le prieuré de Saint-Vivans-en-Amous, et généralement tous ceux que l'on avoit fondés en des lieux trop couverts, et autour desquels on remarque aujourd'hui un large rayon de champs et de prairies, avec des forêts de haute-futaie bien conservées.

C'est ainsi que les communautés religieuses, après avoir détruit avec sagesse, ont su ménager avec intelligence; et que leur économie a servi très-utilement la marine, le commerce, l'industrie et l'agriculture.

La prudence de ce régime n'a pas été imitée : on a déboisé et l'on déboise les montagnes, comme si cela étoit encore utile. La nature est contrariée, et l'ordre physique interverti ; il ne faudra pas un jour s'étonner des résultats. Ces résultats influeront nécessairement, d'une manière très-désavantageuse, sur la température, sur la fertilité du sol, sur la santé des hommes. Quelques marchands de bois auront fait de bonnes affaires, tout le pays en aura fait de mauvaises.

Nous ne sommes pas tout à fait de l'avis de ceux qui voudroient que l'on accordât aux propriétaires pleine liberté d'abattre et de planter, comme en Angleterre, en Belgique et en Suisse. La plupart n'ont à cœur que l'intérêt présent, et se rient des sollicitudes de l'avenir. M. Cordier, qui a d'ailleurs de très-grandes vues en économie publique, paroît avoir de cette classe une trop flatteuse opinion. Qui ne sait les bizarres projets de certains spéculateurs ? On verroit celui-ci extirper une forêt pour semer des céréales et des pommes de terre, au milieu d'une contrée qui n'a besoin que de bois; celui-là, donner en compensation d'une forêt superbe, des bancs de rocher d'où la végétation est bannie depuis plusieurs siècles. Le particulier qui ne voit point l'ensemble, et à qui le bien général est presque toujours indifférent, saura-t-il se régler sur les besoins de l'état ? non. Il lui faut un guide, un tuteur : ce tuteur, ce guide, c'est l'administration.

Au reste les avis sont partagés. D'une part nous avons entendu M. Villot de Béauchemin, membre de la société d'émulation du Jura, souhaiter que l'on défendît sous les peines les plus sévères le défrichement d'un sol en nature de bois; et un de ses collègues, attribuer aux défrichemens inconsidérés qui ont suivi l'aliénation des communaux en 1813, aux coupes blanches des sapins, au déboisement des pentes et à d'autres causes encore les justes craintes que donne pour l'avenir le prix quadruple du bois de chauffage. D'un autre côté, un tiers nous rassure en disant : « Les mines de char-
« bon reconnues dans la foible portion du
« royaume jusqu'ici sondée, peuvent suffire
« à une consommation de huit siècles : ainsi
« la France ne sauroit périr faute de com-
« bustibles, dans le cas même où la plupart
« des forêts seroient défrichées, où de nou-
« velles mines ne seroient pas découvertes. »

Plantations.

Jean-Etienne-Joseph Baud, mort en 1803, sous-préfet de Saint-Claude où il avoit fait un séjour de près de quarante ans sans interruption, et membre correspondant de la société d'agriculture de Paris, étoit né à Arbois vers l'an 1734. Il fut d'abord contrôleur-général des fermes, et c'est en cette qualité qu'il se mit en relation avec M. Varennes de Fenille qui résidoit à Bourg-en-Bresse. Baud lui envoya des échantillons d'érable-duret qui croît spontanément dans les sommités du Jura, et il en reçut en échange l'acacia qu'il planta le premier dans nos montagnes. En faisant connoître à ce célèbre agronome plusieurs autres arbres de notre pays, lesquels ont servi à ses expériences, le premier fonctionnaire de Saint-Claude y avoit joint de savantes observations qui ont donné lieu à l'éloge que l'on trouve de lui dans les mémoires de M. de Fenille sur l'administration des forêts, qui sont devenus un ouvrage classique. Baud entendoit également bien l'irrigation des prés : par ce moyen, qu'il employoit avec persévérance, il avoit doublé le produit des prés de Saint-Sauveur, aujourd'hui bien déchus de leur amélioration. On se rappelle encore avec plaisir les qualités personnelles de cet administrateur : au don si rare de bien parler sans y mêler aucune affectation, il joignoit le don plus rare encore du sang froid, avec un fond de réserve et de modestie qui inspiroit la confiance.

M. Gaillard de Dannanches, de St.-Amour, membre de la société d'émulation du Jura, nous fut enlevé au mois de mai 1821. Les soins intelligens et perpétuels qu'il donnoit aux plantations et aux progrès de la culture dans la contrée qu'il éclairoit de ses conseils, le font surtout regretter comme un exemple. Aimant les arts et secondant de tout son cœur les personnes qui les cultivoient, M. de Dannanches communiquoit avec empressement ses recherches sur l'histoire, les mœurs, le dialecte, l'agriculture de Saint-Amour et de ses environs, et coopéroit avec d'autres actionnaires de cette ville à l'établissement d'une marbrerie que dirige M. Fontaine, et dont le nom s'étend déjà fort loin.

Le sol du canton de Saint-Amour n'est certainement pas plus fécond que celui des autres cantons du département qui occupent une situation analogue; cependant il présente par-tout un coup d'œil plus opulent et l'apparence d'une plus grande fertilité : c'est que les arbres à fruits y sont pour ainsi dire prodigués sur les héritages. Tous les autres climats, soit dans les collines soit dans les plaines, à peu d'exceptions près, sont nus en comparaison. Un arbre vit aux dépens de ce qui l'entoure ; mais les fruits de toute espèce sont d'une précieuse ressource dans les ménages : pourquoi ne pas se procurer tant de jouissances si aisées?

Horticulture.

Nous entrons dans les vergers et les jardins; nous y arrivons avec MM. de Fontanes et Marnézia, c'est-à-dire avec leur goût pour le simple et l'utile. Le premier nous dit :

« Des champs que votre père a légués à vos soins,
« Préférez en tout temps le modeste héritage :
« C'est le séjour témoin des jeux du premier âge,
« Que pour ses derniers ans il est doux d'embellir,
« C'est près de mon berceau que je voudrois vieillir ! »

L'autre s'écrie en nous retraçant le souvenir des anciens héros de l'Italie :

« Oh! que j'aime à les voir, heureux dans leurs jardins,
« Oublier quelquefois les intérêts du monde,
« Et trouver le bonheur dans une paix profonde !
« L'aurore et le couchant, retenus dans leurs fers,
« Faisoient croître pour eux les végétaux divers.
« De rameaux enlevés à de lointains rivages,
« Chaque triomphateur paroît ses héritages. »

« De Cérazonte ainsi le fruit délicieux,
« Et d'Israël épars le baume précieux,
« De Luculle et de Tite ornèrent la victoire,
« Et mieux que le laurier ont consacré leur gloire. »

Après avoir montré la poésie s'intéressant à la culture et à l'ornement de nos habitations, abordons le modeste prosateur qui, cédant à une douce impulsion, passa presque toute sa vie à la campagne, étudiant la nature, soignant son patrimoine avec une intelligence parfaite, obtenant des succès, instruisant la jeunesse et vivant sans faste et sans désirs ambitieux. La société d'émulation du Jura perdit en 1820, dans M. Théodore Dauphin, de Lons-le-Saunier, un de ses membres les plus distingués. La longue expérience de cet agronome estimable, dirigée par une théorie qu'il puisoit aux meilleures sources, étoit justement appréciée par M. Bosc qui fit réimprimer en 1819, dans les *Annales de l'agriculture française*, une partie du *Manuel du cultivateur* publié par notre compatriote dans l'annuaire de la préfecture de cette même année. Il excelloit dans l'horticulture et particulièrement dans la taille des arbres. Dauphin avoit été, dès l'origine, agrégé à la société d'encouragement pour l'industrie nationale, et il l'auroit été à beaucoup d'autres, s'il eût été empressé de réunir sur lui les honneurs académiques ; mais le titre qui le recommande le plus à notre estime, c'est celui d'instituteur gratuit de la jeunesse villageoise de Cesancey et des environs, qui se vouoit à la pratique de l'agriculture : il la rassembloit chez lui le dimanche, et il lui dictoit ses leçons d'économie rurale et domestique, avec une bienveillance qui ne s'est jamais démentie, et qui dût lui mériter une vive reconnoissance de la part de ses élèves, à qui d'ailleurs il répétoit souvent ces vers de François de Neuchâteau, dont il accomplissoit si bien le précepte :

« Oblige quand tu peux ; mérite que l'on t'aime ! »

Avant lui, nous aurions dû nommer un agronome, un pépiniériste non moins habile qui l'avoit précédé dans la partie, et à qui par conséquent notre province a des obligations plus spéciales, M. Louis Dunoyer, de Saint-Didier près de l'Étoile, né en 1705 et mort en 1782. Appréciateur judicieux des de Serre, des Rosier, des Duhamel, il avoit le premier appliqué le bon de leurs systèmes à nos localités ; introduit des espèces de plantes inconnues à notre sol; enseigné l'art perfectionné de la taille, de la greffe et du traitement des arbres fruitiers (dans la pratique duquel il excelloit surtout), et propagé ses lumières avec autant d'obligeance que de zèle.

Vigne.

Le vin d'Arbois qui cimenta la réconciliation du duc de Mayenne avec le roi Henri (1), méritoit bien la faveur dont l'empereur Maximilien d'Autriche, un siècle auparavant, l'avoit jugé digne dans son ordonnance de 1493. Ce prince voulut, sans doute en reconnoissance du plaisir que lui procuroit cette boisson choisie, qu'elle circulât librement par-tout; et en conséquence le privilégié nectar entra en franchise dans toutes les villes de la domination impériale. Nous ne pouvons trop honorer ceux qui soutiennent la réputation de ce vignoble antique. « M.' Barochin, de cette dernière ville, « qui dirige la culture de ses propriétés en « excellent agronome, a, par le moyen de la « greffe, remplacé par les meilleurs variétés « de raisins, les plants communs d'une vigne « assez étendue » (2).

(1) *Mémoires du duc de Sully*, t. 3. p. 68. édit. de 1767.
(2) *Essai sur l'agr. du dép. du J.*

Le docteur Dumont, qui habite la même ville, correspondant de la société Linnéenne de Paris et de la société d'émulation du Jura, a mis au jour une notice intéressante sur le vignoble d'Arbois, où il est entré, relativement à la culture de la vigne et à la manipulation du vin, dans des détails d'une grande exactitude, et qui doivent être d'une véritable utilité.

L'œnologie n'est pas moins familière à M. Vuillemenot de Nanc, de Saint-Amour, qui a la confiance de S. A. le duc d'Orléans pour l'envoi des vins qui se boivent dans son hôtel. M. de Nanc a d'ailleurs plus d'une manière d'occuper ses loisirs studieux : il possède en optique et en chimie des connoissances étendues, et ce compatriote estimable est rempli de vues utiles à son pays. Combien de fois n'a-t-il pas exprimé le vœu que notre département fît les frais d'une sonde pour explorer les richesses de notre sol! Il a maintenant la satisfaction de voir que cette idée est venue aux membres du Conseil général qui savent apprécier tout ce qui est juste et exécuter tout ce qui est bon.

Mais l'art de la vinification aura, dans l'arrondissement de Dole, des obligations plus

particulières à M. Jean-Nic. Dalloz, né à Saint-Claude en 1761, ancien professeur de physique expérimentale et de chimie à l'école centrale, maire actuel de Rainans. Les observations imprimées de ce savant œnologue sont surtout applicables à un vignoble qui avoit le plus grand besoin de ses leçons. Voici ce qu'écrivoit en 1822 un Dolois qui possède à Menotey une certaine étendue de vignes : « La par-
« tie relative aux procédés de vinification est
« entièrement neuve pour nous. Basée sur les
« théories chimiques et générales qui s'appli-
« quent aux produits de tous les vignobles, elle
« se fonde encore sur des expériences locales,
« et s'appliquent spécialement aux vins de nos
« contrées. C'est le seul ouvrage où nous
« puissions trouver des principes sûrs pour
« fixer nos récoltes, soigner nos vendanges,
« améliorer nos vins, et les préserver contre
« l'influence d'une température insolite et per-
« nicieuse. »

Nous aimerions à proclamer le nom de ce cultivateur de Condes, qui, le premier, essaya de naturaliser la vigne dans la pente stérile des hautes montagnes entre lesquelles coule la rivière d'Ain, essai hardi qui a couronné ses efforts, et qui lui a mérité la gloire d'avoir beaucoup d'imitateurs; mais nous n'avons pu obtenir ce renseignement.

Prés naturels et artificiels.

Le val de Miége doit une juste reconnoissance à Claude-Antoine Girod-Sombardon, à qui il fait honneur de l'introduction des prés artificiels; car ce fut, pour toutes les communes de ce val, une amélioration des plus importantes : le revenu de celle qu'il habitoit en augmenta particulièrement de deux cinquièmes depuis 1790. Girod-Sombardon naquit à Mignovillars en 1752; il mourut au même lieu, en 1807, membre du conseil d'arrondissement de Poligny. Sans être jamais sorti de ses montagnes, et par le seul moyen de la lecture et de l'application qu'il en faisoit aux localités, il s'étoit acquis de rares connoissances en botanique et en agriculture. David de Saint-Georges le loue des soins qu'il prenoit à naturaliser des plantes et des arbres utiles dans le canton de Nozeroy. Son expérience bien connue engageoit les propriétaires à le rechercher comme expert pour la rendue des baux à ferme, et il se prêtoit avec complaisance à ce ministère qui n'est pas sans importance dans les campagnes, et qui n'est jamais au-dessous d'un homme de bien.

Les frères Barbet ont les premiers introduit à Pagnoz la culture du trèfle en grand, et détruit toutes les routines dans leur commune et dans celles du voisinage.

A Cernans, M. Brunet a fait voir ce que peut une volonté ferme et persévérante : il a changé de mauvais parcours en excellentes prairies artificielles qu'il a formées lui-même par son travail, et il a sextuplé ainsi le revenu de sa ferme.

Populariser les bonnes méthodes est aussi se rendre utile à ses concitoyens. M. l'avocat F. Gerrier, de Lons-le-Sanier, doyen du conseil de préfecture et membre de plusieurs associations savantes, a publié, en 1827, une *Notice sur quelques points d'amélioration de l'agriculture dans la province de Franche-Comté*, où il porte principalement son attention sur les prairies, et exprime le vœu de voir supprimer la vaine pâture, dans l'intérêt même des laboureurs.

Champs.

LE petit village d'Onglières peut s'énorgueillir d'avoir donné le jour à l'un de nos plus habiles chimistes, François-Joseph Bonjour. La science qui lui fit un nom dans tout le royaume, ne le recommanda pas, de son vivant, à l'admiration de sa patrie ; cependant il y a laissé une mémoire honorable comme introducteur de plusieurs plantes potagères et autres, ainsi que de l'art de bonifier les terres. En effet il apporta dans le val de Miége la culture de plusieurs espèces de pommes de terre printannières, parisiennes et savoyardes ; des variétés de maïs, la betterave d'Alsace, le lin de Riga ; et la manière avec laquelle il exploita son patrimoine de la Grange des Combes, où il étoit né en 1754, a frappé d'étonnement les cultivateurs des environs pour qui cet exemple ne sera pas sans fruit. La vie de ce compatriote distingué nous intéresse assez vivement pour l'indiquer. Bonjour avoit fait ses études à Besançon, études qu'il avoit poussées jusqu'en théologie, et desquelles il passa à l'école de médecine, contre les intentions de ses oncles, curés, qui prenoient soin de son éducation, et qui désiroient l'amener au sacerdoce. Ainsi contrarié dans ses goûts, il chercha, en se rendant à Paris, plus de liberté pour s'y livrer : il prit ses licences. Son mérite l'ayant fait avantageusement connoître des savans, il justifia de plus en plus la bonne opinion qu'ils avoient conçue de lui. On le vit long-temps à la tête du laboratoire de Bertholet, et il professa en l'an III la chimie à l'école des travaux publics à Paris. Il a traduit de l'allemand, ou peut-être du latin, le *Traité des affinités chimiques*, et on lui doit également la découverte du nouveau procédé pour blanchir les toiles. Bonjour mourut commissaire des salines de l'est, à Dieuze en Lorraine, le 24 février 1811.

Quoique né à Quingey, nous ne devons pas omettre ici de mentionner M.ʳ Simon Vuillier, ancien membre du conseil général du Jura, pour avoir établi, à l'Abbaye-Damparis, le vaste domaine qui est devenu une ferme modèle. Né, comme il le dit lui-même, d'un fermier, il partagea toujours son existence entre les spéculations agricoles jointes au négoce et les fonctions publiques dont il fut revêtu. A peine arrivé à Dole, il y fut élu député à l'assemblée législative.

M. Vuillier-Véry son fils, à qui est échu le domaine dont nous venons de parler, et qui en dirige assidûment l'exploitation, avec plus de zèle encore, est, comme on l'a dit, « un des agronomes qui doit exercer le plus

« d'influence sur le perfectionnement de l'a-
« griculture dans l'arrondissement de Dole.
« On trouve chez lui les nouveaux instrumens
« qui abrègent avec tant d'économie les dif-
« férentes opérations de l'agriculture, tels que
« la houe à cheval, la charrue à butter, les
« extirpateurs, la machine à étendre les tau-
« pinières, etc. »

Quel service n'a pas rendu M. Breune à la commune de Souvans et aux communes circonvoisines, lorsque dès l'année 1812, se mettant à la tête de ses charrues, et surmontant avec courage les railleries de ses voisins, il soumit ses terres à l'assolement quadriennal, dans un pays où l'on s'obstinoit à suivre l'assolement bisannuel, et supprima les jachères en y substituant les plantes sarclées, pour leur faire succéder l'orge, l'avoine et le trèfle ! En 1813, il tenta des essais sur l'amendement de ses prairies, au moyen des plâtres ; et en 1814, il fit sa première récolte de blés semés après ses trèfles. Leur beauté, leur produit qui surpassoit du double ceux qui avoient été semés sur jachère, ouvrit bientôt les yeux aux incrédules, et ralentit leurs propos inconsidérés; mais les récoltes de 1816 qui ne furent, dans le domaine de M. Breune, que très-peu inférieures à celles des autres années, malgré l'intempérie de la saison, convainquirent ses voisins de l'excellence de son procédé; et l'on s'empressa à l'envi de le suivre. Depuis cette époque, la culture a tout à fait changé de face à Souvans. La fortune et les ressources des cultivateurs se sont améliorées au point que le nombre des bestiaux y est presque triplé, et qu'en 1822 ils valoient quatre fois plus d'argent qu'en 1813, parce que la race s'est perfectionnée par l'abondance de la nourriture, sans qu'il ait été nécessaire de la changer. Les chevaux surtout s'y sont multipliés à vue d'œil, et offrent un tel contraste avec ceux que l'on nourrissoit auparavant dans le pays, que M. Breune espère que bientôt le gouvernement trouvera, dans le Jura, des ressources précieuses pour les remontes, principalement pour l'artillerie, et que, dans peu, nous serons affranchis de la nécessité de porter notre or à l'étranger pour nous procurer ces nobles animaux. M.' Breune, maire de Souvans, est correspondant de la société royale et centrale d'agriculture de Paris, qui, dans sa séance du 6 avril 1823, lui a décerné une grande médaille d'or, en reconnoissance de l'utilité de ses services.

Le philologue anonyme à qui nous dérobons la plupart de ces renseignemens, signale aussi comme ayant singulièrement amélioré l'agriculture dans sa commune, feu M.ʳ Denisot qui a été, pendant une soixantaine d'années, curé de Saint-Germain, canton de Champagnole. « Les succès qu'il obtint, dit-il, furent « tels que la population de ce village augmen- « tée de plus du double, tire facilement ses « moyens d'existence de ses récoltes et de ses « bestiaux décuplés. » M. Denisot est mort, en 1826, dans sa paroisse, et plus que nonagénaire.

S'il falloit ajouter à ces noms recommandables d'autres noms qui le sont au même titre, nous verrions accourir sous notre plume ceux d'une foule de personnes qui se font honneur de professer, de pratiquer eux-mêmes le plus utile des arts, et dont la mémoire vivra long-temps après eux dans leurs contrées, où ils auront été les régénérateurs de l'agriculture. Tel est M. Garnier de Falletans, chevalier de Saint-Louis et ancien maire de Dole : il est digne des temps antiques de déposer le glaive du guerrier et la toge du magistrat, pour tracer un sillon dans le champ de ses pères, et d'anoblir ainsi le soc de la charrue ! Tel est aussi M. Martin, ancien lieutenant-général-criminel au bailliage et présidial de Salins, qui, abandonnant les fonctions publiques à ceux que ne rebutent pas les ennuis et les importunités, n'a pas craint d'aborder les champs et d'y devenir son propre fermier.

Amendement des Terres.

LE travail est le premier amendement du sol; c'est lui qui, suivant le sage vieillard de La Fontaine, y fait découvrir des trésors cachés. Pline rapporte avec une simplicité charmante, une petite anecdote que l'on ne trouvera pas déplacée ici. Caïus-Furius Crésinus, devenu libre d'esclave qu'il avoit été, retiroit d'un très-petit fonds beaucoup plus que ses voisins ne faisoient de leurs grands domaines. Ils conçurent une telle jalousie contre lui, qu'ils l'accusèrent d'user d'enchantement pour attirer dans sa possession les grains des possessions voisines. Cité devant le peuple par Spurius Albinus, édile curule, et craignant d'être condamné, lorsque les tribuns iroient aux opinions, il amena sur la place publique tout son attirail aratoire. Il fit remarquer à l'assemblée des outils bien faits, de forts hoyaux, un soc pesant, des bœufs bien nourris, un domestique nombreux, robuste, et (comme dit Pison) bien pansé, bien vêtu, puis il s'écria : « Voilà, Romains, mes sortilèges; voilà la magie que j'emploie pour rendre mon champ fertile. Et que ne puis-je vous montrer ici mes sueurs, mes veilles, mes travaux de jour et de nuit! » Sur cela il fut absous d'une voix unanime. Ah! certes, s'écrie Pline à son tour, c'est du travail et non des frais que dépend la bonne agriculture : aussi nos ancêtres disoient-ils que le meilleur engrais d'un fonds c'est l'œil du maître (1).

« Si vous cherchez à connoître un homme
« bienfaisant et des hommes laborieux, disoit
« Lequinio voyageant en l'an VIII dans le
« Jura, si vous vous plaisez à voir les salu-
« taires effets de la leçon donnée par l'exemple;
« si vous aimez à suivre les heureuses consé-
« quences de la persuasion que la confiance ins-
« pire, allez à Valfin qui n'est qu'à une heure et
« demie de marche au sud-ouest d'Arinthod. »
Après avoir décrit le site du château, Lequinio ajoutoit: « Un vieillard aimable habite ce ma-
« noir; c'est le ci-devant seigneur de la com-
« mune, et c'est un homme ennemi du luxe,

(1) Hist. nat., liv. XVIII, chap. 6.

« né avec un esprit actif, entreprenant, des
« goûts simples, des passions douces, et surtout
« avec la passion beaucoup trop rare de la
« bienfaisance. » Ensuite l'observateur explique comment la montagne de l'ouest étoit revêtue d'une croute de rocher, épaisse de deux ou trois pieds et couvrant une couche de terre, comment M.' Doms d'Hautecour, s'étant aperçu de cet accident local, parvint à s'en délivrer, à force de patience, autour de sa demeure, où l'on vit bientôt sur d'agréables terrasses, fructifier les jardins, les vergers et la vigne. On est éloquent lorsque l'on parle à la vue du résultat de son expérience : armé pour ainsi dire du succès de ses efforts, Doms d'Hautecour eut moins de peine à vaincre l'insouciance des habitans de son village dont il contemploit avec regret la misère ; et leur ayant fait passer dans le cœur une partie de son courage, il fut assez heureux pour les voir convertir, en peu d'années, un site aride et sauvage en un vallon fertile et gracieux. Il étoit né à Saint-Amour le 30 juin 1730, il y mourut le 26 août 1802.

On doit à François-Félix Chevalier, né à Poligny en 1705, mort en cette ville en 1800, l'introduction dans le Jura de l'usage de semer la marne sur les terres pour les engraisser ; et c'est de toutes les méthodes celle qui se pratique le plus économiquement dans les endroits où le sol présente cette ressource. Il étoit membre de la société d'agriculture d'Orléans. M.ʳ Chevalier, en épousant la fille de Dunod de Charnage, et en se livrant à la recherche de nos annales et de nos antiquités, a presque identifié sa réputation à celle du meilleur historien du comté de Bourgogne. Il profita de son emploi à la cour des comptes de Dole, pour recueillir dans les originaux les notes les plus intéressantes. Il arriva presque centenaire à la fin d'une vie sobre, occupée et entourée de toute la considération que l'on doit au bon citoyen et à l'honnête homme.

§ III.

INDUSTRIE AGRICOLE.

Instrumens perfectionnés.

M. Dalloz, que nous avons déjà nommé ailleurs, a modifié et simplifié une machine à battre l'épi : ce perfectionnement ne peut manquer de devenir d'un usage général. Portative et d'une exécution facile, en même temps qu'elle est peu dispendieuse, cette machine est mise en mouvement par un cheval, et présente une économie de temps très-considérable. L'épi en sort parfaitement dépouillé et la paille intacte. Le même agronome a aussi perfectionné le pressoir : à celui qu'il a imaginé, le mouvement de pression s'opère sans efforts, et se fixe au moyen d'une crémaillère.

La même machine a reçu de M. Boichoz père une amélioration qui a été appréciée par la société d'émulation dont fait partie ce propriétaire éclairé. Dans ce pressoir à levier, le tour ordinaire est remplacé par un treuil à deux cylindres de diamètre différent dont l'effet est de quadrupler les forces portées à la pression. Un tel perfectionnement permet de diminuer la longueur du grand arbre du pressoir, de placer la machine dans un plus petit espace, et rend moins considérables les frais de construction.

Un mécanicien établi à Dole, M.ʳ Écouchard a dirigé son génie inventif vers des objets d'utilité dont les agronomes lui doivent savoir beaucoup de gré. Son dinamomètre à échappement a pour but de prévenir la rupture des pièces qui composent la charrue, lorsqu'elle sillonne un terrain pierreux; et donne en même temps la mesure de la force que les animaux emploient pour la tirer. Son hache-paille mérite aussi l'attention des économes; mais sa herse-rateau l'emportera dans leur esprit par un plus haut degré d'importance : ce dernier instrument aratoire réunit le double avantage de donner plus ou moins d'entrée aux dents selon la profondeur des terres, la résistance qu'elles opposent, l'espèce de grains que l'on recouvre, et de pouvoir à volonté débarrasser ses dents des herbes qu'elles entraînent.

Le service le plus signalé qui ait été rendu de nos jours à l'agriculture jurassienne, et qui fera une juste célébrité à son auteur J. B. Hugonet, de Blye, est la construction d'une nouvelle charrue appropriée au sol des premiers plateaux du Jura et à d'autres localités soit des collines soit de la plaine. Le soc en est mobile et armé de deux lames tranchantes qui forment un seul dard. Versé à droite ou à gauche, au gré du laboureur, il s'enfonce horizontalement dans la terre, où une aile de ce dard coupe toutes les racines, tandis que l'autre retourne le sillon. Hugonnet n'avoit à son attelage qu'un seul bœuf : ses voisins, qui en mettoient quatre et quelquefois six à leur ancienne charrue, surpris de ses heureux résultats, n'attendirent pas plusieurs années pour suivre son exemple ; et dans le laps de temps qui s'écoula de 1819 à 1825, l'inventeur de ce nouveau soc en avoit déjà fabriqué plus de cent soixante-seize, à l'usage des agriculteurs les plus zélés du département. Le roi a fait décerner une récompense publique à cet homme industrieux et vraiment estimable, et la société d'agriculture de Lons-le-Saunier s'est honorée de l'appeler dans son sein, comme un sujet parfaitement digne d'y figurer.

Croisement des races.

La régénération des races d'animaux qu'entretient le cultivateur, a occupé plusieurs agronomes du département et quelques personnes qui s'intéressent à sa prospérité. Nous ne pouvons pas les désigner tous, mais nous citerons les plus connus.

Le père de M.^{r} le marquis de Froissard, pair de France, avoit, quelques années avant la révolution, et au profit de la communauté de Bersaillin, livré gratuitement à la bergerie, des taureaux de race suisse. MM. Vuillier-Véry à Damparis, et Evariste Maigrot à Arlay, rendirent de pareils services. L'amélioration de la race bovine seroit plus positive encore si l'on amenoit au taureau suisse la vache du Charollais mieux proportionnée à cette alliance.

« Quelques propriétaires, nous a dit M.' G.,
« ont essayé l'introduction des mérinos, par-
« ticulièrement dans les cantons de Champa-
« gnole, de Saint-Laurent et de Saint-Julien ;
« mais soit défaut de soins ou mauvais choix
« du local, ils ont éprouvé des pertes qui ont
« ralenti leur zèle pour cette nouvelle spécu-
« lation. » Les premiers essais tentés en ce genre sont dus à feu M. le marquis de Pillot, alors adjoint du maire de la ville de Lons-le-Saunier, et à M. Duhamel, ancien capitaine de marine, maire de la commune d'Ardon.

M. Joseph Cordier, d'Orgelet, qui s'étoit fait connoître par son *Mémoire sur l'agriculture de la Flandre française et sur l'économie rurale*, quoique, par la nature de ses fonctions publiques (1), il semblât devoir être un peu étranger à l'art modeste de Triptolème, mit au jour en 1826 une seconde production qui faisoit suite à la première, et qui produisit encore plus

(1) Il étoit ingénieur en chef du département du Nord ; il est aujourd'hui inspecteur divisionnaire des ponts et chaussées, et député du Jura.

d'effet : c'étoit une *Notice sur l'importation et l'éducation des moutons à longue laine*, espèce qui prospère dans les lieux bas et humides, où les autres dépérissent ; donne des produits doubles de ceux que l'on obtient même des mérinos ; et est moins sujette à prendre la pourriture. Il établit que si la France nourrissoit seulement un mouton par arpent (sans y comprendre la superficie des bois, et sans que le produit des terres en fût seulement diminué d'un centime), les 76,256,000 moutons qu'elle auroit alors l'affranchiroient aussitôt de ses importations étrangères en laines, lins, viandes, etc., et que son commerce et son agriculture acquerroient une prospérité inconnue jusqu'ici.

Un seul obstacle s'oppose au développement de cette branche d'industrie agricole : c'est la difficulté de parquer, à l'abri de tout danger, de si précieux troupeaux. Aussi l'auteur nous dit-il, en indiquant un autre système d'aménagement des bois, qu'il faut ou renoncer aux améliorations des races de moutons dans tous les départemens boisés, ou aviser aux moyens de détruire les loups. N'omettons pas en terminant cet article que M. Cordier a, depuis 1825, dans sa ferme de Céséria, quatre chèvres et un bouc amenés du Thibet, pour faciliter le croisement de la race indigène, avec laquelle l'espèce étrangère s'allie parfaitement.

Abeilles.

Le traitement d'un insecte si admirable dans ses travaux et si précieux à l'économie domestique, méritoit des améliorations. On trouvoit assez d'amateurs instruits dans cette partie; mais le plus grand nombre des ruchers réclamoient des soins plus intelligens. Le P. Romain Joly, de Saint-Claude, avoit bien déjà traité de l'éducation des abeilles dans sa 16.ᵐᵉ lettre sur *La Franche-Comté ancienne et moderne* et dans le *Mercure* du mois d'août 1770. Il appartenoit au conseil général du Jura de populariser davantage les bonnes méthodes et d'en faciliter, aux frais du département, l'étude et la pratique : il a, en 1826, établi à Champagny, sur Salins, une école gratuite où seront reçus tous les jeunes cultivateurs, et il a préposé à cet enseignement M. Jean Fardet, élève de M. Lombard. Ce jeune professeur, afin de justifier les vues et la confiance de l'administration, a fait circuler en 1827 un *Petit traité pratique*, moins remarquable par son ordonnance que par l'utilité qu'on s'y propose.

ecte — date incorrecte

C'est au même titre que se recommandoit déjà *Le Hasard utilisé ou Ruche comto-jurassienne* de M. P. Boilley, de Montbarrey, autre élève de M. Lombard.

Vers à soie.

PHILIBERT de la Baume avoit encouragé cette branche de spéculation aux environs de Saint-Amour ; mais elle étoit tombée depuis fort long-temps, lorsque M. Dez-Maurel, s'élevant au-dessus du préjugé qui avoit proscrit les vers à soie dans notre province, située au-delà du 46.ᵉ degré de latitude, obtint leur grâce en 1826. Il avoit fait éclore un quart d'once de vers à soie blanche, et il en avoit retiré vingt-trois livres de cocons de très-belle qualité. En 1827, M. Dez, pour laisser reposer ses mûriers qui sont foibles, ne fit éclore qu'un 8.ᵐᵉ d'once de graine ; et malgré l'inconstance de la température, les mûriers ont fourni leurs feuilles, et les vers éclos dès le 2 mai étoient montés le 4 juin. Le produit en a été de douze livres de cocons d'une rare beauté. Les plantations en mûriers de M. Dez se composent de 320 pieds encore jeunes et 2,500 en pépinière. L'administration municipale de Dole vient de lui accorder l'autorisation d'emplanter ainsi tous les terrains communaux disponibles, et S. M. lui a décerné en 1827 une médaille d'argent.

M. Jaillet, de Montain, membre de la société d'émulation des Vosges fit, au mois de mars 1827, un rapport à cette société sur une expérience intéressante. Mlle Coge avoit nourri quatre-vingt-sept vers (éclos d'une très-petite quantité de graine) de feuilles de scorsonère, en dégageant ces feuilles de l'humidité et de l'espèce de duvet dont elles sont recouvertes. Aux différentes époques de l'éducation, on a observé toutes les phases indiquées par les auteurs pour les vers nourris avec des feuilles de mûrier; d'où l'on a conclu que la nouvelle nourriture ne dérange en rien les fonctions vitales, les habitudes de ces insectes. Dix jours après que les cocons ont été formés, on les a plongés dans de l'eau tiède, puis on a dévidé la soie par les procédés ordinaires. Les chrysalides ne sont pas mortes, elles ont au contraire reproduit de nouvelles graines.

Dès ce moment, on peut considérer cette branche d'économie comme bien entée, et l'on ne doute pas que nos compatriotes ne la cultiveront avec un avantage toujours croissant. Mais hâtons-nous ! n'attendons pas que des étrangers, plus actifs, viennent monter chez nous des manufactures, et exploiter à leur profit des trésors qui nous appartiennent. On s'est toujours plaint en Franche-Comté que les étrangers seuls prospéroient ; mais convenons qu'il y a bien de la faute de notre apathie : le temps est venu d'en sortir. L'élan est donné dans toute la France, il faut le suivre.

CHAPITRE SECOND.

COMMERCE.

Aperçu général.

Oui, l'élan est donné dans toute la France, il faut le suivre : il faut le suivre ou consentir à se voir écraser par les supériorités de nos voisins. L'agriculture s'est relevée ; l'industrie se relève à son tour, et si elles le font dans les proportions sages que doit observer un bon gouvernement, c'est-à-dire sans détruire le juste équilibre des différentes classes de la population ; rien n'est plus nécessaire. « Il est aussi facile à un roi de savoir le nombre « de son peuple, disoit Fénélon ; il n'a qu'à « le vouloir. Il doit savoir s'il y a assez de « laboureurs; s'il y a, à proportion, trop d'au- « tres artisans, trop de praticiens, trop de mi- « litaires à la charge de l'état. » Nous sommes bien persuadés, quoique notre siècle soit pro-

clamé le siècle industriel, que nos gouvernans surveillent et dominent ces mouvemens extraordinaires ; et que la balance reste en général bien suspendue entre leurs mains. Sur quelques points isolés du royaume, il se manifeste pourtant des craintes. Feu M. l'abbé Mermet, parlant en particulier de l'arrondissement de Saint-Claude qui l'avoit vu naître et où il avoit assez de propriétés foncières, a laissé dans ses manuscrits la note suivante que nous transcrivons fidèlement: « Si l'on
« ne veut pas ruiner entièrement les campa-
« gnes, et voir bientôt l'état de laboureur
« abandonné, il faut que le gouvernement
« défende, sous des peines graves, aux chefs
« d'ateliers, tels que ceux de filatures, de
« clouteries et de forges, d'y recevoir les jeu-
« nes villageois qui, attirés par des salaires
« plus forts que ceux de leurs communes, et
« qui, sûrs d'être payés régulièrement toutes
« les semaines, viennent s'engouffrer dans ces
« fabriques où ils se dégoûtent pour toujours
« de l'honorable profession de leurs pères. »

Chemins.

Un pays frontière trop percé de chemins

offre trop d'accès à l'ennemi. Le génie militaire voudroit fermer presque toutes les portes de communication avec l'étranger ; le négoce voudroit en ouvrir à l'infini. Par sa position limitrophe, notre province qui devoit tout gagner aux exportations, s'est vue au contraire comme emprisonnée ou du moins séquestrée du monde ; état de chose qui étoit bien antique, puisque César en parloit déjà : il représente la Séquanie comme à peu près inaccessible faute de chemins, *penè invia*, et n'ayant d'entrée sur les Helvétiens que par une voie resserrée et difficile. Une fois sous la domination du peuple-roi, la Séquanie changea beaucoup à son avantage : réunie à une partie de l'Helvétie sous le nom de *Maxima Sequanorum*, et n'ayant plus de frontière dans le haut Jura, elle fut sillonnée, dans tous les sens, de voies de communication avec elle, comme avec toutes les autres provinces de la Gaule. Sous le règne des premiers rois de Bourgogne, ces routes subsistèrent, mais on ne les répara point, de sorte que peu à peu elles furent abandonnées, surtout lorsque la chaîne du Jura fut redevenue une barrière nationale. On en retrouve aujourd'hui les traces dans les bois, dans les communaux, quelquefois dans les terres où le fer du laboureur leur a fait perdre beaucoup de leur largeur première. On croit que les comtes souverains de Bourgogne ont tracé des chemins dans leur gouvernement, les uns pour le service de leurs salines, les autres pour l'exportation ou pour l'importation des denrées ; mais nous croyons qu'ils ne firent, comme la reine Brunehaut avoit fait en France, que rétablir quelques voies romaines.

Quoique ces souverains aient substitué au péage romain celui d'Augerans, ainsi nommé d'un village où étoit le principal bureau (péage dont le produit étoit d'ailleurs affecté à l'entretien des routes et même à indemniser les marchands des pertes que leur faisoient éprouver les malfaiteurs); il est évident que cette imposition ne devoit point paralyser le négoce. Otton V, en 1294, y apporta une modération qui ne fit qu'améliorer le sort du commerce, en réduisant à huit sous *estevenans* les dix sous de Lorraine que l'on percevoit auparavant sur toute espèce de marchandises indistinctement et de quelle pesanteur qu'elles fussent, et en taxant à quatre deniers seulement tout ballot pesant moins de vingt-cinq livres. Les droits du péage de Montmorot qui étoit membre de celui d'Augerans, nous sont connus par le terrier de 1455, de cette commune; le tarif qui les règle offre une particularité assez curieuse entr'autres: on y voit qu'un Juif payoit trente deniers pour sa personne comme on payoit huit sous pour un cheval. A Arlay, les Juifs étoient encore plus mal venus: sur toute bête à quatre pieds (excepté le cheval et le bœuf) on percevoit un denier, mais le Juif passant comptoit cinq sous.

Au XIIIe siècle, Jean de Vienne, sire de Mirebel, ouvrit le chemin de Lons-le-Saunier au Pont-du-Navoy. Cette route qui sortoit de la ville par la porte du Muselet, ne s'écarte de la route actuelle de Champagnole que dans la traversée du territoire de Pannessières, à l'extrémité des bois de Perrigny, où ses derniers restes portent encore le nom de Jean de Vienne.

Jean de Châlon prince d'Orange en avoit tiré un autre du Pont-du-Navoy à Château-Châlon, dont on retrouve aussi la trace dans les bois de Véru et sur les roches de la Doye. Dans une transaction passée le 18 mars 1525, entre Philibert de Châlon et Marie de Rye, abbesse de Château-Châlon, cette branche étoit appelée chemin de Nozeroy.

Les belles routes que fit ouvrir Louis XIV dans la Franche-Comté donnèrent aux habitans de nouveaux moyens d'étendre leur commerce. Mais les chemins vicinaux ne sont point, dans le département du Jura, (surtout dans la région des montagnes où il y a tant de facilité pour les bien faire), ce qu'ils devroient être comparativement à ceux de la Suisse. Pour faire sentir de quelle importance il est d'avoir des communications commodes; nous ne citerons qu'un seul exemple, bien propre à nous faire réfléchir en même temps sur les moyens qu'il faudroit prendre pour donner aux arbres de nos futaies un plus grand développement en longueur. Lorsque le cardinal de Richelieu bâtissoit le théâtre où l'on représentoit ses pièces, et qui, depuis, est devenu l'Opéra, il ordonna que, dans toutes les forêts du royaume, on cherchât huit chênes qui eussent chacun vingt-trois toises (138 pieds) de longueur, et on ne les trouva que dans le Bourbonnois. Pour les rendre à Paris, il en coûta huit mille francs qui vaudroient près de seize mille francs aujourd'hui; et le trajet n'étoit pourtant que de soixante-douze lieues.

On ne peut parler de l'état des chemins, sans rappeler le roulage qui est un genre d'industrie essentiel du haut Jura. A l'approche de l'hiver, le roulier achète ou réunit par commission les objets de commerce de sa commune, et descend. Son char à quatre roues se dirige sur tous les points de la France, Paris, Bordeaux, Marseille. Quelquefois même on le rencontre sur les routes de Naples et de Vienne. Que dis-je? le montagnard Jurassien porte bien au-delà le fruit de son adresse : un habitant de Foncine-le-Haut, M. Léger Jeunet a exécuté trois voyages en Grèce, en Turquie et jusqu'en Egypte, pour y répandre le résultat de nos arts mécaniques; et par les soins de ce citoyen recommandable, l'horloge du Jura règle déjà l'emploi du temps sur les bords du Nil et de la Mer-Noire.

En suivant les voies ouvertes à la circulation des marchandises, nous arrivons aux foires; mais ce ne sera que pour exprimer le vœu d'en voir supprimer une grande partie, et pour dire que celui qui obtiendra cette suppression aura bien mérité de ses concitoyens.

Navigation intérieure.

COMMENÇONS par le simple flottage, nous viendrons ensuite aux canaux.

Le gouvernement rendroit un service signalé au commerce de la montagne, s'il daignoit affecter une somme à l'exploitation du lit de la rivière d'Ain, dans les endroits où les rochers contrarient le flottage. L'écueil du saut du Mortier, sous les territoires de Menouilles et de Vescles, est très-redouté des conducteurs de radeaux, qui trop souvent y ont rencontré la mort ou la perte de leurs biens. Ce passage n'est plus pourtant ce qu'il étoit il y a 60 ans; c'étoit alors une cascade perpendiculaire. Biélet (et non Labialet), commerçant de Lyon que nous ne saurions sans ingratitude omettre dans un écrit où nous essayons de faire revivre les services qui nous ont été rendus dans tous les temps, Biélet qui n'appartient, il est vrai, à notre pays, que par le séjour utile qu'il y fit sur la fin du dernier siècle, encouragé par les promesses d'un ministre, mais plus aidé de sa propre énergie et des bras vigoureux de ses associés, tailla cet écueil en 1770; le réduisit à une pente prise d'assez loin pour détruire la secousse des radeaux, et jouit avec usure du succès de ses efforts. Sa fortune en fut presque centuplée, et le prix de nos bois s'éleva dix fois au-dessus de leur valeur ancienne.

Il y a diverses manières d'envisager le bien d'un pays, et il est permis de regarder une nouvelle *canalisation* du Jura, en tant qu'elle n'ouvriroit pas d'issue vers le nord, comme une question qui est encore à résoudre. Le roulage de la montagne seroit en quelque sorte anéanti; le vin franc-comtois, ne pouvant soutenir la concurrence de ceux de la France méridionale, resteroit dans les caves; le transport dans quelques cantons de la plaine des pierres à bâtir qui se tirent du premier plateau du Jura, joint à celui du gypse, seroit une foible chance de profit. Le bois de service hausseroit trop de valeur par un enlèvement continuel, tandis que, à la vérité, le bois de chauffage baisseroit de prix par l'importation de la houille. Telles sont les premières objections qui s'élèvent contre les projets connus, et qui ont retardé jusqu'ici l'exécution du canal de la Vallière depuis Montmorot à Branges; objections dictées par des intérêts de localités si divers et si puissans, qu'il sera toujours difficile de les faire converger à l'intérêt commun.

Cependant M. Cordier que nous retrouvons toujours sur les voies d'améliorations de tous genres, et qui juge les choses de plus haut,

n'y voit pas tant d'obstacles. Ce qu'il dit dans son introduction savante à l'*Histoire de la Navigation intérieure*, des bienfaits de la navigation relativement aux habitans des hautes régions des Iles Britanniques, peut jusqu'à un certain point s'appliquer à ceux de la Franche-Comté. « C'est plus particulière-
« ment, dit-il, dans les montagnes d'Écosse,
« d'Irlande et de Galles que l'influence de
« la navigation a été plus surprenante; avant
« l'ouverture des canaux et des routes, les guer-
« res civiles ou étrangères, l'émigration, la mi-
« sère, la famine dépeuploient ces malheureux
« pays; mais depuis l'établissement des com-
« munications, l'industrie, l'instruction, l'ai-
« sance ont pénétré dans ces montagnes jus-
« que-là désertes et sauvages; les landes ont
« été cultivées, les montagnes arrosées, les
« mines exploitées, l'agriculture perfection-
« née; enfin ces pays, maintenant très-peuplés,
« jouissent de plus d'avantages et de richesses
« que les peuples les plus favorisés de la na-
« ture qui manquent d'institutions et de com-
« munications. »

La Franche-Comté, le département du Jura en particulier ne jouissent pas encore de tous les avantages que doit leur procurer le canal

Monsieur, qui unira bientôt le Rhône au Rhin et la mer Méditerranée à l'Océan. Encore quelques années de persévérance, et le bienfait sera réel. Tout l'honneur en sera dû, après le gouvernement du roi, au général Lachiche, né à Dole le 31 octobre 1719, mort à Paris le 14 octobre 1802. N'étant encore que volontaire en 1744, et revenant du siége de Fribourg, Quentin Lachiche s'arrêta dans le Suntgau à chercher le point de partage du Doubs à l'Ill, et fut assez heureux pour le trouver près de Valdieu. C'étoit une importante découverte : Lachiche en développa l'objet sous les yeux des ministres en 1753, 1765, 1773, 1774 et 1783, dans des mémoires où se faisoient remarquer des connoissances profondes en théorie, et de grandes ressources en application. Cependant, le 28 avril 1790, M. Bertrand, inspecteur-général des ponts et chaussées, qui avoit été chargé en 1773 de l'examen du projet, remit à l'assemblée nationale un mémoire tendant à se faire nommer le directeur des travaux, intrigue dont se plaignit M. de Lachiche, alors brigadier des armées du Roi, dans ses *Observations* ayant pour épigraphe *Sic vos non vobis*. Il avoit également découvert en 1753, le lieu le plus propre à la dérivation du Doubs, entre Dole et Saint-Jean-de-Laône. Les assemblées constituante et législative, en reconnoissance du zèle de ce bon citoyen, lui offrirent par forme d'indemnité une somme de douze mille francs qu'il eut deux fois la générosité de refuser, se croyant assez récompensé, dit-on, de tous ses sacrifices par l'insertion de son nom au procès verbal des séances de ces assemblées, comme ayant bien mérité de la patrie. Aussi laissa-t-il à sa mort à peine assez d'argent pour subvenir aux frais de ses funérailles.

Colonies.

Que ne peuvent le travail et la noble passion de la bienfaisance ? Avant 1734, et cette époque est bien récente, l'emplacement de la petite ville de Morez n'étoit qu'un désert au fond d'un précipice tout hérissé de sapins et de rochers, où la Bienne naissante promenoit ses eaux inutiles. Un forgeron ose y bâtir sa demeure; on le suit dans cette solitude; ses ouvriers y forment à leur tour des établissemens; Jean-Baptiste Dolard, né à Saint-Claude sur la fin du dix-septième siècle, préside à cette colonie que l'on pourroit dire Vulcanienne. C'est un négociant distingué, doué de l'esprit des affaires et plein de vues solides. A sa voix, l'industrie aux cent bras accourt dans cette vallée profonde, et y enfante des prodiges. Les forges se multiplient; la population s'accroît; les relations commerciales s'étendent; le flanc des montagnes s'ouvre pour offrir des débouchés faciles et pour favoriser d'importantes communications; enfin en moins de quatre-vingt-six ans, la population de Morez arrive à 1605 individus qui ne subsistent pourtant que du fruit de leur industrie. Ainsi Dolard, de qui MM. Savary ont parlé très-avantageusement dans le dictionnaire universel de commerce, peut être regardé comme le fondateur d'une ville dans le Jura.

MM. Jobez et Perrard, qui avoient devant les yeux ce grand exemple et dont l'intelligence a parfaitement secondé l'émulation, ont beaucoup ajouté à la prospérité de ce lieu. Les capitaux qu'ils ont acquis dans le commerce ont été employés surtout à vivifier, à multiplier même les ateliers. Martial Perrard qui mourut en 1821, au milieu de cette population ouvrière et commerçante, y a laissé un nom digne des bénédictions dont il est l'objet.

Avec un esprit cultivé, des vues philosophiques, des moyens étendus, d'où vient que M. le marquis de Marnézia n'est point parvenu à réaliser dans l'Amérique septentrionale, sur les bords du Scioto, la ville pour ainsi dire platonique dont il avoit tracé un si beau plan? C'est qu'en fait d'institutions, l'homme de sens a besoin du concours des circonstances, et que les plus jolis rêves s'évanouissent au bruit d'une démolition. En 1790, M. de Marnézia s'apercevant, du haut de la tribune constituante, que le mouvement impétueux de la révolution ne pouvoit plus recevoir de bonne direction de la part de ceux qui l'avoient amenée jusque-là, car

« Le char n'écoutoit plus ni la voix ni le frein; »

et prévoyant les malheurs qui alloient fondre sur la France, s'étoit embarqué pour le nouveau monde, emmenant avec lui des cultivateurs, des ouvriers et des artistes, et emportant l'espérance que bientôt il seroit suivi sur les rives de l'Ohio par une foule de Français qui préféreroient comme lui la paix à la discorde. Mais la compagnie de qui notre célèbre compatriote avoit acquis cette portion de désert, n'ayant pas rempli ses engagemens, et le futur fondateur d'une ville qu'il dédioit à Bernardin de Saint-Pierre, se voyant de jour en jour abandonné de ses compagnons, se décida à repasser les mers en 1792, après tant de mois d'inquiétude et d'hésitation écoulés dans la Pensylvanie. Le projet étoit grand, philanthropique, et son exécution eût offert de précieux avantages aux prolétaires de notre département ; mais des individus qui avoient tout à gagner à un pareil voyage en temps de calme, avoient peut-être aussi tout à gagner, sans sortir de France, dans un moment de trouble. M. de Lezay-Marnézia avoit donné à sa ville le nom d'Aigle-Lys ; et il avoit acquis, à une demi-lieue du fort Pitt, une plantation qu'il appeloit *Asyle*, anagramme de *Lesay* (1). Cet endroit qui s'est agrandi depuis, par les soins d'autres possesseurs, devint fameux en 1816 sous le nom de *Champ-d'Asyle*, par l'affectation avec laquelle des hommes chagrins sembloient y chercher un refuge.

(1) M. de Lezay-Marnézia avoit déjà donné le nom d'*Asyle* à un petit massif de sapins, dans le parc du château de Moutonne.

CHAPITRE TROISIÈME.

INDUSTRIE.

Aperçu général.

Ceux qui, dans nos communes où l'agriculture offre le moins de ressources, ont donné commencement aux branches de commerce qui y portent maintenant la vie et quelquefois l'abondance, seroient bien dignes d'une mention honorable dans un écrit qui a pour objet de signaler à notre gratitude les services rendus à leurs compatriotes. Mais nos pères, nous le répétons, ont plus songé à nous transmettre les bienfaits, qu'à perpétuer le nom des bienfaiteurs, ne se doutant pas que des efforts dirigés dans leur intérêt personnel, tourneroient, après eux, au profit de l'intérêt public. D'un autre côté, il en est des spéculations mercantiles comme des tentatives agronomiques, dont le succès est presqu'imperceptible à sa naissance.

L'individu qui, le premier de sa commune, s'avisa de tailler des tablettes de sapin pour en couvrir et pur en revêtir sa maison, ne pensoit pas que des villages entiers de la terre de Saint-Claude et du val de Miége feroient du *tavaillon* un des moyens les plus assurés de leur existence. Ceux qui fabriquoient aux Rousses et au Bois-d'Amont des caisses d'horloges; à Etival et à Ronchaud, des armoires; à la Chaux-des-Prés, des saux; à Saint-Laurent et à la Grande-Rivière, des cuviers, des bosses de vendange, des bouilles, des tonneaux pour le sel et pour les fromages, des *sapines* et des barattes; au Frasnois et à Chambly, des chars; à Septmoncel, des boîtes et des joujoux d'enfans en bois d'épicéa; aux Petites-Chiettes, des sabots; à Menouilles, des cuillers et des fourchettes de buis; à Cernon, des peignes; ne s'imaginoient pas en cherchant à élever leurs familles, que leurs fils auroient un jour de si nombreux concurrens, que des communes entières vivroient du produit de leur industrie. Il n'y a pas jusqu'à ceux qui, à Marigny, faisoient des ouvrages d'osiers; et à Ney, de la glu, à qui l'on ne doive savoir gré de leur spéculation.

Quelles obligations n'auroient pas les habitans de la haute montagne aux premiers introducteurs de l'art de travailler les métaux et de leur donner diverses formes suivant les genres auxquels ils se livroient ? nous tâcherons de leur signaler quelques-uns de ces noms respectables, en regrettant de n'avoir pas été assez bien servis pour les découvrir tous.

Nous avons infructueusement recherché les hommes qui, dans le canton de Nozeroy, se sont d'abord occupés de l'éducation des chevaux ; et, dans celui d'Arinthod, de l'éducation des mulets. Nous n'avons pas été plus heureux en nous informant de l'introducteur de la chapelerie à Saint-Amour et de la tannerie à Orgelet. La découverte de quelques autres personnes moins obscures nous dédommagera de cette privation.

Usines.

Les forges étoient autrefois fort rares : les maîtres du pays se décidoient difficilement à concéder le droit d'en établir. Sous le règne de Charles-Quint, où presque tous les arts ressentirent chez nous une bénigne influence, des usines se montrèrent sur plusieurs points de la contrée ; les seigneurs firent plus de concessions. Ce ne fut qu'en 1579 que commencèrent les grandes forges de Champagnole, en faveur de Gabriel Arbel, sur une place communale qui touchoit au pont, où sont aujourd'hui les forges de M. Müller. Cependant il y en avoit eu d'autres moins considérables en 1492 et 1515. Dès-lors il s'en éleva quelques autres qui furent autorisées en 1653, 1737 et 1779.

La première tréfilerie de la province fut l'ouvrage du célèbre Dolard que nous avons déjà nommé : il l'établit à Morez en 1747.

Trente ans plus tard, Pierre-Hyacinthe Caseau introduisit dans le même lieu la fabrication des pointes de Paris. Le jeune Pierre Lamy, de Ney, qui a établi une usine sur le ruisseau de Balerne, se sert à cet effet d'une machine ingénieuse de sa façon, d'où les pointes tombent toutes faites dans une espèce de trémie.

La clouterie à froid conçue par M. Noël Lemire et par son fils aîné, en 1812, leur a mérité un brevet d'invention en 1816. Les mentions honorables et la médaille de bronze qu'ils ont obtenues depuis, à l'exposition publique des produits de l'industrie française, ont beaucoup agrandi la réputation des forges de Clairvaux.

A l'exposition de 1806, les faux de la fabrique de M. Guyénet obtinrent aussi une flatteuse distinction.

La fonte du fer, perfectionnée d'une manière sensible au fourneau Baudin, près de Sellières, fait honneur au zèle soutenu de M. Monnier-Jobez qui dirige cet établissement, et qui vient d'y ériger une machine à vapeur, la première que l'on aura vue dans le Jura.

Morez doit maintenant à M. Chevassus les meilleurs procédés pour la trempe et la taille des limes, art qu'il a étudié à Genève pour en gratifier sa patrie.

Horlogerie.

Lorsque Calvin eut fait décapiter à Genève, en 1549 ou 1550, Jacques Gruet un de ses antagonistes, la famille de ce dernier, effrayée de ce supplice et fuyant les persécutions de la réforme, abandonna ses biens pour mettre sa religion en sureté. Elle vint se fixer à Septmoncel, soumis alors à la domination espagnole, et elle y subsiste encore. Cette famille a produit un habile horloger qui vivoit à la fin du dix-septième siècle, et qui mérite bien de trouver place parmi les hommes auxquels nous devons le plus d'estime. Gruet est auteur d'une invention qui a beaucoup perfectionné les montres de poche : il substitua la chaînette de métal à la corde de boyau qui mettoit cette petite machine en mouvement.

Ce n'est guères qu'au temps des hostilités entre notre province et la France, que l'horlogerie devint une branche de commerce dans le Jura. La nécessité d'assigner à chacun un espace de temps pendant lequel il devoit monter la garde, de jour ou de nuit, fit sentir le besoin des horloges publiques, sans lesquelles on ne pouvoit pas relever les sentinelles aux heures convenues, quand le poste se trouvoit éloigné des habitations. C'est aussi vers l'an 1660 que le pendule de Galilée appliqué aux horloges par Huygens en 1647, fut apporté à Morbier par les soins des frères Mayet qui, ayant à raccommoder l'horloge du couvent des capucins de Saint-Claude (laquelle marchoit au moyen d'un ressort spiral) y substituèrent le balancier au ressort, et allèrent apprendre à Genève comment on lui donnoit l'impulsion.

Les horloges de Morez et de ses environs sont embellies de cadrans d'émail travaillés avec goût par les habitans eux-mêmes, qui commencèrent à s'occuper de ce genre d'ouvrage en 1765. Cette date fait voir combien certains arts ont eu de peine à pénétrer en Franche-Comté. La peinture sur émail étoit pourtant connue en France dès le douzième siècle, comme le prouvent d'anciens calices sur le pied desquels on trouve des figures de saints d'un relief fort épais ; et elle s'y étoit surtout répandue dès l'an 1632. Un siècle après la conquête de la Franche-Comté par Louis XIV, on s'occupa dans nos montagnes, non de peindre mais d'appliquer l'émail au cuivre pour en faire de nouveaux cadrans. Avant cette époque on tiroit les plaques émaillées du Locle et de la Chaux-de-Fond. David Huguenin d'Ottand vint en 1765, de ces lieux à Morez et à Morbier, chez M.rs Perrard-Petit-Valet qui apprirent de lui les procédés de son art, et qui donnèrent ainsi naissance à une branche de commerce très-productive.

Des horlogers célèbres sont nés dans le Jura. Désiré Chagrin né à Sergenoz en 1741, prit, dès l'âge de seize ans, l'habit des frères de la doctrine chrétienne, et le nom de Martin de Jésus. Sans avoir fait le moindre apprentissage en horlogerie, Chagrin exécuta en 1769 à Mareville en Lorraine, une grande horloge, très-curieuse, et qui, malgré son extrême simplicité, réunissoit une foule d'avantages. Elle avoit six cadrans, tous à heures et minutes, distribués en différens quartiers de la maison. L'un de ces cadrans étoit à répétition et à réveil, et les mouvemens ne s'en remontoient qu'une fois chaque année. Outre la sonnerie du clocher, il y en avoit une autre dans la chambre où se tenoit la classe du frère. Tout cela marchoit ensemble au moyen d'un seul balancier de vingt pieds de long et d'une lentille de 63 livres. Pour obvier à la dilatation des métaux, Chagrin avoit fait en bois la verge du balancier. L'œuvre étoit plus ingénieuse encore : une roue elliptique, taillée sur la table des équations du soleil, et faisant sa révolution dans un an, allongeoit le pendule, par les hauteurs graduées de ses rayons, lorsque le soleil retarde, et le raccourcissoit lorsqu'il avance; de cette manière l'aiguille suivoit toujours la carrière de l'astre, et souvent, au bout de trois mois, on n'y remarquoit pas la différence d'une minute à l'égard du temps vrai. Le journal encyclopédique du mois de mai 1779, parle de ce travail avec éloge. Chagrin a construit d'autres horloges pour les maisons de sa confrérie, à Paris, Rouen, Troyes, Rheims, Dieppe, Avignon, Saint-Yon, Melun, Angers, etc. Il fit un voyage à la Martinique en 1785, et mourut à Laon le 5 mars 1812, accablé d'infirmités.

MM. Janvier (Antide et Joseph), de Lavans, dignes émules des Julien-Leroy et des Berthout, n'ont eu pour maître que leur père qui ne fabriquoit que des rouages de bois. Ils exécutèrent ensemble un ouvrage magnifique qui fut placé en 1786 à l'hôtel des menus plaisirs du roi, et qui indiquoit l'heure dans tous les appartemens. Antide Janvier étoit avant la révolution, horloger de Monsieur : depuis la restauration de la dynastie, il a repris son service au palais, sous le titre d'horloger de S. M., comme une récompense de ses talens, et demeure au palais des arts. Il dédia en 1811 aux habitans du Jura un excellent *Essai sur les horloges publiques pour les communes de la campagne*, qui mérite d'être plus connu. D'autres écrits recommandent encore l'auteur à ses concitoyens, nous reviendrons bientôt à lui.

Joseph son frère, né en 1754, a long-temps habité la capitale, et après avoir contribué à étendre la réputation d'Antide, est rentré dans sa patrie où il a continué d'exercer son art et perfectionné plusieurs instrumens à l'usage des géomètres, jusqu'en 1820, année de sa mort. Il étoit membre correspondant de l'Athénée des arts de Paris.

Enfin le sieur Jean-Baptiste Hugonet est en ce moment sur la voie d'une amélioration très-notable dans l'art qui nous occupe : il a l'idée de donner au mouvement une action horizontale, et de dégager l'horloge de son pendule embarrassant, de sorte que le meuble devenu portatif occupera le moins de place possible dans les endroits où l'on jugera plus utile de l'établir.

Mécanique savante.

L'ABBÉ Jacques-Joseph Tournier, né à Saint-Claude le 1.er mai 1690, et mort en cette ville le 11 novembre 1718, ne fut pas fort apprécié à Paris, où le bruit de ses connoissances profondes l'avoit pourtant fait appeler par l'Académie des sciences. On sait qu'il avoit exécuté sur une pendule de cheminée un système du monde où il prétendoit concilier Copernic et Tycobrahé ; mais que la nature lui ayant refusé le grand art de rendre nettement sa pensée, il ne put soutenir, en face de cette illustre compagnie, la bonne opinion que l'on s'y étoit formée de lui. On ajoute que sa défiance naturelle l'avoit empêché de recourir à un interprète. On pourroit dire de l'astronome Tournier, en comparant les petites choses aux grandes, que ce moderne Atlas s'est laissé écraser par son céleste fardeau.

Il étoit réservé aux Jurassiens de construire des sphères: Jean-Baptiste Catin, de Fort-du-Plâne (1), horloger-mécanicien, prêta ses talens à la construction d'un globe qu'avoit imaginé l'abbé Outhier, et qui figure, sans description, parmi les machines de l'Académie des sciences.

L'abbé Outhier ayant porté ce globe à Paris, fut admis en 1732 à le présenter au prince qui lui témoigna le désir de l'acquérir, et qui le pressa de lui dire quel prix il y mettoit. Notre abbé qui ne savoit pas que l'on ne vend rien au Roi, au lieu de lui faire hommage de son travail, eut la mal-adresse d'en fixer la valeur à quelques louis. La somme lui fut comptée; et, par cette vente irréfléchie, le mérite de l'inventeur disparut sous le salaire de l'artisan. Cependant nous verrons ailleurs que l'abbé Outhier ne fut pas tout à fait oublié. Il étoit né à la Mare en 1694; il est mort à Bayeux le 12 avril 1774.

(1) C'est par erreur qu'on l'a dit né à Plâne.

Vers le même temps, florissoit un ingénieur-mécanicien assez fameux : c'étoit Berthelot, de Château-Châlon, mort en 1808, ancien pensionnaire du roi. Il a conçu une grande quantité de machines, dont les dessins au nombre de 332 sont joints à la description qu'il en a donnée dans l'ouvrage en deux volumes in-4.º intitulé : *La Mécanique appliquée aux arts, aux manufactures, à l'agriculture et à la guerre.* Ce traité, imprimé à Paris, est devenu fort rare et par conséquent fort cher. C'est à l'exécution de son ingénieux moulin, que Berthelot dut la distinction royale dont on récompensa ses premiers travaux.

Plus heureux que les Tournier et les Outhier dans l'emploi de ses sphères, Antide Janvier a pu expliquer son système et remporter les suffrages des académies. Celle de Besançon lui décerna des éloges publics en 1768, et l'Institut de France en 1800. Ce dernier corps a loué l'adresse, l'intelligence et les combinaisons ingénieuses que l'on remarque dans la sphère mouvante de notre habile mécanicien, ainsi que la manière neuve avec laquelle il a rendu la différence du temps vrai et du temps moyen. En 1784 il avoit donné au public la *Description de deux machines où l'on a exécuté*,

par des mouvemens d'horlogerie, différens systèmes d'astronomie, objets qui furent présentés au Roi, le 24 avril de la même année, et placés à la bibliothèque de S. M. au château de Versailles : car, outre la capacité qui le distingue dans son art, M. Janvier a beaucoup de connoissances astronomiques. Il les a développées dans ses *Étrennes chronométriques*, son *Précis des calendriers* et ses écrits sur les plus beaux planétaires de l'Europe, dont il est l'unique auteur. « Cet artiste aussi habile que modeste
« (ont dit les journaux), n'a pas établi sa ré-
« putation par le prestige de la protection
« ou de la vogue, ni en l'étayant du mérite des
« autres : il sait expliquer lui-même avec élé-
« gance et pureté les ouvrages que seul il a su
« composer. »

Autres mécaniciens.

L'INVENTEUR de l'instrument de musique si connu sous le nom de pan-harmonico-métallicon, M. Chenu, de Saint-Claude, est auteur de plusieurs autres instrumens ingénieux que l'on voit à Paris, rue Vivienne. Son nom mérite bien de paroître à la tête de cette nouvelle série d'ouvriers recommandables.

Paris est aussi la demeure de M. David, né à la Joux (paroisse de Septmoncel), qui excelle dans l'art d'embellir les tabatières d'un mécanisme dont les ressorts, cachés au fond de la boîte, exécutent un concert sur des airs très-variés. Il en place également dans des piédestaux de pendules qui ont dix-huit pouces de long sur six de hauteur. On voit dans les appartemens de plusieurs seigneurs à Londres, des pendules de M. David qui font l'admiration des amateurs. Sans avoir jamais appris la musique, il y a combiné, avec la plus grande justesse, toutes les proportions de l'échelle musicale.

Après avoir parlé de la perfection des ouvrages de M. Claude-François Dalloz, autre sujet distingué de Saint-Claude, et qui y fait sa demeure, M. l'abbé Mermet, qui s'intéressoit vivement à la gloire de cette ville, ajoute dans un manuscrit qui a pour objet les arts de son arrondissement ; « qu'en travaillant pour « le plaisir des yeux, Dalloz n'oublia pas ceux « de l'oreille. Ici l'industrie parut avoir réalisé « la magie ; ces tabatières rendirent des sons « harmonieux, et jouèrent des airs doux et mé- « lancoliques. A peine ces airs ont-ils cessé, « qu'un oiseau piqué d'émulation et jaloux de

« faire aussi entendre sa voix, sort de ce
« meuble comme d'un nid, et chante au spec-
« tateur étonné l'air le plus récréatif. Il semble
« jouir du contentement qu'il donne : il bat des
« ailes, et comme s'il vouloit se dérober à nos
« applaudissemens, il se hâte de rentrer dans
« sa mystérieuse retraite. »

M. Guyétant assure que ces boîtes enchantées, très-répandues depuis quelque temps, seroient devenues chez nous une belle branche d'industrie, et que plusieurs jeunes gens de Morez s'y livreroient avec plaisir, si l'administration des douanes n'avoit pas formé opposition à ce genre de travail, qui n'est plus maintenant exercé que par M. Cretin, fils du maire de Bois-d'Amont.

Mais ne nous laissons pas arrêter trop long-temps au charme de la mélodie, tandis que des artisans non moins remarquables et plus utiles nous réclament dans leurs ateliers.

M. Écouchard déjà mentionné ailleurs nous montrera ses cisailles d'une nouvelle forme, qui coupent la tôle et les feuilles de cuivre, sans les plier. Il nous fera voir ensuite le valet-étau dont il est l'inventeur, et dont les ouvriers de Paris et d'une partie de la France connoissent les avantages : cet instrument dispense du maillet les menuisiers, les sculpteurs en bois et les ouvriers sur métaux, qui veulent forer le fer, la fonte, le cuivre, etc. Enfin M. Écouchard mettra sous nos yeux le modèle d'un char-à-banc suspendu d'après un nouveau mode, et nous indiquera la manière d'enrayer subitement la voiture, ou d'en séparer l'attelage en cas de danger.

A Dole, le mécanicien Mayet fera jouer devant nous une pompe à incendie perfectionnée; et à Poligny, M. Bergère, tourneur sur métaux, nous rendra témoins des succès qu'il a obtenus dans cette partie.

Le fusil à cylindre et sans batterie de M. Latura, de Lons-le-Saunier, exposé le 25 août 1819 avec les œuvres de l'industrie nationale, a fait ranger son auteur au nombre des ouvriers les plus capables du royaume.

Orgelet possède un armurier qui feroit honneur même aux fabriques de Saint-Etienne; c'est M. Carnet : il ne manque rien en élégance ni en précision au fusil qui sort de ses mains.

Aucun d'eux pourtant n'égale M. Pradier en réputation, car la réputation de ce coutelier s'étend au loin. Les médailles d'or, les brevets de perfectionnement, les mentions

honorables, les suffrages des corporations industrielles, ont justement récompensé le zèle de ce Lédonien qui rend l'Amérique même tributaire de son talent. Voici un extrait de l'article qui le concerne dans le rapport du jury central sur les produits de l'industrie française admis à l'exposition de 1823 : « à côté
« d'un magnifique nécessaire de 8 à 10,000
« francs, et d'un canif à plusieurs lames qui
« est estimé douze cents francs, on voit figu-
« rer, parmi les produits de ce fabricant,
« de bons rasoirs à neuf francs la douzaine ;
« de bons couteaux de table à dix francs la
« douzaine ; et d'autres objets du même genre
« qui se recommandent aux consommateurs
« et par la bonne qualité de la matière et
« par l'élégance des formes. ».

Il est rare de voir les femmes s'adonner aux sciences et surtout aux arts mécaniques,

« A moins d'un grand dessein,
« Vénus visite peu les fourneaux de Vulcain. »

Nous devons donc un souvenir à Mlle Manon Perrey qui mourut à Salins, sa patrie, vers l'an 1812, laissant une réputation d'amatrice fort distinguée. Soit au laboratoire de chimie, soit au cabinet de physique, soit à la forge, soit au tour, elle montroit cette supériorité incontestable qui la mit en état de diriger en chef une manufacture de porcelaine à Migette, et à laquelle les ouvriers sur métaux ont dû divers instrumens perfectionnés et d'utiles conseils.

Économie.

La recherche des hommes utiles n'est pas épuisée : nous arrivons à ceux dont l'esprit inventif s'est plus spécialement tourné vers les procédés économiques.

C'est à François-Dominique Bourgeois, né en 1693, dans la terre du chapitre de Saint-Claude, que le royaume doit l'éclairage des villes par les réverbères : il lui doit aussi les grandes lanternes qui éclairent aujourd'hui les côtes maritimes. Non-seulement Bourgeois inventa ces nouvelles lampes ; mais, en homme prévoyant, il composa une huile économique pour les alimenter. Cette huile se tire des abattis de boucherie. De pareilles inventions, qui furent plus utiles à l'État que ne le fut son automate de Dom-Quichote s'escrimant contre un moulin à vent, l'ont à peine produit dans le public, tandis que le canard mécanique auquel il a travaillé a presque immortalisé Vaucanson. Deux mémoires furent imprimés sous son nom en 1764, à la rédaction desquels le P. Romain Joly eut, dit-on, beaucoup de part. Bourgeois mourut à Paris en 1781.

Son invention des lanternes à réverbères est revendiquée par deux autres Francs-Comtois. Le premier est M. Matherot de Preigny, prieur de Dampierre, mort prieur de Saint-Chéron en 1758, à qui l'on fait aussi honneur d'avoir imaginé les lampes à pompes. Le second est Burlet, d'Arsurette, qui est mort en 1818 ou 1819 à Lons-le-Saunier. On lui attribue l'invention de l'huile de pieds de bœufs, dont on fait un grand usage dans les environs de Nozeroy (1) : il paroît pourtant que Burlet n'a été que le propagateur des lumières de Bourgeois ; il étoit tout simplement fabricant de lanternes, entrepreneur de l'éclairage des villes, et avoit été long-temps chargé de celui de la capitale (2). La proximité des lieux où Bourgeois et Burlet reçurent le jour

---

(1) Depuis 1824, les habitans du canton de Clairvaux font de l'huile avec les fruits du cornouiller sanguin, arbrisseau connu dans le pays sous le nom vulgaire de *savignon*.

(2) Les premiers réverbères que l'on ait vus dans la province furent sans doute ceux dont M. l'Évêque de Saint-Claude fit présent à cette ville en 1762.

vers la même année, et l'amitié qui les unit, portent à penser qu'ils avoient travaillé en commun.

M. Alexandre Lemare, de Saint-Laurent en Grand-Vaux, s'est fait connoître à la France entière par deux genres de célébrité. Nous ne parlerons ici que des ustensiles qu'il a appropriés aux opérations les plus usuelles de l'économie domestique. Son caléfacteur des bains, sa cafetière à feu supérieur, son réchaud-vase, son réchaud accéléré à l'esprit de vin, son filtre à pression, auroient suffi pour une renommée. Le caléfacteur-pot-au-feu qu'il créa en faveur des familles pauvres dont les villes abondent, et des cultivateurs privés d'affouage, lui fait plus d'honneur encore. Cet appareil qui fut remarqué à l'exposition publique de 1823, et qui valut à son auteur une médaille d'argent et un brevet d'invention, a été l'objet d'un rapport fait à l'académie des sciences par MM. Thénard et Fourrier, et duquel il résulte : « que dans le calé-
« facteur-pot-au-feu on peut faire cuire
« deux kilogrammes de viande, et obtenir
« quatre litres de bouillon, avec une quan-
« tité de charbon qui ne coûte pas plus de
« cinq centimes à Paris; que le bouillon et

« la viande peuvent se conserver chauds plu-
« sieurs heures après leur préparation ; que le
« pot-au-feu peut être mis la nuit comme le
« jour, parce qu'il n'a besoin d'aucun soin ;
« que la viande est toujours excellente et le
« bouillon meilleur que par les procédés ordi-
« naires ; qu'il y a économie de temps, de
« combustible, amélioration de produits et
« certitude de réussir. »

Les frères Guyon, serruriers à Dole, ont obtenu plus récemment encore un brevet d'invention pour des poêles économiques sur lesquels on peut préparer le dîner à dix, seize, vingt, même à quatre cents personnes, sans employer plus de feu que pour le chauffage ordinaire.

L'économie des combustibles avoit occupé autrefois M. David de Saint-Georges (J. J. Alexis), né à Saint-Claude le 30 décembre 1759, mort le 30 mars 1809 à Arbois. Parlant des avantages que présente l'exploitation de la tourbe pour le chauffage usuel, chez les montagnards qui sont à portée de ce trésor, de préférence au bois de sapin qui ne renferme pas un calorique aussi actif, il se plaignoit en 1806 de l'insouciance avec laquelle on avoit répondu à l'appel de M.

Baud, sous-préfet de Saint-Claude, qui, disoit-il, étoit parvenu difficilement à faire concevoir à un petit nombre de ses administrés, bien qu'il réunît l'estime et la confiance de tous, l'importance de la tourbe et le moyen d'en tirer parti. Mais dès-lors la ressource dont il s'agit a été mieux appréciée, car le bien, quoique embarrassé dans sa marche par la routine, finit pourtant par arriver. Dans le val de Miége les tourbières fournissent le cinquième du chauffage, et au Bief-du-Fourg elles en donnent les trois quarts. Notre judicieux économiste avoit proposé un mode d'exploitation qui réunissoit la célérité du travail au ménagement de la matière : il falloit commencer par la partie la plus déclive, afin de faciliter l'écoulement des eaux, et enlever la tourbe par mottes à la superficie du sol. Les mottes replacées sur les endroits déjà épuisés devoient favoriser la reproduction de cette substance végétale.

La vie de cet homme estimable nous intéresseroit; mais elle n'a pas été recueillie. Il se livra d'abord à son penchant pour les sciences naturelles; et déjà il se disposoit à mettre au jour un recueil complet des plantes qui croissent sur les sommités du Jura, lorsque

la révolution survint. Ses collections furent pillées, ses manuscrits dispersés, et lui-même contraint de chercher un asile en Allemagne. Il rapporte cet événement dans son *Mémoire sur les tourbières*, où il dit : « Elles occu-
« pent une très-grande étendue de terrain
« dans les vallées qui se trouvent au-dessus de
« la zône où le sapin commence à croître
« spontanément, tel que je l'ai indiqué dans
« une carte minéralogique que j'avois déjà
« fait graver pour servir à la description du
« Jura, dont je m'occupois avant la révolu-
« tion. J'ai perdu (observe-t-il en note) dans
« l'incendie de Saint-Claude, et par suite de
« la persécution que j'ai essuyée depuis 1792,
« jusqu'à la journée à jamais mémorable du
« 18 brumaire, une partie des matériaux que
« j'avois recueillis, et il ne m'est resté qu'une
« épreuve de la carte et un petit nombre de
« dessins que j'avois fait exécuter avec beau-
« coup de soins et de dépenses. »

Déjà cité plus d'une fois, M. J. N. Dalloz reparoît encore avec ses utiles observations. Il conseille l'emploi de la tourbe dans les petites forges, la cuisson du plâtre, les fabriques à chaudières (telles que teinturerie, brasserie, salpétrerie, etc.) et il assure que l'on obtient autant de chaleur avec 24 pieds cubes de cette espèce de combustible, qu'avec 34 pieds de bois. Bien plus, il regarde la cendre de cette terre bitumineuse comme un engrais des plus puissans pour les prés, les champs, les vignes mêmes, surtout si on la combine avec la chaux et le fumier. Enfin il parle de la tourbière du moû de Pleure (arrondissement de Dole), qui donne beaucoup de flamme dans sa combustion, et qui lui paroît très-propre à chauffer des tuileries. On pourroit, suivant lui, établir une tuilerie dans ce lieu, avec d'autant plus d'avantage, que l'on trouve près de là une terre excellente à cet usage, et que le débit en seroit assuré dans les villages des environs et de toute la plaine où les habitations couvertes de chaume sont si sujettes à s'embraser.

Tout préservatif contre les incendies qui sont, comme on l'a dit, un fléau endémique dans le Jura, tient une place importante dans l'économie publique et particulière : nous ne saurions donc passer sous silence un habitant de Saint-Claude, qui, depuis la catastrophe de cette ville, c'est-à-dire depuis 1799, a formé près de là un établissement pour la fabrication de la tuile ; car personne n'ignore que les toitures en tablettes de bois de sapin, vulgairement nommées *ancelles* ou *tavaillons*, sont usitées dans le haut Jura, et que c'est à cette circonstance qu'est attribuée l'absolue destruction de Saint-Claude, de Champagnole, de Nozeroy. Cet honnête citoyen est M. Molard. A force de recherches, il découvrit aux environs de sa ville une terre propre à la confection de la brique, et il n'épargna ni soins ni peines pour donner à ses produits toute la perfection désirable. « Le gouvernement, par l'organe de M. Chaptal, alors ministre de l'intérieur, lui en témoigna sa satisfaction, et le conseil municipal prit un arrêté pour obliger les habitans à remplacer à l'avenir, dans leurs toitures, le bois résineux par la terre cuite. » Il est fâcheux que dès-lors l'autorité locale n'ait pas pu tenir la main à la stricte exécution de cette mesure, dont le résultat salutaire est plus que démontré.

Minéralogie.

L'essai sur la Minéralogie du bailliage d'Orgelet, imprimé en 1778, indique entre autres richesses naturelles du territoire jurassien divers gisemens de cristaux plus purs et plus brillans que ceux de Cayenne et d'Alençon, et même quelques mines d'or; mais le marquis de Marnézia, auteur de ces recherches, semble avoir dédaigné d'y porter un fer intéressé : l'extraction du métal qui fait le malheur des hommes ne souriroit pas au philosophe aimable de qui l'on tient ce beau vers :

L'âge d'or étoit l'âge où l'or ne régnoit pas.

Au reste les mines de la partie méridionale de l'arrondissement de Lons-le-Saunier ne paroissoient pas moins décevantes que celles de l'arrondissement de Poligny. Chacun a su le peu de succès de l'exploitation de la montagne de Poutain, sur le territoire des Planches, au canton de Champagnole: les adjudicataires, peu versés dans la métallurgie et apparemment pas assez riches pour tenter par cette voie de le devenir davantage, avoient, déjà en 1778, abandonné leur entreprise qui ne datoit encore que de 1776. Cependant M. Oudet, négociant de la commune où est situé ce dépôt, et qui malheureusement y consacra, avec trop de confiance, une partie de sa fortune, convenoit que le mont de Poutain recéloit une mine d'or réelle; mais qu'il auroit fallu des moyens extraordinaires pour suivre les opérations commencées.

C'est vers le milieu du XVIII.ᵉ siècle que les habitans des hautes montagnes commencèrent à s'occuper de l'art de tailler les pierres précieuses: les premiers qui s'y livrèrent furent ceux de Septmoncel, incités par une association qui s'étoit formée à Gex, sous la direction de Monpelard, et qui correspondoit avec celle de Genève. Celle-ci envoyoit en Prusse, en Perse, dans l'Inde, le produit de ces divers ateliers. En remontant plus haut, on voit l'origine de ce genre d'industrie dans le séjour que fit à Aubonne, lieu du voisinage, le fameux voyageur Tavernier. Il s'étoit fort enrichi dans ses courses lointaines, par le commerce des diamans. L'exemple d'un homme qui a fait fortune dans un état, y en attire beaucoup d'autres. Ce qui acheva de déterminer les habitans de Gex et de Septmoncel au commerce des pierreries, ce fut la demande qu'adressa le Sophi de Perse au roi Louis XV, d'une colonie de nos bons faiseurs. M. le comte de Tréville, chargé par le roi de conduire en Perse cette troupe ouvrière, avoit surtout distingué un M. Rousseau de Genève, proche parent de Jean-Jacques : ce M. Rousseau forma l'association dont nous venons de parler, et la soutint tant qu'il vécut.

La première substance façonnée par les lapidaires du haut Jura, fut le cristal de roche : on le tiroit du Valais. Ensuite ils taillèrent le stras, ainsi appelé du nom de l'inventeur, et qui est une imitation du diamant. L'art est parvenu, par une suite de nouvelles tentatives, à contrefaire toutes les pierres précieuses, pour servir toutes les fantaisies du luxe. Le travail des cristaux factices introduit dans nos montagnes, y multiplia singulièrement les ateliers. On vit alors dans toute la France, ces brillans montés sur or, relever les bagues, les montres, les colliers, les brasselets, les peignes, les aigrettes; en un mot, depuis les croix que les femmes du peuple portoient autrefois suspendues à leur cou, jusqu'aux décorations des ordres de chevalerie les plus enviés, les pierres fines ou artificielles obtinrent le privilége de tout embellir. Aujourd'hui la pierre de stras est presqu'entièrement abandonnée; nos lapidaires délaissent le faux pour soigner le vrai : ils ne taillent plus que la pierre fine, et c'est encore un résultat des progrès du luxe. Les premiers qui aient entrepris en grand ce riche commerce, sont les frères Chevassus-Berche, de Septmoncel, établis dans la capitale. Ils occupent, tant à Septmoncel qu'à Saint-Claude, une centaine d'ouvriers, et autant à Paris. Ils vendent leurs produits aux bijoutiers qui les montent sur or, et qui les font servir aux diverses parures que commande la mode. M. Chevassus aîné, chef et principal soutien de cet établissement, est plein d'intelligence et de probité. Il possède, à un degré très-remarquable, l'art de discerner les gemmes de composition d'avec les véritables, enseigné par M. Haüy que ses travaux sur la cristallographie ont rendu célèbre (1). M. Antoine Chevassus, son frère, excelle surtout dans le polissage de l'or.

Saint-Amour dut à Philibert de la Baume des établissemens de diverses natures, car il mettoit à profit pour sa patrie le fruit de ses voyages sur le continent, et surtout de son séjour dans les îles Britanniques. Il avoit découvert, dans sa terre de Montagna-le-Reconduit une carrière de marbre qu'il fit contribuer à la décoration du chef-lieu de sa baronnie.

(1) On pourroit consulter en pareille matière un ouvrage intitulé *Minéralogie synoptique ou tableau des substances minérales spécifiées, caractérisées et décrites par des signes conventionnels*, par MM. Houry et Héricart-de-Thury. M. Houry, membre distingué de la société d'émulation du Jura, est ingénieur du cadastre dans ce département.

Cette carrière a été rouverte de nos jours, ainsi que d'autres dépôts gisans dans les côtes voisines, telles que celles de Balanoz, Andelot, Alonal, Nantey, Salâvre, l'Aubepin, Cousance et Gizia, par les soins d'une société d'actionnaires de Saint-Amour, entre lesquels on peut citer M. le chevalier de Chaignon, membre du conseil général et du conseil de préfecture. M. Fontaine anime et dirige avec une parfaite intelligence l'établissement qui lui est confié : il étoit chef d'atelier au Louvre, lorsque M. Martinet père, l'un des actionnaires, lui envoya quelques échantillons de marbre d'Alonal, afin de le déterminer à venir à Saint-Amour, monter une marbrerie. M. Fontaine se rendit à ce vœu en 1817, et déjà dès l'année suivante il expédioit des tables de marbre sur Avignon et sur Paris. La société d'émulation du département de l'Ain lui décerna en 1821 une médaille d'encouragement, et celle du Jura l'a reçu dans son sein.

Il seroit à souhaiter que de pareilles associations se formassent ailleurs, pour tirer un parti convenable des pierres de Sampans, de l'Abbaye-Damparis (1) et d'Audelange, qui

(1) M. Marnotte, architecte-voyer de Besançon, a reconnu, au mois de janvier 1828, parmi les décombres d'un édifice

font une partie notable des richesses naturelles de l'arrondissement de Dole, et qui auroient des débouchés si commodes par leur proximité des grandes routes et du canal !

On a plus négligé encore les belles carrières de Crans, de Mournans et de Mignovillars, dont on admire pourtant de très-riches échantillons dans les églises du val de Miége et de Nozeroy : il est vrai que les moyens de transport y sont dispendieux, et la contrée d'un difficile accès sur quelques points ; cependant plusieurs châteaux de la Franche-Comté, celui d'Arlay en particulier, n'ont point dédaigné le tribut de ces carrières, ni considéré la somme des frais pour le recevoir.

Au mois de septembre 1768, M. Clerc, curé de Molinges, découvrit, sur le territoire de Chassal, un banc de marbre que l'on compare à celui de Tripoli ou à la brocatelle d'Espagne ; il en favorisa l'exploitation et le débit de tout son pouvoir. Le zèle de cet estimable ecclésiastique fut couronné d'un plein

---

romain découvert en cette ville, la pierre de l'Abbaye-Damparis, sciée en placage pour servir de soubassement à hauteur d'appui, avec des marbres précieux, tels que la brèche-violette, le bleu-turquin et le jaune-antique.

succès ; et comme le minéral flattoit agréablement l'œil par ses nuances ambrées et purpurines, veinées de blanc et d'azur, les Lyonnois, les Genevois, les habitans aisés des deux Bourgognes, de la Bresse, du Bugey, etc., ne tardèrent pas de donner des commandes au nouvel atelier que des entrepreneurs de Lyon avoient établi sur le ruisseau de Queutan. Quatre scies mues par l'eau y descioient incessamment des tables de toutes dimensions, dont les plus belles n'avoient pas moins de dix pieds de long sur quatre de large. Leur mouvement n'a cessé que vers 1798. Mais depuis 1823, M. Félix Boudon, de Dole, a cherché à relever en grand cet objet de spéculation, et déjà S. M. CHARLES X lui a décerné en 1827 une médaille de satisfaction et d'encouragement.

Le marbre noir de Miéry dont les Dominicains de Poligny firent ériger des colonnes dans leur église, et dont les religieux de Saint-Bénigne de Dijon firent construire les tombeaux de quelques ducs de Bourgogne; l'albâtre gypseux de Saint-Lothein que les statuaires employèrent aux mêmes mausolées, et que l'on reconnoît même dans les bas-reliefs et les statues de l'église de Brou, sont aussi abandonnés ! Qui relèvera ces trésors dédaignés ? Quels hommes, animés d'un noble zèle et de sentimens généreux pour les arts, inviteront les successeurs des Attiret et des Dejoux à décorer nos temples, nos palais, nos campagnes d'une architecture qui ne devra plus sa splendeur au sol et au ciseau des étrangers ?

Un de nos compatriotes les plus hardis en spéculations et les plus consommés en théorie, ne cesse de nous inviter à former des compagnies utiles. Les fortunes individuelles ne sauroient suffire à l'exécution de pareilles entreprises ; en se réunissant elles peuvent tout. « Un seul homme, dit-il, quelque supé-
« rieur qu'il soit n'imprime à ses conceptions
« qu'une existence éphémère : un accident,
« une maladie le surprend au milieu de ses
« projets les mieux calculés, et les fait échouer.
« Il n'est donné qu'aux associations nom-
« breuses et choisies de dominer le temps
« et les obstacles, d'assurer la stabilité à ses
« œuvres, et d'imprimer aux générations une
« marche assurée et invariable. »

A peine eut-on le temps, en 1827, d'annoncer au public par la voie d'un journal, une souscription pour la recherche des houillères de l'arrondissement de Lons-le-Saunier, que la société se constitua. Ce seul exemple prouve que les Jurassiens ne resteront pas en arrière de l'appel général qui est fait à toutes les industries, et qu'il y a chez eux un grand élan d'émulation tout prêt à se montrer sur plusieurs directions prospères. M. J. B. Chevillard, de Lons-le-Saunier, un des principaux actionnaires, est très-capable de conduire cette entreprise à une heureuse issue. On trouve du charbon fossile au pied des monts de formation calcaire, bien que les couches en soient presque toujours placées entre des couches de grés, dit M. Patrin dans son *Histoire naturelle des minéraux*: il n'est donc pas impossible que l'on en découvre, à force de sonder, dans les atterrissemens de nos vallées, et dans le sein des collines qui séparent la plaine du premier échelon du Jura. Aussi des naturalistes ont-ils rencontré dans cette zône plusieurs indices de la présence du charbon de terre; et au mois de février 1827, MM. Pernet et Raton en ont découvert un nouveau filon à Aiglepierre, près de Salins. Les études géologiques commencent à fixer l'attention des hommes instruits : un habitant de Dole, dont le zèle égale les connoissances, a fait exécuter une sonde à son usage, et le Conseil général du département, qui en a procuré une pour le service commun, seconde les recherches ou plutôt leur donne l'impulsion.

Si, contre toute attente, le succès ne couronne pas de si louables efforts dans la recherche des houillières, il n'est pas douteux que les explorateurs de notre sol n'y rencontreront ou des mines de sel gemme ou des carrières de gypse. Et quels avantages ne procureroient pas de telles découvertes à l'agriculture et à l'économie domestique !

Qui sait toutes les substances précieuses que recellent nos divers territoires, quoique de formation secondaire ? Et combien de rameaux d'industrie naîtroient des fouilles que l'on y feroit ?

A Frâne-les-Moulières, on n'exploite plus les carrières de grès, d'où les Romains établis dans la Séquanie tiroient des pierres pour leurs moulins à bras, *molæ trusatiles*, comme l'attestent les meules et les instrumens antiques que l'on y trouve encore. Moissey seul se livre encore à ce travail.

Les couches de sable quartzeux qui se mêlent au sol jurassique dans les terres d'alluvion que recouvre la forêt de Chaux et plusieurs villages entre la chaîne du Jura et la rivière du Doubs, ont donné lieu à l'établissement d'une verrerie à la Vieille-Loye, qui a prospéré sous la direction de M. Dorlodot de Préville, et qui prospère encore sous celle de M. Rebattu.

M. Charles Domet de Mont, né à Arbois en 1778, a remarqué, en étudiant la nature du grand atterrissement de sable et de cailloux qui forme le bassin de la Saône, que certains gallets de jaspe étoient devenus tendres, légers, et présentoient, après avoir été broyés et lavés, tous les caractères du tripoli de Corfou. Cette substance, (suivant la décision du jury, émise lors de l'exposition publique des produits de l'industrie en 1823), cette substance est effectivement susceptible de donner un très-beau poli aux métaux, et l'exploitation en peut être avantageuse aux habitans du pays.

On a vu récemment, aux Rousses et à Prémanon, s'établir une petite branche de commerce sur la découverte d'une espèce de craie blanche, de substance salino-terreuse, que les habitans de ces communes appellent pierre morte, et qu'ils vendent en pain comme le blanc de Troye.

A Poligny, on trouve des indices de soufre : il y remplit, dit M. Patrin, des géodes silicées, sous une forme pulvérulente.

Filatures, etc.

La première filature qui fut montée dans le Jura est due à la philanthropie toute chrétienne de M. de Fargue, premier évêque de Saint-Claude, et à la bienveillante administration de M. de Lacorée, intendant de la province. Le vertueux prélat y plaça comme chef-ouvrier Charles Perrier, qui voulut bien enseigner gratuitement aux filles de la ville et des campagnes, la manière de filer le coton au rouet, et qui leur payoit le prix de leurs journées. En créant cette ressource à l'indigence, on n'avoit pas oublié l'instruction religieuse et morale, trop négligée aujourd'hui dans ces réunions.

L'abbé Grandmottet, curé de Bois-d'Amont, digne imitateur d'un si bon modèle, voulant aussi préserver ses paroissiens de la misère et de l'oisiveté, se hâta en 1781 de former pareil établissement au milieu d'eux. Et l'on vit en même temps Alexis Perrard, déjà loué dans cet écrit comme un des bienfaiteurs de la population de Morez, organiser de son côté plusieurs ateliers de ce genre qui avoient pris, même avant la révolution, de rapides accroissemens.

Vers la même époque, M. Claude Thevenot établit à Moirans (sa patrie) une filature anglaise. Comme dans celles de Saint-Claude, de Bois-d'Amont et de Morez, on y fabriquoit des toiles ; et depuis quelques années, il y a joint un atelier de teinture dont le chef est un grec très-habile dans cet art.

Les perfectionnemens notables apportés dans cette partie ont fait tomber les petits ateliers de nos montagnes ; mais une filature mécanique leur a succédé : c'est celle de M. Alexis Dumoulin, de Saint-Claude, qui salarie 300 ouvriers des deux sexes, à 72,000$^{fr.}$, et qui expédie par an sur Lyon 40,000 kilogrammes de coton filé. Le funeste incendie de 1799 l'avoit détruite ; un courage digne d'éloge l'a relevée, et elle se soutient depuis 1816.

La société d'encouragement pour l'industrie nationale couronna en 1822 un mémoire de M. Boichoz fils, contrôleur des contributions directes, ayant pour objet la construction d'une machine propre à fabriquer la ficelle ou fil de carret, de toute grosseur et longueur, avec du chanvre sérancé. La machine inventée par notre compatriote peut être employée dans une chambre de quatre mètres de longueur ; la société d'encouragement en donne la figure et la description dans le n.º 218 de son bulletin.

Il y a peu de temps, M. Gabet, de Saint-Claude, jeune artisan qui montre une grande aptitude au métier mécanique, a transporté de Lyon dans son pays une machine très-ingénieuse et très-accélérée de fabriquer de la tresse. Il a trois métiers auxquels est employée une seule ouvrière, et d'où lui sortent 3,000 aunes de tresse par jour.

A cette occasion nous devons citer un autre jeune homme non moins intéressant, le sieur Joseph Colin de Longchaumois, qui en 1823 introduisit dans son atelier de tisserand et chez plusieurs ouvriers de sa commune, des métiers à la Jacquard, pour la fabrication du crêpe de soie. « Le sieur Colin, dit M. Guyé-
« tant, a tous les matériaux et les outils né-
« cessaires pour monter encore douze métiers ;
« mais il est retenu par la crainte des difficul-
« tés dont l'administration des douanes me-
« nace son industrie naissante ; et ce n'est que
« par tolérance qu'il a pu expédier à Lyon

« les pièces d'étoffe qu'il a fabriquées jusqu'à
« ce jour. »

Le sujet nous amène à la fine draperie :
c'est une industrie qui a toujours manqué
à notre département et même à notre province. Cependant le poète Martial qui vivoit
sous le règne de Galba, n'a pas dédaigné de
célébrer une endromide de fabrique séquanienne, et de l'envoyer à un ami.

<small>Hanc tibi sequanicæ pinguem textricis alumnam,
   Quæ Lacedemonium barbara nomen habet.
Sordida, sed gelido non aspernanda decembri.</small>

L'endromide étoit une sorte de manteau ou
de surtout assez lourd, qui, chez nos pères,
n'étoit pas désigné sous le nom grec d'*endromis* mais sous le nom celtique peut-être de
bal-endron qu'a retenu long-temps leur patois.

En 1318, la comtesse palatine Jeanne, reine
de France, que nous avons déjà citée ailleurs,
et qu'il convient de louer encore, pour avoir
songé au bonheur du peuple en cherchant à
ranimer parmi nos pères le commerce et
les arts, donna à une compagnie de drapiers
et de tisserands de Paris de larges gratifications, afin qu'ils vinssent s'établir à Gray et
qu'ils y montassent leurs manufactures. La

chose fut exécutée; et, sur ces modèles, il s'éleva bientôt dans tout le comté de Bourgogne des établissemens qui ne firent que se propager. Poligny se flatte d'avoir eu le plus considérable et le plus florissant. Tout grand possesseur de fief en attira dans ses terres; et l'on pourroit citer comme ayant eu des fabriques de draps, les divers lieux qui ont retenu les dénominations de *battant, battandiers, foule,* etc., tels que dans les territoires de Saint-Amour, de Bletterans, de Blye, etc., etc., etc.

La chapelerie réclame, comme nos manufactures d'étoffes grossières, une amélioration qui ne sera due qu'à l'amélioration des laines.

Autres manufactures.

Depuis 1705, date de l'établissement d'une papeterie à Mesnay, on a prodigieusement écrit et imprimé : les papeteries se sont multipliées en raison des besoins croissans et des complications dont les diverses administrations civiles et judiciaires marchent embarrassées. Nos manufactures au nombre de seize, dont la plupart ont commencé dans la révolution, triturent trois cent dix-sept mille kilogrammes de chiffons, et livrent au commerce deux cent quarante-trois mille kilogrammes de papier. Les livres sont pourtant plus chers qu'autrefois ; et les procédés économiques dans l'emploi de la matière première n'ont pas encore influé favorablement sur le prix du papier commun. Les cylindres à la hollandaise sont une introduction nouvelle pour le Jura, et enrichissent plusieurs papeteries, parmi lesquelles il est juste de citer de préférence celle de M. Chapuis, de Saint-Claude, dont les excellens produits, remarqués aux expositions publiques du Louvre, ont mérité à son auteur des encouragemens.

Une industrie récemment créée fait vivre plus commodément les habitans de Vesdes, occupés, sous la direction de M. Nicod d'Arbans, à tourner des bobines tirées du bois blanc que fournit la forêt de Trépierre.

Nous devons des regrets au départ de MM. Breton qui avoient formé en 1811, au castel de Buclans, près de Saint-Lupicin, une manufacture de joujoux d'enfans, occupation ingénieuse à peine connue dans la province sous le nom de joujoux d'Allemagne. Les objets étoient dessinés par l'aîné de ces frères, avec infiniment de justesse dans les proportions, et peints avec beaucoup de vérité par le cadet. Ils représentoient toutes espèces de meubles et d'instrumens : on leur avoit conseillé de rendre ces diverses imitations aussi utiles qu'elles étoient agréables, en écrivant sur chaque partie des pièces son nom technique, afin de familiariser les enfans avec le langage des arts.

M. Molard, des Bouchoux, établi à Paris, exécute en grand ce que MM. Breton exécutoient en petit ; et les services qu'il rend sont beaucoup plus utiles. Ce digne neveu du conservateur des arts et métiers, fabrique les instrumens perfectionnés qu'ont signalés comme les plus nécessaires à l'agriculture et aux autres arts, l'académie des sciences, ainsi que les sociétés d'agriculture et d'encouragement. J. Aimé Besson, de Saint-Laurent en Grand-Vaux, exerce la même profession à Paris.

Des manufactures nous passons aux ateliers de tabletterie et de tour, et ce double sujet nous ramène sur le compte de l'abbé Tournier. Ce qu'il y eut de moins douteux dans le mérite de ce Sanclaudien, ce fut son aptitude naturelle aux arts d'exécution : il les avoit tous appris sans maîtres. Non-seulement il imitoit avec la dernière perfection ce qu'il n'avoit vu qu'une fois, mais il devinoit ce qu'il n'avoit vu nulle part. La musique, l'horlogerie, la gnomonique, le ciseau étoient également de son ressort. En s'entretenant avec les tourneurs de sa ville natale, il leur donna des idées nouvelles et contribua sensiblement aux progrès de leur art.

Personne ne profita mieux de ces entretiens que M. Lison, de Saint-Claude, mort à Genève en 1818. On lui doit le rafinement de goût et la netteté d'exécution qui se font remarquer aujourd'hui dans les meubles de poche et de chiffonnière : il les orna de filets d'écaille et leur appliqua un vernis de son invention. Il fit, en matière de tabletterie, une innovation précieuse en utilisant la loupe de sapin, car cette ressource locale diminua, pendant quelque temps, la somme des tributs que l'industrie de nos montagnes payoit et paie encore aux contrées étrangères d'où l'on tire maintenant les loupes de sapin et les racines de buis.

La rivalité de talent qui exista entre lui et ses concitoyens Perrier-le-chimiste et Jean-Louis Jacquet, ne fut point nuisible aux ateliers : ces hommes habiles sont devenus inséparables par là même où ils cherchoient à se distinguer les uns des autres.

Feu M. David rendit à son pays un service plus signalé : il substitua la roue à l'archet du tour ; mais M. David, son fils (dit le Luthier parce qu'il exécute tous les instrumens de musique, connus dans le commerce sous le nom général de lutherie), partage avec lui cet honneur.

La recette qui consiste à teindre la corne des nuances de l'écaille, introduite à St.-Claude par M. César Reymondet de cette ville, où il est mort en 1813, est un perfectionnement qui mérite d'être noté : il date de 1763 et du retour de cet artiste de Paris à son lieu natal.

Successeurs de ces ouvriers excellens MM. Cadet-Reymondet, David, Vincent, Dalloz-Gaillard, Gabet, Colomb, Reffay-Duparchy, Vandel fils (1) et Lançon, soutiennent la réputation universelle de Saint-Claude, et lui assurent la supériorité sur toutes les autres.

Un luthier qui peut seul l'emporter sur ceux de nos montagnes, par ses connoissances dans l'art musical jointes à son talent manuel, et qui, à l'exposition de 1823, reçut une médaille d'argent pour les perfectionnemens qu'il avoit

(1) M. Vandel se distingue de tous ses concurrens par un talent qu'ils ne possèdent pas : il est peintre, et réussit particulièrement dans le genre du *trompe-l'œil*.

donnés au basson et à la clarinette, ne sauroit être oublié dans cette nomenclature, c'est M. Simiot, de Dole, facteur d'instrumens de musique à Lyon.

En terminant le paragraphe des arts mécaniques, nous commettrions une omission impardonnable, si nous ne présentions pas à la reconnoissance de nos compatriotes les services rendus à l'industrie par M. Molard aîné, des Bouchoux : c'est à lui que la France doit la création de ce magnifique conservatoire des arts et métiers qui fait l'admiration des régnicoles et des étrangers, création d'autant plus admirable qu'elle date des temps mêmes de la révolution les plus féconds en ruines. M. Molard est de l'académie des sciences à l'Institut, et des jurys d'exposition publique, où son patriotisme éclairé fait ressortir les produits de l'industrie jurassienne, et où tous les amis des arts trouvent en lui un zélé protecteur.

CHAPITRE QUATRIÈME.

ARTS LIBÉRAUX.

Aperçu général.

Tous les arts sont frères, mais si dans cette famille nombreuse il en est deux qui se ressemblent plus particulièrement, ce doivent être la sculpture et la peinture, car il n'y a qu'une seule espèce de génie pour donner la vie au marbre et pour animer la toile. Cependant ces deux sœurs ont encore des sœurs qui leur ressemblent par quelques traits : l'architecture en a de communs avec l'une et la poésie avec l'autre, *ut pictura poësis*. Enfin si la poésie, qui est intimement liée à la musique, n'a plus le même visage qu'elles eurent autrefois, ces deux beautés ont du moins conservé les mêmes airs et le même sourire.

Maintenant dans quel ordre les ferons-nous

marcher? Procédons toujours par synthèse, sans consulter les prétentions des disciples de Linus et de Prométhée : bâtissons le temple avant de l'orner et avant d'y faire retentir les hymnes.

Notre tâche devient toujours plus délicate ; mais nous nous efforçons de suivre ce précepte de J. B. Rousseau, sans blesser la vérité :

« Parmi les gens de la cour de Minerve,
« Désirez-vous entretenir la paix ?
« Louez les bons, pourtant avec réserve ;
« Mais gardez-vous d'offenser les mauvais. »

Architecture.

Nos savans architectes sont peu nombreux : le plus ancien que nous connoissons étoit Hyppolite Braillard de Poligny, qui, célèbre au seizième siècle, fut appelé à Bruges pour y construire un palais impérial, ouvrage que l'on a cité comme un chef-d'œuvre.

Son confrère Jean Masson, de Nozeroy, publia en 1619, sur la manière la plus économique de bâtir, un traité aussi rare que curieux, intitulé *Discours économique ou avertissement profitable au sujet de la maçonnerie, charpente, couverture et autres arts mécaniques, et les moyens d'éviter les abus qui s'y commettent.*

Claude-André Attiret, né à Dole en 1751, mort à Lons-le-Saunier en 1813, étoit fils d'un avocat ; mais dans le choix de sa profession, il préféra à la plume du légiste l'équerre et le fil-à-plomb. Si deux autres membres de cette famille d'artistes eussent vécu de son temps, ils eussent pu ensemble, sans le secours d'autrui, bâtir l'édifice le plus somptueux : l'un eût construit et distribué le vaisseau; le second l'eût décoré de statues et de bas-reliefs; le troisième l'eût embelli de fresques et de tableaux. Cl. A. Attiret avoit fait une partie de la façade de la place Saint-Pierre de Besançon, le travail hydraulique du port au bois, le projet du canal Monsieur à travers cette ville, et il avoit exécuté les nouveaux bâtimens de graduations de la saline de Montmorot.

M. Dez de Salins est le premier introducteur des toits en terrasses dans le Jura et de l'emploi du mastic bitumineux de Pyrimont. Non-seulement il les a conseillés, mais il en a donné l'exemple ; et déjà, grâces à ses heureuses innovations, on voit sur plusieurs points s'élever des maisons plus élégantes qui donneront à nos campagnes le riant aspect de celles du midi.

Sculpture.

L'auteur de l'histoire abrégée du comté de Bourgogne met au rang des habiles artistes de cette province, le dolois Gillis, fameux sculpteur en pierre et directeur de l'académie de Valenciennes : il le place entre deux autres statuaires qui florissoient au commencement du dix-septième siècle.

Simon Jaillot, né à Avignon près de Saint-Claude en 1633, mort à Paris en 1681, excelloit dans la sculpture de l'ivoire. De ses mains sortirent des *Christs* d'un fini merveilleux, qui ont fait dire qu'ils offroient aux uns des sujets d'étude et aux autres des sujets de méditation. L'éloge de cet homme remarquable se lit dans la description de Paris, en vers, par l'abbé de Marolles.

Il fut pourtant surpassé dans ce genre par François-Joseph Rosset-Dupont. Sans être jamais sorti de Saint-Claude, où il avoit reçu le jour en 1706, et où il termina sa carrière simple et illustrée, Rosset étoit devenu sculpteur à l'aspect d'une statue, comme le Corrège étoit devenu peintre à la vue d'un tableau de Raphaël. « Elève de la nature comme le Puget, « a dit un de ses compatriotes, il a prouvé que « le génie seul, aidé d'une étude constante et « d'un travail opiniâtre, peut atteindre à ce « qu'il y a de plus grand, et produire des chefs- « d'œuvre. » Falconnet, admirant un *saint Jérôme* de Rosset, faisoit observer que l'auteur avoit certainement fait son cours d'Italie, et qu'il avoit étudié au moins dix ans les grands maîtres; il ne voulut jamais croire qu'il n'étoit pas sorti de sa petite ville. Pigalle déclaroit n'avoir rien vu des anciens qui fût plus parfait que les bustes de notre Franc-Comtois. Le grand Frédéric montroit avec plaisir un des *Christs* d'ivoire de Rosset, en disant que personne ne savoit donner la vie à un buste comme le sculpteur du mont Jura. Tandis que la réputation de ce rare talent se propageoit en Europe, ce rare talent s'ignoroit lui-même; et lorsque des étrangers de distinction alloient le visiter, il étoit tout surpris d'être connu si loin! Avec tout cela, le Rosset (comme dit Voltaire), cet artiste qui pétrissoit l'ivoire, n'auroit pas atteint, sans y songer, à pareille célébrité, si Voltaire ne fût venu s'établir à Ferney ; car il faut des prôneurs.

Le sculpteur Sanclaudien, mort à quatre-vingts ans, a laissé plusieurs fils qui ne l'ont pas effacé, comme si la piété filiale leur eût fait un devoir sacré de rester au-dessous de lui. — L'abbé Rosset, qui mourut curé de Pannessières depuis 1804, entendoit fort bien le paysage. — Jacques son frère habite toujours sa ville natale, où ses ouvrages en ivoire le font rechercher, et où il exécute en bois des *Christs* de la plus grande dimension. — Cl.-Antoine, mort à Dole en 1819, excelloit surtout dans le bas-relief en ivoire; on s'adressoit à lui, de Paris, de Nantes et de Genève. Les amateurs recherchent aujourd'hui tous ces petits sujets en médaillon qu'il traitoit avec un fini précieux et une délicatesse admirable. « J'ai vu,
« disoit l'abbé Mermet, j'ai vu en 1786, un
« *Homère* d'Antoine Rosset, exécuté en marbre
« avec une rare perfection : cette figure grecque
« consacrée par le temps, l'étoit encore par
« l'admiration qu'inspire un grand génie dans
« le malheur. La cécité du poète répandoit sur
« son visage une teinte de mélancolie, expri-
« mée avec tant de goût et de vérité, qu'il n'étoit
« pas possible de contempler cette tête majes-
« tueuse sans être attendri jusqu'au fond de
« l'ame. » C'est lui qui avoit si souvent exé-

cuté les portraits d'Henri IV et de Voltaire, qu'il les profiloit, par derrière le dos, avec la plus parfaite ressemblance. — Enfin François Rosset, mort en 1824, à Dole où il s'étoit aussi fixé lors de la formation de l'école centrale, avoit même goût et mêmes moyens. Ses bustes d'Henri IV et de Sully, dont il avoit fait présent à sa patrie, ont été déposés par ordre de Napoléon dans les salles du Muséum. Ayant été attaché à une ambassade en Turquie, François Rosset avoit parcouru en artiste les plus belles contrées de l'Asie occidentale, et il en avoit rapporté un recueil de costumes dessinés par lui-même.

Quoique élevé par des peintres, Claude-François Attiret, né à Dole le 13 décembre 1728, s'adonna à la sculpture; eut pour maître Pigalle, et remporta des couronnes aux concours de Rome et de Paris. Les magistrats de sa ville natale lui confièrent l'exécution de la statue de Louis XVI, la première qui ait été érigée à cet excellent prince, et que le vandalisme révolutionnaire ait abattue. Ces magistrats qui mettoient bien un peu d'huile à la lampe d'Anaxagore, lui accordèrent par délibération publique une pension et force louanges, ce qui n'empêcha pas néanmoins l'artiste d'aller finir ses jours à l'hôpital, en 1802. Les principaux ouvrages sortis de son ciseau sont *les quatre Saisons*, *Melpomène*, *Thalie* et *Voltaire*, qu'il a exécutés à Paris; les bustes de *Vauban*, *Chamilly*, *Bouhier*, *Bossuet*, *Jeannin*, *Févret*, *Maret*, *Durande*, *Legoux-de-Gerland*, *Devosges*, *Enaux* et *Leroux*, qu'il a exécutés à Dijon.

Un petit berger de moutons tailloit journellement du bois avec son couteau; il ne vouloit point fréquenter l'école pendant l'hiver, et se cachoit sous un four où il s'amusoit à dessiner du bout du doigt dans la cendre. Une bonne vieille femme qui avoit pris ce petit malheureux sous sa protection, disoit : « Mon Dieu! cet enfant-là ne fera jamais rien! » A la fin pourtant elle en fit un menuisier. Ce menuisier faisant son tour de France voit à Marseille des chefs-d'œuvre du Puget : il jette le rabot, et vient dans la capitale saisir le ciseau chez Coustou. Là, il travaille tout le jour pour gagner du pain, et toute la nuit pour acquérir du savoir. La nature qui l'avoit doué d'une forte organisation, lui permettoit de pareils excès. Il part pour Rome, et les six ans qu'il y passe ne sont qu'un enchaînement d'heures laborieuses; puis il revient à Paris, riche d'études et d'espérances. A son retour, l'académie des beaux arts lui ouvre ses portes, et son morceau de réception est ce beau *Saint Sébastien* que l'on a tant admiré. Peu de temps après, à la demande de Louis XVI, il fait sortir de son atelier la statue de *Catinat*. Son génie s'agrandit avec les sujets de ses inspirations. Un *Achille* renaît avec neuf pieds de hauteur; *Philopémen* reparoît, une coupe de ciguë à la main; le grand *Désaix* et le colossal *Ajax enlevant Cassandre* étonnent les regards; et le modèle d'une *Renommée* de vingt-cinq pieds de proportion, qui devoit être coulée en bronze et placée sur la coupole du Panthéon, les étonne encore davantage. Cette histoire est celle de Claude Dejoux, né à Vadans en 1732, mort à Paris en 1816.

Un jeune artiste Dolois, M. Huguenin donne les plus grandes espérances : comme Dejoux (a-t-on dit), il travaille le jour pour son existence et la nuit pour l'étude. Il est élève de M. Ramey fils, statuaire distingué de la capitale.

Un membre du Musée royal, qui ne doit pas être oublié à la suite de nos statuaires, est M. Biétrix, de Dole : il coule de belles statues dont le Roi fait présent aux villes de province et aux établissemens d'arts.

M. Prost, de Saint-Amour, se distingue à Lyon, depuis plusieurs années, par un goût pur de l'antique, qui reproduit en quelque sorte les tombeaux grecs et romains sur le cimetière de Loyasse.

Enfin, la sculpture en bois de l'ornement et du bas-relief s'est tout à coup perfectionnée dans le Jura sous le ciseau de MM. Besand père et fils, de Salins, et Billet, de St.-Lamain, officier en retraite.

Peinture.

Si la poésie est une espèce de peinture, la peinture a bien aussi sa poésie. Il n'y a qu'une manière de rendre les choses, soit avec les couleurs soit avec les mots, c'est de bien sentir après avoir bien vu. L'esprit d'observation ouvre aux artistes un trésor de beautés qui sont quelquefois si fraîches de coloris et douées de tant de grâces qu'on les prend pour des beautés nouvelles. Voilà pourquoi l'on va souvent dans son enthousiasme jusqu'à gratifier du nom de création ce qui n'est qu'une chaude imitation de la nature prise sur le fait où personne encore ne l'avoit si bien saisie ; et voilà pourquoi nous aimons l'imagination dans le tableau et dans le poème où le peintre et l'écrivain n'ont été pourtant qu'observateurs exacts.

L'imagination dont nous parlons ici est bien différente de celle que le jésuite Attiret se vit forcé de suivre dans ses écarts, pour orner les palais de l'empereur de la Chine. Autant que l'on puisse accorder de justesse à ce mot, ses écarts d'imagination reçurent une direction obligée ; et, dans ce pays du mauvais goût, il n'y avoit pas de plus sûr moyen de plaire que de marcher en sens inverse de la nature. Cette marche rétrograde coûta beaucoup à notre compatriote ; contraint d'abandonner pour toujours le ton de la vérité, pour faire des arbres, des plantes, des êtres qui n'existèrent jamais, il devint d'observateur fidèle un pitoyable créateur ; et ce talent prostitué en a lui-même déploré la triste condition. On a beaucoup vanté les fresques et les tableaux dont il avoit, avant son départ pour l'Asie, décoré la maison des Jésuites à Avignon pendant les deux ans de son noviciat.

S'il étoit vrai (sur le rapport de Depile),

que François Perrier de Salins (1) eût inventé le clair-obscur que le Parmésan avoit, dit-on, employé avant lui, ce seroit à coup sûr son plus beau titre de gloire, et ce perfectionnement de l'art auroit un prix très-supérieur à ses fresques, à ses tableaux à l'huile et à ses gravures. Ayant, dès son enfance, quitté sa famille par libertinage, et s'étant occupé à Lyon de son goût pour la peinture, il imagina de se faire le compagnon d'un pauvre aveugle, pour se rendre à Rome sans frais. On a blâmé cette démarche comme une industrie peu honorable, elle a pourtant quelque chose de romanesque qui n'est pas sans intérêt et qui n'appartient peut-être qu'à la vie des grands peintres. L'imagination sourit à la vue d'un tableau qui lui rappelle le conducteur de Bélisaire; mais si, d'une part, l'idée de la mendicité est plus ennoblie par le caractère du héros du Bas-Empire; de l'autre, on sent que le guide d'un aveugle vulgaire, en cheminant vers Rome, y va chercher l'immor-

(1) Dom Grappin et M. Bourdon avoient sans doute de bonnes raisons pour faire naître Perrier à Salins; cependant Courtépée lui donne pour patrie Saint-Jean-de-Laône, ce que la Biographie universelle a admis. Le Dictionnaire historique indique Mâcon.

talité. Perrier peignit d'abord pour le cloître des Chartreux de Lyon, ensuite pour le fameux Vouet à Paris. Puis il retourna en Italie où il grava en 1638 cette collection d'antiques qui lui a surtout assuré sa réputation. Revenu à Paris, il y décora l'hôtel de la Vrillière. Il fut professeur à l'académie, et mourut âgé de soixante-cinq ans, vers l'an 1653.

Claude Perrin, collaborateur de l'illustre Lebrun à la galerie de Versailles, anobli par Louis XIV en récompense de ses travaux, et peintre du roi de Pologne, mérite une place distinguée parmi les artistes qu'a produits notre province. Il naquit aux Planches près d'Arbois, de N. Perrin et de Justa de Sérancourt, en 1644 ou 1645. La ville d'Arbois conserve une partie de ses œuvres : à l'église paroissiale par exemple on voit encore deux tableaux qui sont comme l'alpha et l'oméga de sa carrière d'artiste ; c'est d'abord un *Christ* qu'il peignit n'ayant encore que dix-neuf ans; et un *Saint François-Xavier* qu'il fit de la main gauche parce qu'il étoit alors paralysé du bras droit. On y voit aussi un *Ecce Homo* dans le genre du Guerchin. L'hôpital et plusieurs particuliers de cette ville possèdent d'autres tableaux et divers portraits non moins remarquables. On regrette qu'une main barbare ait prétendu restaurer les plus beaux, et que quelques autres soient menacés de l'oubli dans des galetas.

Après ce talent recommandable, nous osons à peine parler de Denis Jacquot, de Parecey, né en 1737 et mort en 1816. A l'âge de dix-sept ans, il avoit pris le parti des armes, et il s'en alloit barbouillant les murs de la caserne, lorsque son capitaine remarquant ces dispositions, voulut bien lui donner des leçons de dessin. Jacquot se passionna tellement pour cet art, qu'il refusa le grade de sous-lieutenant, pour s'y livrer tout à son aise. Il quitta même le service avant 1785, parcourut plusieurs villes de France en amateur, et vint à Dole faire du produit de ses travaux l'emploi le plus doux pour son cœur et le plus honorable pour sa mémoire : parent dévoué, il adoucit le sort de ses sœurs et de leurs enfans. On ajoute qu'il étoit sobre. Il ne peignoit que le portrait en miniature : on en conserve de fort bons. Son compatriote Machera, fixé à Lyon, l'a suivi dans la même carrière.

M. Joseph de Vannoz, amateur distingué, s'est fait en ce genre une manière qui n'appartient qu'à sa touche gracieuse et légère. Le mérite du coloris et de la ressemblance se fait aussi remarquer dans les compositions de M. de Valdahon.

Les aquarelles et des portraits fort bien traités feront une réputation à M. Adolphe Brune, élève de Girodet, qui a déjà reçu, de S. M. Charles X, une médaille d'or à titre d'encouragement.

Élève de David, M. Combette de Nozeroy, professeur à Poligny, tient encore le haut rang parmi les peintres jurassiens de notre temps. Il s'occupe surtout des sujets sacrés et des portraits à l'huile; et l'on peut dire, avec assurance, que les églises et les salons dans le Jura doivent souvent au pinceau de cet artiste leurs plus beaux ornemens.

Un grand talent commence à se montrer: M. Charles Gay de Lons-le-Saunier, élève de Devosges et d'Hersent, qui remporta en 1825 les premiers prix de peinture à Dijon, vient en 1827 d'obtenir le grand prix de peinture à l'école royale de Paris.

Mais nous laisserions comme ébauchée cette couronne de nos artistes, si nous n'osions pas y entremêler deux fleurs dont l'éclat la relèveroit le plus. Nulles Franc-Comtoises jusqu'à ce jour n'avoient tenu la palette avec autant de succès que M.lle Simonne du Deschaux, ni manié le crayon avec plus de grâces que M.lle Pauline d'Esclans.

Poésie et Littérature.

Quels services la poésie a-t-elle rendu aux modernes ? j'admets, dira un censeur, que les prodiges opérés par les premiers législateurs du monde sont dus à la lyre, et que

> « Aux accords d'Amphyon les pierres se mouvoient,
> « Et sur les murs thébains en ordre s'élevoient. »

Mais le département du Jura n'a pas eu d'Amphyon, et nous nous éloignons de plus en plus du temps où l'on subjuguoit les peuples par l'harmonie des vers. Tout au plus pourroit-on dire que la poésie nourrit l'ame de grands sentimens, et l'esprit de nobles pensées ; qu'elle sert la morale en exaltant l'amour de la patrie, en excitant l'enthousiasme de la vertu ; qu'elle est la récompense des belles actions en transmettant les noms à l'immortalité ; qu'elle offre un heureux passe-temps à l'homme oisif ; qu'elle délasse le fonctionnaire public des occupations d'un état sérieux ;

qu'elle charme les ennuis du canapé et procure quelquefois un agréable sommeil. Mais quel bien réel peuvent avoir produit, en faveur de la société en général dans notre département, les épopées latines d'Humbert de Montmoret sur la Pucelle d'Orléans, les guerres de Louis XII, la Bourgogne supérieure, etc.; celles de Jacques Maire de Salins, sur l'Ile-Adam, Richard, Charles V, Constantinople, l'Europe, Philippe-le-Bon duc de Bourgogne, la toison d'or, et l'empereur Léopold; celle de Jean Morisot de Dole, sur Saint-Antoine? Qu'ont fait au bien-être de leurs compatriotes les vers latins de Jean de Gilley seigneur de Marnoz, sur Annibal et sur le décalogue; ceux de l'abbé Panel de Nozeroy; ceux de Jean Willemin de Pupillin; ceux de Jean Chevalier de Poligny, et de tant d'autres auteurs du seizième siècle qui pourtant furent aussi versés dans le noble idiome de Virgile et d'Horace, qu'il est possible de l'être en France? De quelle utilité ont été les poésies même françaises et par conséquent à la portée d'un plus grand nombre d'amateurs, que les Brun de Dole, les Joly de Saint-Claude, et les Dom Jeannin ont laissé insérer dans les *Délices de la poésie française*, dans l'*Année littéraire*, dans le *Mercure de France* et dans l'*Almanach des Muses*? Une personne spirituelle caractérise à merveille ces renommées fugitives et la substance de pareils mérites, lorsqu'il dit :

 « C'est le petit ruisseau dont le flot argentin
 « Fait un léger murmure et nourrit du fretin. » (1)

Cependant si, dans un mémoire qui tend à signaler les hommes utiles à leur pays, on ne juge pas que ce soit accorder trop de place à un genre de talent dont toute l'importance s'est bornée à émouvoir le cœur ou à caresser l'esprit ; les personnes indulgentes qui tiennent compte de tout ce que l'on fait pour elles, même d'un badinage qui les sauve de l'ennui, nous permettront de les entretenir des poètes les plus récens.

Claude-Marie Giraud, né à Lons-le-Saunier en 1711, chercha dans la capitale et sous le beau ciel de la Provence ses premières inspirations, sans viser à la célébrité ni à la fortune. La seule place qu'il ait sollicitée est celle de censeur royal, que l'on n'accor-

(1) Je ne sais si j'ai bien retenu ces vers : ils sont de M. l'avocat Marsoudet de Salins, qui n'a jamais livré à l'impression le recueil de ses poésies, parce qu'il en fait trop peu de cas. On en peut dire autant de M. Balland, de Lavigny.

doit plus guères qu'aux sectateurs de la philosophie moderne, et que par conséquent on lui refusa, car il combattoit dans les rangs opposés. L'*Epître du Diable à M. de Voltaire*, qui a été si souvent réimprimée, et au sujet de laquelle Sabathier a dit que Satan n'avoit pas mal choisi son secrétaire, étoit alors connue. Nous en citerons un fragment pour donner une idée de la manière de l'auteur :

> Car en dépit de l'Écriture
> Et de la foi de tous les temps,
> Celui qui régit la nature,
> Ce dieu, l'espoir des bons et l'effroi des méchans,
> N'étoit plus, selon toi, qu'un monarque en peinture.
> Tel que ces princes paresseux,
> Roitelets casaniers de vos fastes antiques,
> Qui, dans les festins et les jeux,
> Buvoient l'oubli des misères publiques,
> Et libres de tous soins ne vivoient que pour eux ;
> Ce dieu de l'univers, inutile pagode,
> En laissoit le timon pour sommeiller en paix ;
> Et l'aveugle Destin, réglant tout à sa mode,
> Étoit son maire du palais.
> Si ce frivole titulaire,
> Qui s'obstinoit à se cacher,
> Ne se mêloit d'aucune affaire ;
> Si rien ne pouvoit le toucher,
> Pourquoi follement s'enticher
> De l'espérance de lui plaire ;
> Ou de la peur de le fâcher ?
> Sans équité, sans bonté, sans clémence,
> Que faisoit aux mortels son oisive puissance ?

> Et devoient-ils la réclamer ?
> C'étoit déjà beaucoup de ne point entamer
> Son domaine et son existence ?
> Mais le servir, mais le craindre et l'aimer,
> C'étoit outrer la complaisance.

Giraud avoit composé d'autres ouvrages où le diable et la médecine étoient presque toujours pour quelque chose, tels sont la *Diabotanogamie, la Thériacade, la Procopade, la Peyronie aux enfers* (1). Il avoit enfin bâti en 1775 *le Temple de mémoire*, où il auroit mérité d'avoir une place, dit l'auteur des *Trois siècles*, s'il l'eût construit avec plus de soins et plus de goût.

On trouve sur une route opposée Claude-Marie Guyétand, né au Château-des-Prés en 1748, mort à Paris en 1811. Entraîné dans la capitale par M. Démeünier son condisciple en théologie, Guyétand n'avoit pour toute ressource qu'une lettre de recommandation à l'abbé Sabathier ; il s'empresse en arrivant de la porter à son adresse, et de s'enrôler dans l'armée antiphilosophique. Aussi bien accueilli

---

(1) Ce genre de composition satanique s'est retrouvé plus tard chez M. Grambert, de Villeneuve, qui est neveu de Cl. M. Giraud, et qui a publié *la Voltairiade ou Aventures de Voltaire dans l'autre monde*. 1825.

de d'Alembert, de la Harpe et de Lalande, le serf du mont Jura rompit aussitôt son engagement, et au lieu de s'élancer parmi les détracteurs de l'idole du jour, il alla publiquement en 1780 se prosterner devant elle dans *le Génie vengé*, début dont le succès l'étonna lui-même. Bientôt il fut placé chez le marquis de Villette, dont l'esprit (dit Palissot) dépendoit en grande partie de celui de ses secrétaires, et qui n'en montra jamais plus que lorsque Guyétand fut à ses gages. M. de Villette désirant reconnoître avant sa mort les bons offices qu'il avoit reçus de notre Jurassien par un don de 50,000 francs, le poète désintéressé le supplia d'attendre son rétablissement pour disposer de cette somme; et le marquis mourut sans accomplir ses intentions. Employé au ministère des relations extérieures, il y devint impotant au point qu'il passa les trois dernières années de sa vie au lit, où, si M. de Talleyrand ne lui avoit pas conservé la moitié de son traitement, il seroit mort dans une profonde misère, trop fier pour accepter les secours que venoient à l'envi lui offrir ses compatriotes. Il s'est comparé à Chapelle, il le pouvoit à plus d'un titre. Son extérieur sérieux cachoit un grand fond de gaîté, et cet homme que l'on trouvoit si raisonnable dans la conversation, ne s'inquiéta jamais du lendemain. On nous pardonnera de terminer son article par des citations de sa *Préface* qui auront le triple avantage de nous le peindre dans sa conduite, dans son caractère et dans sa diction :

>Mais faut-il égayer mon style ?
>Je le dirai, quoiqu'il en soit;
>On ne peut contester mon droit :
>Je dirai même qu'à Virgile
>Je ressemble par un endroit.
>Je sais qu'aux bords de l'Hypocrène,
>Comme lui, dans ses jeunes ans,
>Je n'ai point eu l'heureuse aubaine
>De trouver les soins bienfaisans
>Ou d'un Auguste ou d'un Mécène ;
>Et du plus loin qu'il m'en souvienne,
>Je n'ai point reçu de présens.
>Hélas ! j'ai le mot sur les lèvres,
>Et je suis fier en l'avouant :
>Comme le berger Mantouan,
>Autrefois j'ai gardé les chèvres.
>Ce premier point qu'il faut noter,
>Peut-être exige un commentaire ;
>Et je vais bien vîte ajouter :
>C'étoient les troupeaux de mon Père.
>Tels on vit, dans l'ancienne loi,
>Suivant les mœurs des premiers âges,
>En user de grands personnages
>Qui tous valoient bien mieux que moi,
>Et surement étoient plus sages.

>   Dans mes beaux jours, oui je fus tel.
>   Prêt à jouer ou prêt à battre,
>   On me voyoit, sourd à l'appel,
>   Par monts, par vaux, aller m'ébattre ;
>   Et sur la tête un vieux capel,
>   Courir nu-pieds comme Henri quatre.
>   Mais ici l'on demandera
>   Par quels moyens ou quelle audace,
>   J'ai pu quitter le mont Jura
>   Pour arriver au mont Parnasse ?
>   J'ai suivi l'exemple d'Horace.
>   L'intervalle que j'ai franchi
>   Aujourd'hui n'est plus un problème :
>   Il étoit fils d'un affranchi,
>   Et je suis affranchi moi-même.

Avec toute la chaleur du sentiment et toute la noblesse du langage, M. le marquis de Marnézia n'est pas doué de la facilité poétique qui donne tant de charme à la lecture des vers, et son poème didactique des *Paysages* manque de plan et d'ordonnance ; mais ces défauts se rachettent par des images si douces, des pensées si aimables, des vues si bienveillantes, que l'on ne peut se défendre d'une sorte de culte pour cette muse jurassienne. Écoutons-la dans cet épanchement de son cœur qui porte une teinte de mélancolie sur le quatrième chant de ce poème :

>   Si le sort rigoureux qui flétrit mon génie
>   Laisse quelque repos au reste de ma vie ;

Si des flancs orageux des nuages obscurs
S'échappent des rayons et plus doux et plus purs,
J'irai, mais loin des monts où coula ma jeunesse,
De ces monts où mon ame, ouverte à la tendresse,
Par de faux sentimens se laissant trop charmer,
S'abandonna sans crainte à la douceur d'aimer;
J'irai loin des tombeaux où reposent mes pères
Arroser de mes pleurs des rives étrangères.
O ma fille! ô mes fils! ne m'abandonnez pas;
Je veux vivre pour vous et mourir dans vos bras.
   Sous un paisible ciel, je connois une terre,
De fertiles côteaux, un vallon solitaire;
Ils n'attendent que nous; ils seront les jardins
Que l'éternel créa pour les premiers humains.
   Sur la croupe d'un mont, dont la pente adoucie
Vient mollement s'unir à la vaste prairie,
Où le chêne robuste et l'orme vigoureux
Opposent un rempart à l'aquilon fougueux;
Où le printemps fleuri s'empresse de sourire,
D'où l'automne fécond à pas lents se retire;
Où l'œil toujours charmé par des aspects charmans
Ne réveille jamais que d'heureux sentimens;
Mes enfans! mes amis! loin du luxe et des larmes,
De la simplicité sachons goûter les charmes.
Mais aux bords des ruisseaux, près des ombrages frais,
N'affligeons pas les yeux par de pompeux palais;
De la Grèce empruntons l'aimable architecture,
Élevons dans les champs un temple à la nature.
Pontifes réunis par ses lois et nos goûts,
Retrouvons dans son sein les plaisirs les plus doux.
Formons un site heureux, tel que ceux où Virgile
Fit les vers qu'inspira la muse de l'idyle;
Aux Virgile, aux Gesner, aux Saint-Lambert nouveaux,
Ménageons des abris, préparons des tableaux.

Nous ignorons quel jugement portera la

postérité sur la *Byzanciade* de M. Roux de Rochelle, né à Lons-le-Saunier, actuellement résidant du roi de France à Hambourg; mais il nous semble qu'on ne lui reprochera pas un défaut d'élégance, écueil ordinaire des muses franc-comtoises; et si l'on se permet d'y reprendre quelque chose, ce ne seront pas assurément des écarts d'imagination. L'extrait suivant du chant 1.er de cette épopée fournit la mesure du talent du versificateur :

>Précipité du ciel jusqu'au centre du monde,
>Et portant ses fureurs sous la voûte profonde,
>L'ange du noir abîme, évoqué tant de fois,
>De la pâle Euphrosine a reconnu la voix.
>S'élançant tout à coup hors des sombres royaumes,
>Il entraîne avec lui de livides fantômes,
>Jette un regard jaloux sur le flambeau du jour,
>Et voit en soupirant le céleste séjour
>Qu'il osa disputer au maître du tonnerre,
>Et qu'il menace encor d'une impuissante guerre.
>Le remords n'entre point dans son cœur criminel.
>Orgueilleux des combats livrés à l'éternel,
>Il se lève, il grandit; ses pieds touchent l'abîme,
>Et des plus hauts rochers il surmonte la cîme.
>L'Etna qui le vômit de ses flancs caverneux,
>L'annonce à l'univers par des torrens de feux;
>L'air en est embrasé : soulevée et tremblante,
>La mer, à son aspect, recule d'épouvante;
>Les flammes ont noirci son front audacieux;
>De menaçans éclairs s'échappent de ses yeux;
>Il marche enveloppé du voile des nuages;
>Son effrayante voix est celle des orages.

Le poème des *Trois âges* est du même auteur : nous en avons cité un agréable passage à l'article qui concerne l'éducation toute chevaleresque du prince Philibert de Châlon, page 159.

Un poète Jurassien qui a déjà prouvé que, dans la province même, lorsque l'on est doué d'une heureuse organisation et nourri de la substance des génies qui ont créé les siècles de Périclès, d'Auguste et de Louis XIV, on peut manier avec quelque succès remarquable, et la lyre de Pindare et le luth d'Anacréon, prouveroit aussi qu'il est capable d'emboucher la trompette héroïque, s'il vouloit sérieusement s'occuper du sujet neuf et national de *Brennus*. C'est désigner M. Léonard Dusillet, maire de Dole où il naquit le 14 octobre 1769. Il a publié en 1828 le recueil de ses poésies : nous y relisons avec plaisir l'ode intitulée *le Navigateur*, dont nous regrettons de ne citer ici que des fragmens.

« J'envahirai la plaine humide
« Malgré les vents, l'onde et les dieux:
« Loin de moi cette ancre timide !
« La rive importune mes yeux. »
Il dit; fier d'un nouvel empire,
Le nocher qu'Uranie inspire
Sur les flots s'est précipité.
Ainsi l'aiglon fuyant la terre
Jouit du ciel héréditaire
Que son vol superbe a tenté.

> Tombez, fabuleuse barrière,
> Sommets impuissans de Calpé !
> Hercule, fournis ta carrière !
> Ton foible instinct t'avoit trompé.
> Etc., etc.

Après avoir retracé les avantages et les dangers de la navigation, après avoir parlé des crimes commis dans le nouveau monde par ses premiers conquérans, le lyrique s'écrie :

> Malheureux ! mais un jour peut-être,
> Sur ces bords de pleurs arrosés,
> Ces esclaves contre leur maître
> S'armeront de leurs fers brisés.
> Un jour, Européen sauvage,
> Tes os blanchis sur le rivage
> Diront à tes neveux errans :
> « Vois, race impie et turbulente,
> « Vois l'hospitalité sanglante
> « Qu'ici l'on réserve aux tyrans ! »

Il vient enfin aux voyageurs paisibles qui ne parcourent le monde que pour le connoître, et pour y propager les arts. Puis il termine sa pièce par cette strophe touchante :

> Qu'avez-vous fait, ô mers avides !
> D'un voyageur moins fortuné ?
> Hélas ! sur des écueils perfides,
> Les Dieux jaloux l'ont enchaîné !
> Ah ! si l'Europe gémissante
> Ne peut, sur ta poussière absente,

La Peyrouse, semer des fleurs;
Reçois du moins, cendre égarée,
Ces vers qu'une Muse ignorée
Laisse couler avec ses pleurs.

On a demandé quel pouvoir avoit eu la poésie sur les peuples modernes : c'est ici le moment d'y répondre; car nous arrivons à celui de nos compatriotes qui a été appelé *le Tyrtée de la France*, et dont les vers enfantés dans un enthousiasme presque sans exemple, ont fait remporter tant de victoires par les armées françaises, à une époque où toute la gloire nationale étoit sous les drapeaux. M. Joseph Rouget de l'Isle, de Lons-Saunier, étoit officier du génie à Strasbourg, lors de la déclaration de guerre. On lui demande un air de marche pour les troupes; il sort de table, et se retire dans son logement. Inspiré comme il ne le fut jamais depuis, il trouve l'air et les paroles tout à la fois; et déjà le surlendemain, les régimens passés en revue à cette musique énivrante et pompeuse, ne peuvent contenir leur bouillante ardeur, et ne demandent plus qu'à s'élancer sur les champs de bataille. Dix mois s'étoient écoulés, lorsque, pour le malheur de M. Rouget de l'Isle, une bande de Marseillais qui ne respiroit que le meurtre, arrive à Paris en vociférant cette hymne devenue dès-lors si fameuse et si mal à propos appelée *la Marseillaise*. Toute sa famille en gémit, et lui-même ne peut encore s'en consoler. Le chant de *Roland*, dédié aux mânes de M. Diétrich, maire de Strasbourg, auroit suffi pour la célébrité de son auteur : la musique et les paroles dialoguées de cette pièce sont pleines de ces mouvemens pour ainsi dire désordonnés qui n'appartiennent qu'à un compositeur extraordinaire.

ROLAND.

Où courent ces peuples épars ?
Quel bruit a fait trembler la terre,
Et retentit de toutes parts ?..
Amis ! c'est le cri du dieu Mars,
Le cri précurseur de la guerre,
De la gloire et de ses hasards.

Mourons pour la patrie !
C'est le sort le plus beau, le plus digne d'envie.

Voyez-vous ces drapeaux flottans
Couvrir les plaines, les montagnes,
Plus nombreux que les fleurs des champs ?
Voyez-vous ces fiers mécréans
Se répandre dans nos campagnes,
Pareils à des loups dévorans ?

Mourons pour la patrie !
C'est le sort le plus beau, le plus digne d'envie.

UN SOLDAT.

Combien sont-ils? Combien sont-ils?

ROLAND.

Quel homme ennemi de sa gloire
Peut demander *Combien sont-ils?*
Eh! demande où sont les périls;
C'est là qu'est aussi la victoire.
Lâche soldat! *Combien sont-ils?!*

Mourons pour la patrie!
C'est le sort le plus beau, le plus digne d'envie.

Cette verve ne se montra plus dès-lors que dans *La Napoléone*, jet puissant de la lyre que nous pourrions en quelque sorte regarder comme une production indigène; car M. Ch. Nodier, né Bisontin, a dans le Jura les berceaux de sa mère, de son épouse et de sa fille, et c'est de cette patrie adoptive qu'il reçut dans le temps un refuge hospitalier, des sujets d'inspiration et des amis dévoués: aussi les *Voyages pittoresques et romantiques dans l'ancienne France* consacrent-ils l'éclatant témoignage de son attachement presque filial à cette terre de prédilection. Les rochers du Jura retentissent encore de son ode fameuse :

Que le vulgaire s'humilie
Sur les parvis dorés du palais de Sylla;
Au-devant des chars de Julie;
Sous le sceptre de Claude ou de Caligula!

Ils régnèrent en dieux sur la foule tremblante ;
Leur domination sanglante
Accabla le monde avili ;
Mais les siècles vengeurs ont maudit leur mémoire,
Et ce n'est qu'en léguant des forfaits à l'histoire,
Que leur règne échappe à l'oubli !

Au reste, nous bornons nos citations à la première strophe de cette pièce, en songeant que tout le monde la sait par cœur.

Quoique né à Mâcon en 1792, le célèbre auteur des *Méditations poétiques* n'est pas non plus étranger au Jura : sa mère est de Saint-Claude ; et les noms qu'il porte (de Prat et de la Martine), appartiennent à des lieux et à des familles de nos montagnes. Une aussi belle renommée vaut bien la peine que notre patrie en revendique une part légitime, et nous ne voulons pas encourir le reproche d'avoir négligé de pareils droits. Les partisans exclusifs du classique eux-mêmes ont quelquefois pardonné à cette muse nouvelle le romantisme qui s'allie à ses hautes inspirations ; ils ne me sauront pas mauvais gré surtout de leur rappeler deux strophes du *Poète mourant* :

Je jette un nom de plus à ces flots sans rivage,
Au gré des vents, du ciel, qu'il s'abîme ou surnage,

En serai-je plus grand? Pourquoi? Ce n'est qu'un nom.
Le Cygne qui s'envole aux voûtes éternelles,
Amis ! s'informe-t-il si l'ombre de ses ailes
    Flotte encor sur un vil gazon ?...

Mais pourquoi chantois-tu? — Demande à Philomèle
Pourquoi, durant les nuits, sa douce voix se mêle
Au doux bruit des ruisseaux sous l'ombrage roulant?
Je chantois, mes amis, comme l'homme respire,
Comme l'oiseau gémit, comme le vent soupire,
    Comme l'eau murmure en coulant.

D'autres lecteurs nous réclameroient les vers si mélancoliques sur *le Crucifix*, où M. Alphonse de la Martine a peint la mort de sa première amie ; en voici quelques-uns :

De son pieux espoir son front gardoit la trace,
Et sur ses traits frappés d'une auguste beauté,
La douleur fugitive avoit empreint sa grâce,
    La mort sa majesté.

Le vent qui caressoit sa tête échevelée
Me montroit tour à tour et me voiloit ses traits
Comme l'on voit flotter sur un blanc mausolée
    L'ombre des noirs cyprès.

Un de ses bras pendoit de la funèbre couche ;
L'autre languissamment replié sur son cœur,
Sembloit chercher encore et presser sur sa bouche
    L'image du Sauveur.

Ses lèvres s'entr'ouvroient pour l'embrasser encore,
Mais son âme avoit fui dans ce divin baiser,
Comme un léger parfum que la flamme dévore
    Avant de l'embraser.

Maintenant tout dormoit sur sa bouche glacée,
Le souffle se taisoit dans son sein endormi,
Et sur l'œil sans regards la paupière affaissée
  Retomboit à demi.

Et moi, debout, saisi d'une terreur secrète,
Je n'osois m'approcher de ce reste adoré,
Comme si du trépas la majesté muette
  L'eût déjà consacré.

Je n'osois... mais le prêtre entendit mon silence,
Et de ses doigts glacés prenant le Crucifix :
« Voilà le souvenir et voilà l'espérance;
  « Emporte-les, mon fils. »

La littérature est plus généralement cultivée aujourd'hui dans la province, qu'elle ne le fut jamais; et elle le seroit même avec plus d'ardeur, si les esprits étoient moins préoccupés qu'ils ne sont par la politique. C'est en effet la politique qui nous a privé d'un nouveau poète dans M. Emmanuel Jobez, député, membre de l'académie de Besançon, dont la verve poétique avoit été vantée par le caustique Palissot, si difficile à satisfaire ! C'est peut-être aussi la politique qui a dicté à M. Tercy aîné, de Lons-le-Saunier, ses *Adieux à la Muse* qui font regretter une telle séparation; mais cette muse bucolique nous sera sans doute ramenée par M. Gindre, son compatriote et son élève.

Parmi les personnes du sexe qui se font honneur de cultiver les lettres se montrent en première ligne madame Tercy, née Fanny Messageot de Lons-le-Saunier, qui sait plaire sans recherche et écrire sans prétention ; madame d'Arçon, sa compatriote et son amie ; madame d'Estournelles, sœur de M. Benjamin Constant, née à Brevans le 4 juin 1792. Que ne nous est-il permis de revendiquer, en faveur du Jura, la célébrité de madame de Vannoz née de Sivry, poète aimable qui a dit à Lebrun, antagoniste déclaré des femmes auteurs, un mot où se trouve renfermé un des secrets de son sexe :

> Toute femme en soupire, et place avec regret
> Les lauriers sur un front où se fane la rose.

Madame de Vannoz n'appartient à notre département que par son alliance ; et par les séjours qu'elle y fait.

D'autres talens aussi modestes et plus timides se cachent encore : il faut respecter leur mystère.

Théâtre.

Toute la France se rappelle encore l'auteur

dramatique qui lui fit verser tant de larmes à l'*Honnête criminel.* Charles-Fr. Fenouillot de Falbaire, né à Salins en 1727, ignoroit que le héros de sa pièce vivoit encore, lorsque, après la première représentation, il apprit cette nouvelle. Profitant aussitôt de l'émotion générale, il sollicita et obtint sans peine que Fabre, déjà rendu à la liberté par les soins de M. le duc de Choiseul ministre de la marine, fût réhabilité dans ses droits civils. Le drame fut traduit en allemand, en hollandois, en italien. Les autres pièces de Falbaire, excepté la comédie des *Deux Avares,* ne sont pas restées au répertoire. Son *Fabricant de Londres* tomba dès la première représentation : au V.ᵉ acte, lorsque l'on vint annoncer la banqueroute, un plaisant du parterre s'avisa de crier : *j'y suis pour vingt sous* (prix de son billet d'entrée), et il n'en fallut pas davantage. Falbaire voulut chausser le cothurne, et il produisit sur le spectateur une sensation contraire à celle qu'il avoit produite sous le masque de Thalie, comme s'il eût cherché à justifier ces vers de J. B. Rousseau :

« Depuis cent ans, deux théâtres chéris
« Sont consacrés l'un aux pleurs, l'autre aux ris.

« Sans les confondre, il faut tâcher d'y plaire ;
« Si toutefois vous n'aimez pas mieux faire
« (Pour distinguer votre savoir profond)
« Rire au premier et pleurer au second. »

Fenouillot de Falbaire, acquéreur en 1778 de la terre de Quingey, obtint la permission d'en porter le nom. Il fut en 1782 nommé inspecteur général des salines de l'est. La révolution détruisit sa fortune, et il mourut à Sainte-Menehould en 1800.

Quoique plus rapproché de notre temps, on a peut-être déjà oublié un autre courtisan de Thalie, moins estimable mais plus gai, Antoine-François Eve, de Dole, plus connu sous le nom de Desmaillot qu'il prit après avoir déserté son régiment. Fils d'un avocat au parlement de Besançon, il ne dédaigna point de monter sur le théâtre, et il fut long-temps comédien à Amsterdam. Rentré en France après sept ans de fuite, il composa une foule de bluettes ou de folies dans le goût de *Figareau, directeur de Marionnettes*, qui est de lui. Il donna pourtant en 1785 un opéra en trois actes qui lui valut une gratification de la part du Roi. Desmaillot avoit bien quelque talent, *mais de cervelle point*. L'âge ne le rendit pas plus raisonnable ; en telle sorte que, à l'hôpital du Bois où Pégase finit par le porter, il pouvoit s'appliquer cette réflexion de Lamothe :

« La vieillesse arrive étonnée
« De nous trouver encore enfans. »

L'année de sa mort, il avoit fait imprimer une brochure semée de vers, et intitulée *Tableau historique des prisons d'État sous le règne de Buonaparte :* il pouvoit en parler savamment, puisqu'il y avoit passé dix ans de sa vie. Né le 21 mai 1747, il termina le cours de ses vicissitudes et de ses enfantillages au mois de juillet 1814.

Son compatriote M. Vincent Tissot, avec la même gaîté mais avec plus de raison, l'a suivi dans la carrière : il est auteur de *Cadet Roussel* et de plusieurs autres petites pièces jouées aux Variétés, au Vaudeville et à l'Opéra-Comique. M. Ch. Magnin, de Salins, est son émule dans un genre un peu plus relevé.

Le jeune Taviand, de Lons-le-Saunier, alloit surpasser ses prédécesseurs, lorsque la mort l'a enlevé tout à coup au milieu de ses espérances de fortune et de gloire, à peine âgé de vingt-huit ans. Né en 1797, il cessa de vivre en 1825. *Ma femme se marie* eut, au Vaudeville, plus de quarante représentations en moins de deux mois. Un de ses amis d'enfance qui fournit en 1826 son article nécronologique ajoute : « Mais les grands « théâtres offroient à Taviand des succès plus « entiers, plus dignes de lui. Déjà Feydeau « mettoit en répétition un opéra comique « dont un jeune compositeur Lyonnois avoit « fait la musique : l'Odéon annonçoit aussi « la représentation de la *Coquette*, comédie « de caractère en cinq actes et en vers, qui « avoit mérité l'approbation de MM. Andrieux, Picard, Auger, Droz et autres bons « juges littéraires. Hélas! le malheureux jeune « homme n'a pu jouir du fruit de ses travaux ;

« Et son laurier tardif n'ombragea que sa tombe. »

Musique.

Puisque la musique et la poésie sont deux compagnes inséparables, il ne faut pas les désunir ; on ne représente pas Orphée sans sa harpe, et son nom seul, qui signifie le harpeur, atteste l'identité de son double talent. Mais, si nous parlons d'Orphée au souvenir de qui se mêle celui des enchantemens, comment descendrons-nous sans tomber à nos musiciens?

Nos troubadours ont été plus rares que fameux, nous ne les connoissons même que très-imparfaitement. Excepté le ménestrel Hue, de Broye-les-Pesmes, on ne sait pas les lieux d'origine des auteurs de *Guillaume de Dole,* d'*Albéric de Bourgogne,* de *Maugis d'Aigremont,* de *Gérard de Vienne,* de *Gérard de Roussillon,* de *Fortune et Félicité.* Ces romanciers sont bien regardés comme Franc-Comtois, mais leurs noms se sont perdus dans les airs avec les derniers sons de leurs instrumens.

Depuis que les bardes ont dégénéré en trouvères, et les trouvères en ménestrels, les auteurs de romans se sont presque brouillés avec la musique.

Désiré Poncet, de Salins, maître de musique de Philippe-Guillaume de Nassau prince d'Orange, est le plus ancien artiste que nous ayons pu découvrir : il traduisit en vers français plusieurs psaumes, qu'il mit en musique et qu'il publia en 1611. M. Lacurne et M. Amidey, maître de musique de la sainte chapelle de Dole, tous deux chanoines de cette ville, avoient composé en 1751 un livre de sonates.

Nous nous garderons de répéter ce que nous avons dit ailleurs des perfectionnemens que cet art doit à M. Chenu de Saint-Claude, et à M. Simiot de Dole.

Nous ne devons pas revenir non plus sur les compositions de M. Rouget de l'Isle : cependant nous ajouterons à un premier tribut de louange, le suffrage que leur a donné la Revue encyclopédique du mois d'avril 1825, à l'occasion des *Cinquante chants français* qu'il venoit de mettre au jour. « Quant à la mu-
« sique, elle a tout ce qu'il faut pour obte-
« nir un succès général. Une grande variété
« dans l'expression de toutes les passions que
« représentent les paroles prises pour cane-
« vas; une variété pareille dans la compo-
« sition; une phrase musicale presque toujours
« facile, agréable, et notée dans les tons
« les plus commodes pour la voix et pour
« les instrumens; enfin des accompagnemens
« bien travaillés, sans cesser d'être naturels
« et d'une exécution facile; voilà les quatre
« qualités que l'on trouve constamment dans
« le recueil de M. Rouget de l'Isle. »

Avec un simple flageolet, Eugène Roy de

Lons-le-Saunier, qui est mort à Marseille au mois d'août 1827, s'étoit fait un nom en France et à l'étranger. Les journaux de Paris, de Bordeaux, de Bruxelles, de Stuttgard, de Madrid et une foule d'autres ont proclamé ce rare talent. On a dit de lui « M. Roy ne peut être « comparé qu'à lui-même : il faut l'avoir en- « tendu pour se faire une idée du parti qu'il « tire de cet instrument ingrat et foible, dans « l'exécution des morceaux les plus difficiles, « les plus brillans. Rien surtout n'est plus « agréable à entendre que l'imitation de l'é- « cho, et les duos concertans, exécutés sur « un flageolet simple et d'un seul tube. » Peu de mois avant la mort de ce jeune artiste, un journal de Lyon, annonçant ses nouvelles œuvres, s'exprimoit en ces termes : « De « tous nos compositeurs, M. Eugène Roy est « celui qui a le plus écrit pour le flageolet, « et sa musique porte une empreinte de supé- « riorité qui lui a valu les suffrages les plus « honorables et les plus grands succès. »

M. Cl.-Fr. Lamy, compositeur gracieux, qui a établi à Dole une école de musique suivant la méthode de M. Ch. Dupin, mérite aussi d'être distingué.

FIN DU LIVRE TROISIÈME.

LES JURASSIENS RECOMMANDABLES.

LIVRE QUATRIÈME.

SCIENCES.

DIVISION DE CE LIVRE.

Ils n'ont pas rendu un foible service à la société, ceux qui, pour sauver les lumières humaines des ténèbres de la barbarie, offrirent aux muses un asile protecteur contre les orages politiques et pendant les guerres; ceux à qui nous devons la transmission des manuscrits de la docte antiquité, la conservation des chartes du moyen âge et des traditions, l'ouverture des bibliothèques, l'impression des livres élémentaires; ceux qui se sont faits les Mécènes des jeunes savans et des artistes; ceux qui se sont réunis solennellement pour leur décerner des couronnes; ceux qui, le lustre et l'appui des écoles publiques, ont formé de bons élèves; ceux enfin de qui les écrits ont contribué aux progrès des sciences, n'eussent-ils jeté sur leur pays qu'un éclat passager.!

Tels sont les hommes recommandables dont nous désirons consacrer ici la mémoire, et que nous voudrions être en état de louer dignement.

Les conservateurs des lettres auront donc leur place au premier chapitre; les zélateurs des talens auront la leur au second; les fondateurs de l'enseignement et les bons professeurs, au troisième; et nous consacrerons le quatrième aux écrits publiés dans l'intérêt des sciences,

CHAPITRE PREMIER.

CONSERVATION DES LETTRES.

§ I.er

MONASTÈRES.

Personne n'ignore tout ce que les ordres religieux ont fait pour nos annales et pour les sciences, tant le silence du cloître est favorable à la méditation, aux recherches abstraites, aux labeurs de longue haleine. Jetez les yeux sur les biographies, et comptez, s'il est possible, toutes les productions sorties des monastères ! « Ceux qui représentent le
« christianisme comme arrêtant le progrès des
« lumières, contredisent manifestement les
« témoignages historiques, que partout la civi-
« lisation a marché sur les pas de l'Évangile,
« au contraire des religions de Mahomet, de
« Brama et de Confucius, qui ont borné les

« progrès de la société, et forcé l'homme à
« vieillir dans son enfance. »

Notre histoire n'offre pas de plus anciens littérateurs, dans la partie méridionale de la Séquanie qu'embrasse notre département, que les fondateurs de la vie solitaire et cénobitique. Isernore (*intra Galliam Sequanorum*) donna le jour à saint Romain, à saint Lupicin et à saint Eugende. A l'âge où ils commençoient à sentir le prix de la vie et à se connoître eux-mêmes, ces jeunes sages virent leur pays tout à coup occupé par les Bourguignons. Gondicaire, en 427, venoit de se répandre dans le Bugey et dans la Bresse. Quel lieu pouvoit alors servir d'abri à l'étude? les déserts les plus arides, les réduits les plus inaccessibles, le sol le moins fait pour tenter l'avidité des vainqueurs. Les Muses, effrayées du bruit des bataillons, du cri des hordes sauvages, s'exilèrent des bords inspirateurs de la Saône et du Rhône (1), et prirent leur essor vers les cîmes glacées mais tranquilles de la Séquanie. Le feu allégorique de Prométhée fut bien allumé sur le Caucase!

---

(1) Romain étoit au collége de l'abbaye d'Ainay, situé au confluent de ces deux fleuves, où avoit existé le temple d'Auguste et une académie célèbre.

Eugende ou saint Oyen avoit fait de grands progrès dans ses études sous la direction de saint Romain : la légende le dit auteur, et l'on sait qu'il a existé un recueil de ses épîtres dont plusieurs rouloient sur la littérature. Il unissoit la modestie aux lumières comme les vrais savans, et portoit si loin l'esprit d'humilité qu'il ne voulut point être élevé à la dignité sacerdotale. Eugende avoit fondé à Condat, qui prit son nom, un collége où Viventiole, un de ses religieux qui fut depuis évêque de Lyon, professa les bonnes lettres.

Viventiole jouissoit dans l'église d'une si haute estime, que l'on tenoit à honneur infini de recevoir de ses épîtres : on rapporte qu'il suffit à l'illustre Siagria, si connue à Lyon par ses charités extraordinaires, de baiser une lettre écrite de la main de ce saint personnage, pour être guérie d'une maladie qui faisoit désespérer de sa conservation.

Après Viventiole, nul ne se montra plus zélé conservateur des lumières parmi tous ses successeurs au siége abbatial du mont Jura, que saint Claude, l'un des plus célèbres évêques qui aient gouverné le diocèse de Besançon (1). Il

(1) Il étoit né à Salins en 597.

usa de tout l'ascendant qu'il avoit gagné sur l'esprit des religieux de Condat pour leur inspirer le goût des bonnes études alors négligées dans toute l'Europe : *exortum est in tenebris lumen rectis.* Parvenu ou plutôt poussé malgré lui à l'épiscopat, Claude déploya encore un plus beau caractère en développant ses vues généreuses, puisqu'il s'appliqua à faire revivre les sciences et les vertus des premiers temps du christianisme.

Que Mannon ait été abbé de Saint-Claude, sa patrie, ou seulement prévôt (c'est-à-dire grand prieur), peu importe : ce qu'il y a de certain, c'est que ce sujet recommandable, dont le nom s'est conservé dans celui de la commune de Prémanon, ayant échappé à toutes les biographies, mérite que nous le fassions mieux connoître. Il étoit moine à Saint-Oyen-de-Joux et chargé de l'enseignement, lorsqu'il en fut tiré par Charles-le-Chauve qui, instruit de son rare mérite, le nomma président et modérateur de l'école du palais, appelée depuis école palatine. C'étoit un lieu d'exercice pour toutes les parties des connoissances et de la sagesse. Mannon étoit digne d'y succéder au célèbre Alcuin et au savant Érigène : les élèves qu'il forma lui font honneur ; plusieurs furent décorés de la mître, entre autres Radbod, Etienne et Francon. Après avoir enseigné pendant plusieurs années dans le palais des rois, Mannon revint au monastère de Condat où il mourut, laissant une grande réputation de savoir et de piété :

> « Jadis l'Olympe et le Parnasse
> « Étoient frères et bons amis. »

Cette retraite de la cour qu'il quitta les mains vides, pour revenir dans sa chère solitude, suffiroit pour donner une haute idée de son caractère. Le dernier des gouverneurs de l'école palatine dont le souvenir soit à conserver, Mannon traduisit et commenta quelques ouvrages d'Aristote qui, depuis fort longtemps, étoit l'auteur favori des écoles et des monastères : un des manuscrits des archives de l'abbaye qui porte en tête ces mots *Liber sancti Eugendi* est le traité de l'ame par ce philosophe grec, traduit en latin.

Le chapitre de Saint-Claude possédoit soixante-douze manuscrits précieux, parmi lesquels le P. Mabillon avoit remarqué une *Bible* qu'il estimoit être du huitième siècle ; et Dom Martene, un *Commentaire sur les épîtres de saint Paul*, adressé par Eucher, évêque de

Lyon en 441, à Véranus son fils, et transcrit sous le titre de *Liber Ascherii ad altare sancti Eugendi oblatus*. A la suite de ce commentaire se trouve la relation du martyre de la légion thébaine. C'est par erreur que l'on attribueroit à cette écriture un millier d'années, puisqu'elle est tracée en gothique et avec abréviations.

Du nombre des mêmes ouvrages il en est un beaucoup plus ancien, c'est un *Commentaire sur les évangiles de saint Luc*, dédié au vénérable Bède par un auteur anonyme, *reverentissimo patri et consacerdoti Bedâ presbytero*. Or, le vénérable Bède, né en 673, étoit mort en 735 : aussi le volume est-il écrit en lettres onciales et romaines.

Enfin, un autre manuscrit sorti de ce monastère se fait aussi distinguer par la netteté de ses caractères gothiques, c'est le *Bréviaire* écrit de la main de Pierre de Chaumont, par les ordres de l'abbé Humbert, et précédé d'une relation des miracles de saint Claude. L'exécution de cet ouvrage doit se rapporter au temps d'Humbert de Buenc qui gouvernoit l'abbaye de Saint-Claude en 1234 et 1255. « L'institution
« du bréviaire n'est pas ancienne, dit l'auteur
« du dictionnaire des mœurs, usages et cou-
« tumes des Français ; comme on y avoit in-

« séré des vies de saints dont les faits n'étoient
« point avérés, un décret du concile de Trente
« en ordonna la réforme. »

Au village de Saint-Lupicin réputé par le monastère qu'y avoit fondé, au cinquième siècle, sous le nom de Lauconne, le frère de saint Romain, on a long-temps conservé le livre de l'*Apocalypse*, écrit en lettres onciales d'argent sur un fond couleur pourpre. La couverture en étoit d'ivoire ciselé : l'artiste y avoit représenté en bas-relief la vie et la passion de Jésus-Christ. Ceux qui ont examiné cet objet précieux ont prétendu qu'il avoit environ mille ans.

Cette supputation feroit concorder l'origine de ce manuscrit au temps où a vécu le célèbre Adson, né aux environs de Condat, vers le commencement du dixième siècle. Il avoit composé pour la reine Gerberge, épouse de Louis d'Outremer, un *Traité de l'Antechrist*. Le luxe tout royal et l'objet de ce livre semblent appuyer notre conjecture. Hermérius ou Henricus Adson, quoique né près des monastères de Lauconne et de Condat, fit pourtant ses études à l'abbaye de Luxeuil qui possédoit alors une fameuse école, et dont il devint prieur et ensuite abbé. Son mérite relevé fut pour lui une source de distinctions flatteuses : les souverains ne dédaignèrent pas, en des conjonctures importantes, de recourir à ses lumières, et plusieurs évêques le chargèrent d'organiser des écoles dans leurs diocèses. Adson, comme amateur des belles-lettres, devoit aussi être bibliophile, et il le fut en effet. Aujourd'hui quelques volumes ne font pas une bibliothèque ; mais quelques volumes, à cette époque, étoient un trésor. On voyoit dans celle de notre compatriote : la *Rhétorique de Cicéron*, les *Commentaires de Servius sur Virgile,* une explication des *Églogues* et des *Géorgiques*, deux *comédies de Térence* et deux *Glossaires latins*. Il composa lui-même divers ouvrages dont une partie n'est pas arrivée jusqu'à nous, et dont les autres sont la vie de saint Mansuet, premier évêque de Toul, et celle de saint Valbert, troisième abbé de Luxeuil, à laquelle est réunie l'histoire de cette abbaye. Adson mourut en 992, dans un voyage entrepris, à la suite du comte d'Arcy, pour visiter les saints lieux.

Saint Odon, qui fut abbé de Baume, où il étoit venu se cloîtrer en 909, à l'âge de trente ans, s'étoit occupé de bibliographie. C'est dans sa recherche des meilleurs ascétiques, qu'un exemplaire de la vie de saint Benoît d'Aniane lui tomba sous la main, et que la lecture de ce livre lui fit comprendre combien il étoit encore éloigné de la perfection à laquelle il aspiroit. C'est aussi dès ce moment qu'il songea à passer de l'institut des chanoines à l'état monastique, résolution qui l'amena à Baume. Il n'eut pas plutôt achevé son noviciat, qu'il fut établi maître des novices mêmes, et chargé des soins qui regardoient leurs études. Turpion, évêque de Limoges, vint en 926 l'ordonner prêtre, et c'est à ce prélat qu'Odon dédia les trois livres *des prêtres et de la prêtrise suivant la prédiction de Jérémie*, que nous avons encore parmi ses autres ouvrages, sous le titre de *Conférences* ou d'*Occupations*.

Les religieux, les religieuses mêmes transcrivoient les chartes essentielles, et préparoient ainsi des matériaux pour l'histoire. On aime à voir en 1288 Mahaut de Bourgogne, abbesse de Château-Châlon, transcrivant, d'une main pure et élégante, les titres de son monastère. « Et que l'on ne soit pas étonné, observe
« M. le Riche, dans son mémoire pour cette
« abbaye, de voir une abbesse lire et collation-
« ner un diplôme latin, on exigeoit des reli-
« gieuses, au douzième siècle, qu'elles ap-
« prissent la langue latine qui avoit cessé d'être
« vulgaire : cet usage dura jusqu'au quator-
« zième siècle, et n'auroit jamais dû finir. »

Ce n'est pas rester oisif dans sa cellule, que d'employer son temps, nous ne disons pas à écrire la vie de faux thaumaturges, ni à fabriquer des actes, comme il est arrivé quelquefois, mais à écrire des histoires véritables, ou à rassembler des documens pour nos annales : et c'est sous ce rapport surtout que nous regretterions aujourd'hui le couvent de Balerne, si ses religieux eussent toujours occupé leurs loisirs comme les Simon Friand et les Jules Chifflet, leurs abbés, dont le premier a laissé des mémoires sur ce qui s'est passé de son temps sous les règnes de Charles-le-Hardi et de l'empereur Maximilien, et dont l'autre, mort en 1676, est auteur d'une foule d'ouvrages.

Les trois derniers abbés de Rosières, Philibert Charton, Beaudoin Moreau et Joseph Besançon, s'étoient fort distingués dans leur ordre : on conservoit de ce dernier quelques manuscrits sur des matières théologiques, qui ont été dispersés dans la révolution.

Il ne faut pas, en écrivant l'histoire de la province, mépriser certaines légendes : elles ont quelquefois servi à fixer des époques, à rappeler des personnages marquans, à perpétuer la mémoire d'ames vertueuses et bienfaisantes du pays ; elles servent même à faire connoître l'esprit et les mœurs de différentes époques (1). A tout examiner, il n'est pas de plus médiocre production qui n'ait son grain d'utilité : il ne faut qu'avoir le courage de tout lire et le désir d'en profiter ! Puisse la nôtre être de ce nombre !

§ II.

BIBLIOTHÈQUES.

Les châteaux, comme les couvens, nous ont conservé d'intéressans écrits, lorsque leurs possesseurs mettoient autant de gloire à savoir lire qu'à savoir se battre. Charles de Poupet, qui est mort en 1529 et de qui nous parlerons au chapitre suivant, avoit formé, dans son château de la Chaux-sur-Champagny, une bi-

(1) Telles sont les relations des miracles de saint Aquilin, de saint Taurin, etc. que possède en manuscrit M. Gilbert Devaux, à Vogna ; telle est la vie de Louise de Jésus, prieure des Carmélites de Dole, par Jeanne Béreur, sa parente, morte en 1657 ; telle est aussi la vie de la bienheureuse Thoulier, par Marie-Claudine Caseau, sa compagne d'office ; telle est même enfin l'histoire miraculeuse de N. D. d'Onoz, par le P. Rom. Joly, en 1757, sans compter plusieurs autres productions aussi obscures qui ne méritoient pas l'impression, mais qu'il est bon de conserver.

bliothèque très-riche pour le temps, d'où l'on a tiré les *Mémoires d'Olivier de la Marche*, et la *Chronique anonyme de Flandres*, pour les livrer à l'impression.

Les princes de Châlon mais surtout Philiberte de Luxembourg, mère du fameux Philibert de Châlon prince d'Orange, avoient à Nozeroy, pour charmer leurs loisirs en se formant l'esprit et le cœur, une bibliothèque ou, comme on disoit alors, une *librairie*. On y voyoit des ouvrages dont l'énumération pique la curiosité, et que l'on ne trouvera peut-être pas de trop ici : nous l'avons relevée d'un inventaire fait en 1553. Les livres étoient au nombre de cent vingt : les uns couverts de drap d'or et enrichis de perles ; les autres, de velours cramoisi ou de satin vert ; les plus communs, de cuir tanné ; la plupart en parchemin, manuscrits, historiés et ornés de miniatures.

La création du monde, la mer des histoires, les histoires romaines de H. Romain, les commentaires de J. César, la tierce décade de T. Live, les six âges du monde, d'Orose, imprimés en 1491 ; *le mémoire de la geste des trois rois ; les chroniques* de Monstrelet ; les quatre livres de Froissard ; *la première guerre du roi*

Philippe d'Autriche; *les chroniques d'Angleterre*; *les cas des nobles malheureux hommes et femmes*, de Boccace, traduits par L. Pommier en 1409; *le roi Arthus II*, mort en 1458, composoient la partie la plus importante de la bibliothèque. Venoient ensuite les romans et la poésie, tels que *les neuf preux*, *Lancelot du Lac*, le VII.ᵉ livre d'*Amadis*, *Robert le diable*, *le roman de la rose*, *les cent nouvelles*, *Jeanne Friquette*, *le conte des histoires*, *la cité des dames*, *les aventures merveilleuses des rois, princes et chevaliers*, de Bruth; *le triomphe des dames*, de Rodrigue, traduit par Vasquenade; *la toison d'or*, *Apollo* et *le recueil des histoires de Troie*, d'Homère. On voyoit à côté *le jardin de plaisance et fleur de rhétorique*, *la danse des aveugles*, et *l'homme pécheur*, naguères joué en la ville de Tours, imprimé en 1508. On passoit de là aux œuvres philosophiques, savoir : *les moralités et jeux du peuple*, particulièrement *des échecs*, de 1438; *les bonnes mœurs*, de Jacques Legrand; *le pélérinage de la vie humaine*, *le songe du berger*, imprimé en 1488; *le Peregrin*, de Ph. de Maizière; *l'horloge de sapience*. Puis on arrivoit aux ouvrages de dévotion qui, comme on pense bien, n'y manquoient pas : outre le missel, le bréviaire et les psautiers il y avoit *la légende dorée, l'exposition de la Bible, les histoires de sapience, le nouveau Testament, la créature de Dieu, le pèlerinage de l'ame, le mireur de la rédemption, l'aiguillon de crainte, le trésor de l'âme et les quatre choses dernières.* L'administration et l'économie y tenoient aussi leur place, tel que le *rustiquam des profits champêtres et ruraux*, *le propriétaire des choses* de Jean Corbiron, en 1372; le *modus et ratio* à l'usage du chasseur, et enfin *le grand calendrier des bergers.*

Cette bibliothèque fut transférée de Nozeroy à Châtel-Guyon, près de Salins; puis de Châtel-Guyon à Saint-Agne, pendant les guerres qui affligeoient le pays depuis 1553, afin qu'elle fût en sureté; mais par la suite des temps, les français ayant mis le siége devant le fort Saint-Agne et s'en étant emparés en 1636; il est très-probable que tous ces livres auront été transportés à Paris, et qu'on les aura distribués entre les bibliothèques royales.

Jacques Coytier, de Poligny, médecin de Louis XI, légua sa bibliothèque au chapitre de cette ville. On ne sait en quoi elle consistoit; mais si elle étoit proportionnée à l'opulence de ce célèbre suppôt d'Hypocrate, elle devoit être riche. On rapporte que pendant une maladie du Roi, qui ne dura pas un an, Coytier s'étoit fait donner, par forme de gratification, près de 98,000 écus. Une telle rapacité lui suscita beaucoup d'ennemis à la cour; mais l'ascendant singulier qu'il prit sur son malade prévint continuellement l'effet des accusations dont on le chargeoit. Il sembloit au superstitieux tyran que le savoir du docteur fût en quelque sorte aussi magique que celui de Médée rajeunissant le vieil Eson, et que son existence en dépendît. En effet, Coytier lui avoit dit quelquefois : « Je sais bien que vous ferez de moi comme de « vos autres serviteurs, que vous me renverrez; « mais, ajoutoit-il en proférant un certain « jurement, vous ne vivrez pas huit jours « après! » A la fin, rassasié de biens et las de lutter contre les courtisans, le docteur fit comme ce pauvre rat de La Fontaine, qui

« Dans un fromage de Hollande
« Se retira loin du tracas. »

Il avoit fait graver sur la porte de son hôtel un abricotier, avec ces mots faisant allusion à son nom et à son nouvel état : *A l'abri Cotier.* cependant cet arbre ne le mit pas long-temps à l'abri; dès que Louis XI fut expiré, son ancien médecin fut recherché pour ses exactions, et il ne se tira d'affaire qu'en restituant à la couronne cinquante mille écus. Ce Franc-Comtois n'est pas celui qui nous fait le plus d'honneur, aussi ne le citons-nous qu'à cause du legs de ses livres à une bibliothèque de la province où ils n'ont pas été inutiles.

Philibert Poissenot, de Jouhe, religieux de la congrégation de Cluny, docteur en droit et principal au collége de Saint-Jérôme à Dole, avoit rapporté de ses voyages d'Allemagne et d'Italie un grand nombre de manuscrits précieux dont il enrichit la bibliothèque de ce collége. Pourvu de riches bénéfices par l'empereur Charles-Quint, il en employa les revenus à soutenir les jeunes gens qui annonçoient des dispositions pour l'étude, et à leur faciliter l'entrée de la carrière à laquelle ils se destinoient. C'est à Poissenot qu'on est redevable de la publication de l'histoire de Guillaume de Tyr, qu'il fit imprimer à Bâle en 1549, sous le titre : *Historia belli sacri christiani in Palestinâ et in Oriente gesti.*

Un seigneur de Choisey, Pierre-Jos.-Désiré Richardot, mort à Dole en 1786, avoit légué par son testament six mille francs à la bibliothèque de cette ville, pour l'augmenter et pour l'ouvrir aux amateurs.

Le 16 décembre 1741, Jacques-François d'Angeville, dont nous avons relevé ailleurs les vertus et la bienfaisance, légua à l'évêque de Saint-Claude et à ses successeurs, sa bibliothèque composée de trois mille cinq cents volumes et de plusieurs manuscrits précieux, à condition qu'elle seroit rendue publique. Ce nombre de volumes fait sentir toute la différence des temps écoulés depuis Adson jusqu'à d'Angeville!

§ III.

TYPOGRAPHIE.

Nous laisserions trop incomplet ce premier chapitre, si nous négligions d'y signaler comme une des causes qui ont sauvé la littérature et les sciences du naufrage des temps, l'invention de Guttemberg. « Plusieurs écrivains « ont remarqué, dit M. Brillat-Savarin, cette « heureuse coïncidence de la découverte de « l'imprimerie avec l'émigration des lettres « grecques en Occident. L'imprimerie fut « inventée à l'époque précise où elle étoit le « plus nécessaire, et sans doute parce qu'elle « l'étoit. En effet, ces prétendus hasards qui

« ont fait trouver tant de choses admirables,
« n'étoient presque toujours qu'une réponse
« aux besoins et à l'activité de l'esprit humain,
« tourné plus particulièrement sur un objet. La
« bulle du pape Nicolas V, en faveur du roi de
« Chypre, est le plus ancien monument connu
« de l'imprimerie, et se rapporte à l'année de
« la prise de Constantinople. »

Le poète Molinet que l'on a cru long-temps notre compatriote, célèbre la découverte de la typographie comme l'une des merveilles dont il a été témoin, et sous le rapport de son utilité la plus pressante :

> « J'ai veu grand' multitude
> « De livres imprimés,
> « Pour tirer en étude
> « Pauvres mal argentés.
> « Par ces nouvelles modes,
> « Aura maint écolier
> « Décrets, bibles et codes,
> « Sans grand argent bailler. »

Quels ont été les premiers imprimeurs de notre département ?

Jean Desprels (*Joannes de Pratis*) étoit de Salins, dit M. Vernier d'Usies, car on trouve une famille de ce nom établie dans cette ville au quinzième siècle, et ce nom de Desprels y existe encore à présent. Il fut le premier de la Franche-Comté qui, secondé par quelques honnêtes citoyens que l'archevêque Ch. de Neuchâtel, appelle *viri conspicui*, y dressa une presse peu de temps après l'introduction de cet art en France. Un missel à l'usage de l'église de Besançon, chef-d'œuvre de typographie, fut imprimé à Salins en 1485 par les soins de ce compatriote recommandable qui étoit associé à Benoît Bigot et à Cl. Baudrand (1). Expulsé de la province, il se retira de Salins à Lyon et de Lyon à Paris, où les millésimes apposés à ses éditions témoignent qu'il demeuroit en 1497 et 1501. L'imprimerie étoit alors ambulante dans le royaume. Toutes les œuvres sorties des presses de Desprels sont devenues excessivement rares; et l'on chercheroit en vain dans le pays des livres plus anciennement imprimés que le missel dont il vient d'être question.

Le père Laire nomme, après ce Salinois, un

---

(1) Claude Baudrand paroît être un des ancêtres de M. le maréchal de camp Baudrand, directeur du génie au ministère de la guerre, inspecteur général de l'arme du génie, décoré de plusieurs ordres en récompense de ses honorables services. C'est par erreur que nous n'avons pas compris ce général au nombre de ceux qui sont mentionnés dans le chapitre de la gloire militaire : on le croit bisontin, tandis qu'il est né à Arbois de parens originaires de cette ville.

autre compatriote estimable qui, vers la même époque, avoit formé un semblable établissement à Dole ; c'est Comtet ou Cointet qu'il croit originaire des environs de cette ville, où ce nom est encore existant. Les presses de ce typographe y furent employées de 1489 à 1492 ; mais dès-lors il y eut interruption, et il n'en reparut qu'en 1587, avec Poivre et Ravillot.

Jean de Cirey, qui étoit abbé général de Citeaux en 1476, et qui mourut en 1503, avoit fait monter une imprimerie à Balerne, abbaye qui dépendoit de son obéissance ; et c'est une nouvelle preuve qu'il y avoit autrefois des savans dans ce monastère.

L'art typographique perdit beaucoup de sa pureté originelle, par suite de la concurrence ; et dès-lors ne se releva pas également partout : il a fait des progrès fort lents dans notre province, jusqu'à l'arrivée de MM. Prudont et Joly à Dole, qui l'ont porté au point de perfection dont il paroît susceptible, eu égard à une distance aussi grande de la capitale. M. J. B. Joly joint à cet honneur celui d'avoir créé un journal consacré à répandre le goût des arts et des sciences, à réunir des documens pour l'histoire, et à populariser les découvertes utiles.

MM. Jean-Baptiste et Léandre Gauthier, frères, de Lons-le-Saunier, établis à Besançon et à Paris, ont introduit dans notre province la fonderie en caractères mobiles en 1824, et le nouveau procédé stéréotype en 1827.

CHAPITRE SECOND.

PROTECTEURS DES TALENS.

Au XVIe *Siècle.*

Dès qu'il s'agit d'émulation, le nom de Philibert de la Baume se présente sous notre plume. Jean Millet, littérateur de Saint-Amour, fut un de ses protégés ; la tradition n'a pas appris le nom des autres.

Charles de Poupet est le second Mécène que nous offrent les temps modernes. Dès l'âge de vingt-cinq ans, il fut chambellan et premier sommelier du roi de France, emploi dont il jouit ensuite à la cour de Madrid. Membre de la régence établie en Flandre pendant la minorité de Charles, associé à celle de Castille, il est beaucoup question de lui dans les histoires de cette époque, sous le titre d'ambassadeur à Rome et à Cambray en 1529. De cette dernière ville, il revint dans sa patrie, où il expira peu de temps après. Dunod fait un bel éloge de Poupet, lorsqu'il dit que ce seigneur étoit un chevalier accompli, également propre à la guerre, à la cour, aux négociations; qu'il aima les lettres; qu'il les cultiva; qu'il forma une bibliothèque ample et choisie; qu'enfin il recommanda en mourant à ses fils *de s'appliquer aux sciences, et d'honorer ceux qui en faisoient profession.* Ce fut sans doute par suite de ce principe libéral qu'il avoit voulu contribuer de tout son pouvoir à l'élévation d'Adrien Florent sur le siége de Saint-Pierre en 1522. Fils d'un tiserrand ou d'un brasseur de bierre ou d'un menuisier d'Utrect, Adrien étoit né avec de rares dispositions : on le plaça dans une maison d'enseignement gratuit, et il répondit à ces soins d'une manière si brillante, que Marguerite d'Angleterre, sœur d'Edouard IV et veuve de Charles-le-Téméraire, veilla dès-lors à son avancement. Maximilien I.er le choisit pour précepteur de son petit-fils Charles-Quint. C'est dans ce poste que notre compatriote fut à portée de connoître Florent. Il admira sans doute en lui la même cause de distinction qui avoit élevé la famille de Poupet; car Jean Fruin, son grand-oncle, archevêque de Besançon, conseiller du duc Philippe et l'un de ses ambassadeurs au concile de Bâle, avoit, disent les manuscrits, commencé sa carrière dans l'église par être enfant de chœur à Poligny. Quoiqu'il en soit, les leçons remarquables que Charles de Poupet a données à ses enfans, au lit de mort, ne furent point négligées : ils héritèrent de lui ses heureuses inclinations.

Jean de Poupet qu'il avoit eu de son union avec Philiberte de la Baume-Saint-Amour, gentilhomme de la chambre de Charles-Quint, chevalier d'Alcantara et de l'Annonciade, fut lettré, aimable et bienfaisant comme Charles son père. On reconnoît dans son mariage avec Antoinette de Montmartin, sa passion pour les lettres. Cette dame qui, en 1553, mourut à Bruxelles, à l'âge de 29 ans, fut encensée par les poètes de la cour des Pays-Bas et par ceux du comté de Bourgogne, qui ont dit d'elle :

Ingenio Pallas, corpore Cypris erat (1).

Outre sa langue naturelle qu'elle parloit très-

---

(1) On a ressuscité cette ingénieuse pensée en faveur de madame du Bocage :

Formâ Venus, arte Minerva.

purement, elle possédoit l'italien, l'allemand et le dialecte de la Flandre.

L'autre fils de Charles de Poupet étoit Guillaume, plus renommé que le précédent par son amour pour les sciences. Gilbert Cousin le proclame son Mécène et celui de toute la province : il le qualifie *magnificus et excellens antistes*. Abbé de Baume (de 1526 à 1579 environ), il en fit en 1563 reconstruire le monastère et l'église qui avoient été ravagés par un incendie. On y voyoit son portrait dans un tableau votif; mais Jean de Watteville a fait substituer son visage à celui de Guillaume de Poupet, de sorte que ce n'est plus que le portrait de Watteville. Les armes de la maison de Poupet, que l'on a oublié d'effacer, restent encore pour attester ce nouveau tour ou ce nouveau genre de supercherie.

Vers le même temps, Odet de Coligny, frère de l'amiral, qui tiroit son origine de deux lieux franc-comtois, situés à l'extrême frontière; vers le même temps, disons-nous, Odet de Coligny, archevêque de Toulouse, employoit une partie de ses bénéfices et tout son crédit à aider les jeunes gens qui s'adonnoient à la culture des sciences et des bonnes lettres. Il est fâcheux que ce prélat devenu évêque de Beauvais, ayant été rayé de la liste des cardinaux par suite de son adoption de la réforme de Calvin, et s'étant marié afin de rendre sa profession de foi plus éclatante, ait ainsi terminé une carrière qu'il avoit si dignement commencée. Sa femme osa se présenter à la cour, ou plutôt on osa l'y recevoir : on l'y appeloit *madame la cardinale*, *madame la comtesse de Beauvais*. Après la bataille de Saint-Denis, l'ex-cardinal se retira en Angleterre où il fut accueilli par la reine Elisabeth. Il rentroit en France, après la pacification de 1570, lorsqu'il périt empoisonné par son valet de chambre, le 14 février 1571.

Au XVIIe *Siècle.*

De ce dernier période de temps à celui que nous aurons à parcourir, nous sommes obligés de franchir une grande lacune. Mais la raison en est bien plausible : c'est que le dix-septième siècle, tout de gloire pour la France, fut tout de misère pour le comté de Bourgogne. C'est une vérité devenue triviale et qu'il faut pourtant bien reproduire quand on y est forcé, que les muses n'aiment pas dans leur séjour le cliquetis des armes. A cette époque, elles fuyoient avec horreur nos champs dévastés par la flamme, infectés par la peste, épuisés par la famine. Dans ces momens d'infortune et de trouble, si par hasard quelque sorte d'éloquence parvint à se faire entendre, ce ne dut être que dans les camps ou dans les conseils ; parce que l'esprit se portoit alors aux besoins les plus urgens, la défense et la politique : l'exaspération enfante l'héroïsme, et le désir du rétablissement de l'ordre exerce la diplomatie. Le moraliste ne pense guères à nourrir les ames de beaux discours, quand les estomacs réclament un autre aliment ; le poète, à distraire, par les accords de sa lyre, des oreilles qui ne sont frappées que de cris plaintifs ; le peintre, à charmer des yeux qui ne rencontrent plus que des tableaux de mort ; le savant, à s'enfoncer dans ses méditations pour faire faire quelques pas de plus aux connoissances humaines, au milieu d'une préoccupation générale qui rend insensible à tout ; et le mal-adroit Pollion qui seroit suscité du sein de ces calamités pour encourager les enfans de Minerve, seroit le moins généreux des hommes. Non-seulement il seroit vu avec pitié, mais il soulèveroit peut-être, contre lui, l'animadversion générale, parce que, pour l'être souffrant, le premier bienfait c'est le remède; pour le pauvre, c'est le pain; pour le guerrier fatigué, c'est la paix; et tout ce qui n'est pas secours de première nécessité est une sorte d'insulte faite au malheur.

Sous un ciel calme et serein, les beaux arts deviennent la chose du monde la plus importante; sous une domination inquiète et agitée, c'est la chose la plus futile. Soyons donc peu surpris de voir la Franche-Comté si fort en retard sous le rapport de la littérature. Naturalisée française, elle eut, au commencement, des pertes à réparer; il fallut de nouveau rebâtir les villes, les villages; engraisser à la longue les terres amaigries par leur abandon; remplir ses greniers, ses caves, ses ateliers, ses magasins, et les rouvrir au commerce. La médiocrité fut long-temps pour nous l'état le plus prospère, et l'abondance ne reparut que vers le milieu du dix-huitième siècle. Cependant les muses impatientes n'attendirent pas jusque-là pour se remontrer. Les beaux arts étoient de retour dès les premières années de cette restauration franc-comtoise; et même quelques savans, quelques artistes, nés tout justement pour empêcher la prescription, étoient allés briller sur un théâtre étranger. Mais nous ne nous sommes proposé, dans ce paragraphe, que d'indiquer les Jurassiens estimables qui ont donné l'impulsion ; et c'est à ces concitoyens si chers aux partisans des lumières que nous revenons enfin.

Au XVIII.ᵉ siècle.

Jos. Ign. Fr. Froissard marquis de Broissia avoit été chevalier d'honneur au parlement de Besançon et lieutenant-colonel de cavalerie, mais ce n'est pas son titre à la reconnoissance. Il fit mieux, il se déclara le protecteur des artistes de sa patrie. Le frère Attiret, vers l'an 1720, dut en particulier aux encouragemens et à la libéralité de ce dolois, sa haute réputation, car M. de Broissia le mit à même de perfectionner, à l'école de Rome, son talent pour la peinture.

Avant de passer à la fondation de l'académie bisontine, que sollicita un de nos compatriotes les plus dignes de mémoire, quoique l'ordre chronologique amène ce sujet sous notre main, nous croyons devoir rappeler ici celui d'entre eux qui, recommandable par une plus grande diversité de mérite, a fixé le dernier l'attention des contemporains. On sait que la maison de M. le marquis de Marnézia étoit un lycée ouvert à tous les talens ; que le parc de St.-Julien étoit une véritable académie, excepté qu'au lieu d'y être un simple Académus, il y étoit un Platon. Ce n'est pas que nous veuillons insinuer qu'il eut pour disciples les Montesquieu, les Chamfort, les Dupaty, les Boufflers, les St.-Lambert, les Fontane, les Céruti, etc, qui y passèrent d'heureux jours, mais seulement qu'il y accueilloit les jeunes courtisans de la gloire. On a dit de lui qu'il fut l'ami de tous les hommes, et qu'il le fut particulièrement des savans et des littérateurs peu favorisés de la fortune : bel éloge que peu de personnes ne semblent avoir ambitionné après lui !

Madame Marie-Claudine de Nélancourt son épouse, pouvoit y figurer avec avantage : elle peignoit admirablement le portrait et le paysage ; et c'est à ce talent qu'elle dut, en des temps malheureux, ses moyens d'existence. Elle mourut à Londres en 1793 ; et l'un de ses fils en relevant sa mémoire, l'a dite auteur des *Lettres à Julie*.

Des riants jardins du château de St.-Julien partons maintenant pour une académie réelle ; et sans nous arrêter aux paradoxes que de puissantes autorités littéraires ont, dans un excès de misanthropie et presque toujours de mécontentement, élevés contre les institutions de cette nature, préférons le sentiment de ceux qui les regardent comme un centre d'activité pour l'étude des sciences, pour le progrès des arts, pour le mouvement de l'industrie; sentiment préférable en effet à l'opinion trop bizarre que les académies ne servent à rien, puisqu'elles ne forment pas autant d'immortels qu'elles reçoivent d'adeptes.

Lorsqu'en 1806, sous les auspices d'un Préfet du Doubs, l'académie de Besançon fut rétablie, après quinze ans d'interruption, son secrétaire perpétuel Dom Grappin retraça dans son discours les services qu'elles avoit rendus et les noms qui l'avoient le plus illustrée. Il ne craignit pas d'avouer qu'antérieurement à l'existence de la docte corporation, la Franche-Comté n'avoit guères produit, à l'exception de Dunod, que des analystes. Les Perrenot, les Rollin, les Gollut, les Lebrun, les St.-Mauris, les Mairet, les Dumonin avoient disparu. « Ainsi donc, s'écrie-t-il, les sciences, « les lettres et les arts étoient à peine cultivés « parmi nous, lorsqu'en 1752, l'académie « vint embellir notre horizon littéraire. Dès « sa naissance, elle enfanta des prodiges.

« L'émulation qu'elle répandit suscita jusque
« dans les campagnes des athlètes robustes
« qui se présentèrent avec succès dans l'arène. »

Nous ne voyons pas dans l'extrait de cette apologie, figurer au nombre des citoyens estimables qui imprimèrent le mouvement aux beaux arts, le nom qui devroit s'y montrer à leur tête, celui du fondateur et du premier secrétaire-perpétuel de la compagnie. L'honneur en est réellement acquis à Claude-François Boquet de Courbouzon, président à Mortier au parlement de Franche-Comté, né en 1682 à Lons-le-Saunier, mort à Besançon en 1762. Un magistrat porté avec un zèle si remarquable vers les travaux utiles, devoit être naturellement le Pollion des jeunes auteurs de la province : aussi lui en fait-on un second titre à notre vénération. M. de Courbouzon réunissoit en lui, dit dom Grappin, ce qui est le plus capable de plaire, une taille majestueuse, les grâces de la figure et les plus brillantes qualités de l'esprit. Son mérite bien apprecié le poussa sur la voie des députations à la cour, de la part de ses collègues, et c'est ainsi qu'il se trouva à portée de lier un commerce honorable avec l'illustre d'Aguesseau, qui le chargea de plusieurs commissions importantes. Parmi ses mémoires restés en portefeuille, chez M. quatrième de Vaudry-Ste.-Agnès son petit-fils, ceux qui mériteroient le plus d'être livrés à l'impression, seroient ses *Recherches sur l'histoire du parlement* et ses *Éloges des académiciens morts.* M. le Président étoit fort répandu dans la société; et pour concilier les devoirs de sa charge avec son goût pour l'étude, il donnoit aux lettres les premières heures de la journée, en se levant dès les cinq heures du matin, plan de vie dont il n'a jamais dévié jusqu'à la fin.

CHAPITRE TROISIÈME.

ENSEIGNEMENT.

Aperçu général.

Socrate ne chercha point, dit Xénophon, à se mêler d'administration dans sa patrie; il avoit de plus nobles fonctions à remplir. « En « formant de bons citoyens, disoit-il, j'ai « multiplié les services que je devois à mon « pays. »

Les universités, les colléges, non plus que les corporations, ne créent pas les grands hommes, il est vrai, c'est la nature qui les fait. Cependant une réunion de juges en matière scientifique, un professeur expérimenté peuvent modifier, d'une manière très-avantageuse, ce que le génie a quelquefois de rude et d'enclin aux écarts. Qui ne conviendra, par exemple, que le mérite d'un savant n'influe puissamment sur la jeunesse qui vient se ranger autour de sa chaire? qui ne sait que les bons élèves ne sont sortis en foule des écoles, que sous les bons maîtres; et que par conséquent des générations entières se sont ressenties des lumières répandues par un seul individu ? Au reste il ne s'agit pas ici de grands hommes, il ne s'agit que de Jurassiens recommandables qui, après avoir consumé leur vie patiente et laborieuse dans l'ennui de l'enseignement, avec plus de succès que tant d'autres, doivent pour le moins être comptés au nombre des hommes utiles.

§ I.er

UNIVERSITÉ.

L'UNIVERSITÉ fut d'abord établie à Gray sur la fin du treizième siècle; et c'est tandis que cette ville la possédoit, que fleurirent Hugues de Montmoret en 1305 et 1307; Michel de Chevrol en 1316; Jean de Nozeroy en 1322; et l'évêque Baubet en 1334, qui fut aussi chancelier de France sous le règne de Philippe de Valois. Ces noms précieux à la patrie ont tellement marqué dans les sciences de l'enseignement, que, malgré l'obscurité de ces temps à demi-barbares, ils sont parvenus jusqu'à nous. Transféré à Dole en 1421, pour les deux Bourgognes, le sanctuaire des sciences y jeta un nouvel éclat. La ville de Poligny qui l'obtint en 1483 par ordre de Louis XI, est une de celles qui ont le mieux mérité de cette illustre corporation : « Elle lui procura « par les soins de quelques-uns de ses conci- « toyens (Jean Fruin, Guillaume Bourrelier, « Humbert d'Orchamps), des professeurs étran- « gers qui lui donnèrent du lustre et de la « célébrité ; et elle lui fournit dans son pro- « pre sein, en moins de deux siècles et demi, « vingt-sept de ses plus doctes professeurs. »

Mercurin d'Arbois, plus connu sous le nom de Gatinare, plusieurs sujets de la famille des Boisset, et Jean de St.-Mauris, au seizième sciècle, avoient excellé dans les différentes chaires de notre université. On sait que les brillans succès obtenus par Gatinare dans le professorat du droit civil, furent la cause de son élévation à la magistrature suprême ; car ce jurisconsulte ayant voulu se retirer de l'université, avoit recueilli les certificats les plus honorables. Cette nomination causa une surprise désagréable aux signataires des attestations, parce qu'il y a de certaines gens qui, après avoir rendu hommage à la vérité, sont fâchées que cela serve à quelque chose.

Son contemporain et collègue Catilinet, cordelier de l'observance, eut des querelles avec le paradoxal Agrippa, professeur en théologie, qui, vers l'an 1509, attiroit presque tout le parlement à ses leçons. Agrippa, déjà accusé de magie par des gens qui n'étoient pas sorciers, laissa échapper quelques propositions peu orthodoxes que releva l'acerbe Catilinet; et celui-ci le pressa si vivement, et lui suscita tant d'ennemis, qu'il l'obligea de chercher sa tranquillité dans la fuite. Agrippa s'en alla mourir à Grenoble, plus pauvre que son antagoniste qui avoit fait vœu de pauvreté, mais plus célèbre que lui:

« De grands talens font toujours un grand nom,
« (*Disoit Rousseau*) mais beaucoup d'amis? non. »

Notre meilleur historien franc-comtois, Dunod de Charnage, né à Saint-Claude en 1679, mort à Besançon en 1752, fut professeur de droit à l'université, et il fait encore autorité dans les tribunaux.

M. J. B. Courvoisier, d'Arbois, étoit digne de succéder aux Saint-Mauris et aux Dunod, sans les faire oublier. Il fit ses études au sein de la même université où il devoit bientôt enseigner à son tour. Il semble qu'il ne soit allé lui demander des lumières que pour les lui rendre aussitôt, et qu'il n'ait fait par conséquent que les emprunter. Il fournissoit avec honneur la carrière du barreau, lorsque la chaire du droit français vint à vaquer: il concourut et l'obtint. Une physionomie heureuse, un organe agréable, un débit facile, une rare netteté dans les idées, étoient les moindres avantages qui contribuèrent à ses succès; personne ne possédoit à un plus haut degré l'art de rendre clairement les pensées les plus abstraites, et d'assujettir à une méthode rigoureuse les choses qui en sont le moins suceptibles. En 1791, l'université fut supprimée. Les événemens politiques fixèrent dès-lors toute l'attention de M. Courvoisier.

Il fut honorable pour M. Matthieu-Joseph Jacques, né en 1736 dans une ferme d'Arc-sous-Montenot, de cultivateurs nouvellement arrivés d'Esserval-Tartre, commune du Val de Miége, d'être le successeur du savant Bullet à l'université de Besançon. Il étoit doué d'une mémoire si riche et d'une aptitude si rare aux sciences, qu'il n'avoit presque pas de mérite à briller, si l'on juge de la valeur des connoissances acquises comme on fait du prix de la vertu que l'on n'admire jamais plus que lorsqu'elle coûte mille sacrifices. La première année de sa déportation, il composa une grammaire à l'usage des réfugiés dans la Suisse Allemande, et il possédoit si bien l'allemand qu'il étoit en état de réciter de mémoire et sans interruption tous les mots du dictionnaire, en quel endroit qu'on le mît, soit en continuant soit en rétrogradant. Il ne demandoit que huit jours pour réciter de même la Bible latine, d'un bout à l'autre. Ses œuvres imprimées traitent *de Deo et Trinitate, de Incarnatione, de Ecclesia*, etc.; les autres concernent la grammaire de plusieurs langues. Jacques, de qui le professorat fait époque, rendit aux étudians un service signalé, quand il introduisit l'usage de faire imprimer les cours au lieu de les dicter. Pendant son séjour à Lyon qui commença en 1810, et ne finit qu'avec sa vie le 16 février 1821, il avoit adopté une manière d'être assez singulière: il étoit vêtu d'une espèce d'anglaise tombant jusqu'à ses talons; se coiffoit d'un feutre à larges bords, et marchoit avec un bâton qui dépassoit le sommet de sa tête. Cette tenue de l'abbé Jacques rappelle la bizarrerie de celle du frère Jacques le lithotomiste, dont nous avons parlé ailleurs.

§ II.

ÉCOLES CENTRALES.

Le Bief-du-Fourg a vu naître l'abbé Jantet, savant mathématicien, qui savoit allier à la profondeur d'un vaste talent, tout le charme d'un bon caractère, et qui simple comme un enfant avoit traversé son siècle sans se douter peut-être que ce siècle fût corrompu. Peu soucieux de lui-même, il ne songeoit pas seulement à renouveler ses habits : un jour, une dame lui en fit faire un que l'on déposa, pendant qu'il dormoit, à la place de celui qu'il portoit depuis plusieurs années; le lendemain notre abbé l'endossa sans le remarquer, et il ne s'aperçut jamais de ce changement. Nul professeur ne fut plus chéri de ses élèves: il leur sacrifioit toute son existence; excitoit leur émulation par des prix, et prenoit sur ses modiques appointemens pour venir au secours de ceux qui manquoient de fortune. On eut beau le prévenir du déclin de sa santé;

n'écoutant que son zèle, sa tendresse pour ses jeunes amis, il ne voulut point suspendre le cours de ses leçons, et il fut enlevé aux sciences par un coup d'apoplexie, en 1805. On lit sur sa tombe au cimetière de Bregille de Besançon, « *A leur père et professeur bien-aimé, les élèves reconnoissans.* » On se propose de lui ériger à Dole un autre monument, et M. Besson s'occupe de son buste à cet effet.

L'an 1825 a vu mourir Louis-Fr.-Emm. Mermet, l'un de nos meilleurs philologues et de nos rhéteurs les plus réputés. Il étoit, à l'âge de vingt-un ans, d'une telle force en philosophie, qu'il eut à choisir entre quatre chaires qui lui furent offertes à la fois; l'amour de la patrie lui fit préférer celle de Saint-Claude à celles d'Avignon, de Lyon et d'Autun. On l'envoya ensuite professer les belles-lettres à l'école centrale de Bourg et au lycée de Moulins où il devint censeur des études. Entre autres ouvrages sortis de sa plume laborieuse, on doit distinguer ses *Leçons de belles-lettres pour servir de supplément aux principes de littérature de l'abbé Batteux*, car c'est ce livre surtout qui a fait la réputation de son auteur: il est devenu classique, et on le donne en prix dans les écoles. On remarque aussi parmi les autres un *Essai sur les moyens d'améliorer l'enseignement. — L'art du raisonnement présenté sous une nouvelle forme. — Le génie est-il au-dessus de toutes règles? — Pourquoi la littérature des nations modernes a-t-elle eu, pendant si long-temps, si peu d'influence sur l'esprit national? — L'émulation est-elle un bon moyen d'éducation? — Combien la critique amère est nuisible au progrès des talens,* etc., etc.

§ III.

AUTRES ÉCOLES.

Le collége de St. Jérôme à Dole où l'université (dont il étoit le premier membre) tenoit ses séances, avoit été fondé sur la fin du quinzième siècle, par dom Antoine de Roche, grand prieur de Cluny et prieur de Morteau, vénérable franc-comtois dont le souvenir ne doit jamais périr dans sa patrie. Non content de fournir les moyens de l'instruction, il voulut aussi donner l'exemple ; et il se dévoua, pendant la durée de trente ans, à la profession du droit canonique qui rentroit plus directement dans le cercle de ses connoissances. Cette école étoit en si haute réputation que les études y jouissoient, pour les grades, des mêmes priviléges que l'université.

Dole avoit encore, dès l'an 1400, un autre collége où les jésuites commencèrent à enseigner en 1580, et qui fut si fameux sous le nom de l'Arc, jusqu'à la suppression de leur ordre! MM. Léo. Dusillet et Garnier avoient jugé utile de le relever de nos jours ; et, sous leur administration, nous venons de voir s'organiser, en faveur de la classe ouvrière, une école gratuite des sciences appliquées aux arts, qui compte pour professeurs les notabilités savantes du pays.

Dom Boucherat, abbé de Citeaux, avoit autrefois fondé dans cette ville une maison pour les jeunes religieux de son ordre, comme Jean Courvoisier, Carrey et Lejeune, en 1617, avoient fait à Poligny pour l'ordre de l'oratoire dont ils faisoient partie.

Mlle Savourot établit en 1828, à Courte-Fontaine, une école normale destinée à former des instituteurs pour l'instruction primaire.

Mais revenons aux professeurs. Le Salinois Jacques Maire, auteur de huit poèmes épiques (c'est peut-être un peu trop), n'en fut pas moins une des plus brillantes lumières du collége de l'Arc : son mérite éminent le fit rechercher à Lyon et à Rome, où l'on applaudissoit à la fois le rhéteur et le poète. Il vécut de 1628 à 1694.

Le P. Vuillermet (Cl. Fr.), né à Champagnole en 1726, mort à Paris quelques années avant la révolution, étoit jésuite et l'un des plus instruits de son ordre, en France. Il enseignoit alors avec une rare distinction la rhétorique au collége de Louis-le-Grand. On a de ce philologue diverses pièces de littérature, entre autres une oraison funèbre du Duc de Bourgogne, et des comédies en vers latins.

P. Amable Poulain, du Bief-du-Fourg, né en 1730, mort en 1798 environ, vicaire général du diocèse de Lauzanne, mérite à son tour d'être mentionné parmi les bons professeurs en théologie qui ont siégé à l'académie de Besançon.

Il faut citer après lui un de ses collégues, Guillaume Quinçon, prêtre, né en 1736 à Lons-le-Saunier où il est mort en 1808. Les hellénistes et les hébraïsans sont assez peu communs pour que l'on nous pardonne de consigner ici le nom du dernier professeur de grec et d'hébreu qu'ait produit notre département.

Il fut à sa mort remplacé dans la chaire de rhétorique par M. l'abbé Vincent son compatriote, aujourd'hui chanoine honoraire du diocèse de Saint-Claude, qui a passé quarante ans de sa vie à former la jeunesse Jurassienne aux belles-lettres. Ils y avoient eux-mêmes succédé à l'abbé Magaud, de Beaufort, membre de la société littéraire-militaire de Besançon en 1758.

L'existence littéraire et scolastique de Joseph Donneux, d'Orgelet, est un phénomène trop intéressant pour ne point lui trouver de place ici : l'admiration et la pitié nous en font un agréable devoir. Aveuglé dès le berceau par une poule à laquelle on avoit dérobé ses poussins, ce jeune infortuné fut dédommagé de la perte de la lumière du jour par les lumières qui passèrent dans son esprit et par la tendresse de sa famille. Ses parens, ses amis lui firent des lectures dont il semble qu'il sut tout mettre à profit, car il étoit d'ailleurs si heureusement organisé, qu'il fut comme un champ propre à recevoir toutes les semences. Jugement, mémoire infaillible, netteté dans la conception, facilité dans le débit, on étoit tout surpris de trouver en cet aveugle des idées si lumineuses; et dans le fond il étoit moins surprenant de les trouver en lui que dans les autres à qui l'organe de la vue n'est qu'une source de distractions et une cause perpétuelle d'erreurs. Il fit de si rapides progrès dans l'art de penser et de bien dire, qu'il fut en état de professer la philosophie à vingt-cinq ans et la jurisprudence à quarante. Donneux s'adonnoit en même temps à la philologie ancienne, et il cultiva la muse de Santeuil ; mais il voulut sans doute que ses productions subissent le même sort que leur auteur : elles n'ont pas vu le jour.

CHAPITRE QUATRIÈME.

ÉCRITS SCIENTIFIQUES.

DIVISION DE CE CHAPITRE.

Sans revenir sur les écrits déjà signalés dans le cours de nos recherches, et même sans entrer dans un détail circonstancié au sujet de ceux que nous avons à signaler encore, nous sommes comme effrayés à la vue de notre nouvelle tâche. Fidelles au système que nous avons suivi jusqu'à ce moment pour la classification des matières, nous allons encore donner la préséance au plus haut degré d'utilité de services. Ainsi la médecine réunie à l'art chirurgical, que réclament nos premiers besoins, ouvriront le chapitre. Ensuite il nous semble que la science à laquelle l'ordre social a le plus d'obligation doit être celle qui maintient la sécurité du propriétaire, et force le dépositaire du pouvoir à tenir la balance égale : alors nous nommons la jurisprudence.

Nous oserons y ajouter, comme dérivant du même principe d'ordre, la diplomatie qui est la règle du droit public; la morale enseignée qui n'est qu'une législation mise à la portée de tous les lecteurs; et la science militaire considérée dans ses rapports avec la conservation des États qu'elle protége de sa formidable égide. La guerre n'étant, dans l'ordre naturel des choses, qu'un accident, nous n'avons pas dû lui accorder la première place, quelque noble qu'elle fût, et quelque fût aussi le rang des personnes qui s'y sont fait un nom.

De là nous passerons aux sciences physiques et naturelles, au moyen desquelles l'homme s'aide à tirer un meilleur parti des ressources que lui présentent les diverses localités; nous leur annexerons la géographie et la statistique, qui lui font découvrir les ressources de tous les climats.

La triple connoissance de l'histoire, de l'archéologie et des langues terminera le cercle que nous nous sommes proposé de parcourir.

Médecine et Chirurgie.

Il ne sera plus question de Jacques Coytier, de Jacques Beaulieu, du docteur Verney, de Girod et de plusieurs autres enfans d'Esculape; nous ne nous arrêterons même pas à Thomas Froissard, médecin de Philippe-le-Hardi; à Étienne Ydeley, de Port-Lesney, chapelain des pestiférés de Besançon, serviteur des affligés de Lyon et auteur des *Secrets souverains contre la peste;* à Louis Guyon sieur de la Nanche qui, dans le seizième siècle, avoit parcouru pour s'instruire la France, l'Espagne, l'Italie, l'Allemagne et les Pays-Bas, et qui publia le *Miroir de la beauté et de la santé corporelle*, longue énumération des difformités et des maladies du corps humain; à Jean Morisot, interprête des *aphorismes d'Hypocrate* et auteur de l'*Epitome des trois livres de Gallien*; à Claude-Antoine Bougaud qui, en 1721, répandit à profusion dans cette province son livre de la peste et de ses préservatifs, à l'époque où la peste de Marseille y faisoit naître de vives alarmes.

Jault, d'Orgelet, qui étoit né en 1700 et qui mourut en 1757, est plus connu comme traducteur de Sharp, d'Astruc, de Sydenham, de Floyer et de Combalusier. Plus laborieux et moins modeste, Cl. Jos. Normand, de Clairvaux, qui vivoit au commencement du même siècle, osa, dans une *Lettre à Levacher*, contester la nouvelle invention du principal instrument du frère Jacques; mais il se prenoit à plus dur que lui, comme le serpent de la fable attaquant une lime; et quiconque a pu rapprocher un instant la gloire de notre fameux lithotomiste de la médiocrité du médecin de Clairvaux, doit répéter aux envieux qui lui ressemblent, en parlant des chefs-d'œuvre d'autrui :

« Ils sont pour vous d'airain, d'acier, de diamant. »

Pourquoi faut-il qu'un foible pareil se retrouve dans des docteurs plus habiles? Claude-Antoine Lombard, chirurgien recommandable qui reçut le jour à Dole en 1741, n'en fut pas exempt. Ses démêlés avec les médecins et les chirurgiens les plus estimés de Strasbourg découvrirent toute l'irritabilité de son caractère; mais il faut convenir, a-t-on dit, qu'il avoit affaire à des hommes qui n'avoient ni sa franchise ni ses lumières. Ses *Mémoires sur l'in-*

fluence de l'air et du repos dans les maladies chirurgicales lui valurent, en 1780, le titre de correspondant de l'académie royale de chirurgie. Ses productions ne sont pas assez recherchées, disent ses biographes, quoiqu'on ne puisse leur refuser le mérite de présenter des choses neuves et de reproduire des doctrines saines et lumineuses : elles traitent des évacuans dans la cure des plaies et des tumeurs ; de la compression dans les pansemens ; des propriétés de l'eau froide et de l'eau chaude ; des maladies vénériennes et scorbutiques.

Lons-le-Saunier avoit vu naître un médecin très-distingué dans M. Jacques-Henri-Désiré Petetin, reçu docteur à Montpellier, en 1764, à l'âge de vingt ans, président honoraire et perpétuel de la société de médecine de Lyon. D'abord il montra beaucoup d'éloignement pour le magnétisme ; ensuite il reconnut au fluide électrique les plus grandes vertus pour le traitement des affections nerveuses. On lui attribue une théorie du galvanisme (1), et l'on sait qu'il fut un des collaborateurs au *Conservateur de la santé*, dont la collection forme cinq volumes, de l'an 8 à l'an 12.

---

(1) Son neveu et son élève, M. Roland, a reproduit une partie de sa doctrine dans un ouvrage publié en 1817, sous le titre d'*Électricisme du monde*.

Hâtons-nous d'arriver au Jurassien de notre âge qui fait le plus d'honneur à sa patrie, au médecin qui en fait le plus à la France, à Marie-Fr.-Xav. Bichat, né à Thoirette le 11 novembre 1771, enlevé à la science et à l'humanité le 22 juillet 1802. Le célèbre Sandifort avoit dit de lui : *dans dix ans votre Bichat aura passé notre Boërhaave.* Le docteur Corvisart, son successeur, écrivoit au Premier Consul que personne, en si peu de temps, n'avoit fait tant de choses et aussi bien. Bonaparte lui fit ériger un monument, et ses biographes le proclament un de nos beaux génies des temps modernes. Échappé par hasard aux massacres de Lyon, et se croyant peu en sureté dans sa retraite de Poncin, Bichat s'exila en 1793 dans la foule des étudians de Paris. Il n'y trouva point l'obscurité qu'il cherchoit, mais il n'eut plus rien à craindre. Frappé de l'habileté avec laquelle ce jeune homme improvisa un jour la récapitulation d'une leçon de la veille, sur la fracture de la clavicule, et des vues nouvelles qu'il y joignit, l'illustre Desault l'emmena chez lui, et le traita en fils les dernières années de sa vie. Le vieux professeur périt en 1795, et Bichat, reconnoissant des services qu'il en avoit reçus, devint à son tour le protecteur de sa veuve et le père de son fils. Il voulut même prolonger en quelque sorte l'existence de son bienfaiteur, en publiant les *Œuvres chirurgicales de Desault*. Nous n'entreprendrons pas de donner une idée complète de ses propres œuvres, la tâche seroit au-dessus de nos forces; mais nous répéterons que Bichat a imprimé à la médecine et à la chirurgie une direction toute nouvelle, et que ses livres de *Physiologie*, des *Membranes*, d'*Anatomie générale et descriptive*, devenoient classiques à mesure qu'ils sortoient de sa main. Avant Bichat, on n'avoit encore rien vu de si profond que son *Traité de la vie et de la mort;* mais celui pour lequel l'auteur montroit le plus de prédilection, et auquel il vouloit que l'on allât chercher tous les autres, comme le fruit de ses plus sérieuses méditations et de ses expériences les plus multipliées, c'étoit l'*Anatomie générale appliquée à la physiologie et à la médecine;* et le public, d'accord avec cette opinion, en a fait le grand titre de gloire de notre compatriote. Cette seule production, qui placeroit un homme au premier rang des docteurs français, montre non-seulement une singulière perfection de l'art, mais elle faisoit présager tout ce que l'on devoit attendre de Bichat, si une mort prématurée ne l'eût arrêté au milieu de ses succès. A vingt-neuf ans, il étoit à la tête de l'Hôtel-Dieu de la capitale; trois ans après la tombe étoit déjà fermée sur lui.

Après une aussi haute renommée, à laquelle il n'est pas souvent donné d'atteindre, on nous permettra de citer des noms qui brillent au second rang. M. J. F. Thomassin né à Rochefort en 1750, officier de la légion d'honneur, correspondant de l'académie royale de médecine et de l'Institut de France, l'un des docteurs les plus recommandables qu'ait produits le Jura, termina, le 25 mars 1828, à Besançon, une carrière signalée par quarante ans de services rendus à la chirurgie militaire. Les armées des côtes, du Rhin, de l'Helvétie et du Danube rendroient le plus brillant témoignage de ses lumières et de son humanité, si les premiers savans de l'Europe et les corps illustres dont il faisoit partie ne suffisoient pour l'attester, avec les médailles qui forment sa couronne. On distingue surtout, dans le nombre de ses écrits, ceux où il a consigné ses expériences sur la *structure de l'œil* et la *Description abrégée des muscles* qu'il a faite à l'usage de ses élèves.

MM. André-Joseph Bouvier, né à Dole en 1748, vice-président de la société royale de médecine, auteur de mémoires couronnés par plusieurs académies; Mazuyer, de Bissia, professeur de chimie médicale à l'école de Strasbourg, qui a publié entr'autres ouvrages le *Précis d'un cours de chimie médicale et philosophique;* Picquet, de Saint-Claude; Piot, de Clairvaux; Jobard, médecin en chef de l'hôpital militaire de Thionville, qui ont aussi mis au jour le fruit de leurs veilles; Cl.-Hyac. Machard, né à Sellières en 1784, fondateur d'un journal clinique dans le Jura; Bernard Gaspard, observateur assidu de la nature, s'efforcent d'agrandir le domaine de la médecine enseignée : tandis que MM. Bollu, né à Sampans en 1770, ancien professeur d'histoire à l'école centrale; Fourneret, de Mont-sous-Vaudrey, qui a rempli des postes honorables; Passaquay à Saint-Amour, Bouchard à Conliége, Monnier à Poligny, Jousserandot, élève de Bichat, à Lons-le-Saunier, et plusieurs autres docteurs distingués dont une partie sont déjà cités ailleurs, se sont fait une réputation dans la médecine pratique.

Jurisconsultes.

CE ne sont pas ceux qui plaident le pour et le contre avec le même succès (double talent qui a été quelquefois la source de fortunes plus brillantes qu'honorables), à qui nous offrirons l'hommage de notre estime : on ne respecte pas ceux qui se font tantôt l'espoir du juste opprimé, tantôt l'appui de l'oppresseur. Les interprètes des lois que nous avons à nommer n'ont laissé que le souvenir de leur loyauté, et leur exemple n'a pas eu peu d'imitateurs parmi nos contemporains. A la vérité, ils ne furent pas tous recommandables par un génie transcendant; mais ceux dont le caractère personnel nous est le moins connu à cause de l'intervalle des temps, nous ont du moins transmis dans leurs productions des monumens de zèle pour la justice et de piété envers la patrie.

Gérard de Plâne rédigea les *Coutumes du comté de Bourgogne*, par lesquelles cette province étoit régie. Gérard Vurry, maître des requêtes, Jean Carondelet et Louis Morel, de Poligny, tous trois docteurs et licenciés en droit, lui furent adjoints, en 1459, pour réunir les matériaux de ce travail important qui, par la suite, fut continué par Jean Pétremand, né à Dole en 1580; puis par le président Jobelot; puis enfin par M. Droz, jusqu'à la suppression des cours souveraines en 1790.

Jean Boivin, le fameux président du parlement de 1636, avoit aussi donné des notes sur la *Coutume de Franche-Comté*, fort estimées des légistes. Il s'étoit élevé, par son seul mérite, des bancs au parquet, et du parquet au siége de la présidence.

L'un de ses conseillers les plus renommés, Ant.-Jean Grivel seigneur de Perrigny, né à Lons-le-Saunier, maître des requêtes au conseil privé des archiducs Albert et Isabelle en 1616, mort à Bruxelles en 1624, fut du nombre des auteurs de son siècle qui n'eurent pas la sotte vanité (a-t-on dit) de faire beaucoup d'ouvrages; mais qui se contentèrent d'en faire un bon. Les 150 décisions du parlement, qu'il a livrées au public, sont comparées aux causes célèbres de Pitaval et connues de la France entière.

Une autre production du genre qui ne fait pas moins d'honneur au barreau franc-comtois, est la *Pratique judiciaire* de Prudent de Saint-Mauris, seigneur de Falletans, ouvrage qui devint réglementaire dans le pays, jusqu'à la publication faite en 1684 de l'ordonnance de Louis XIV, de 1667.

Le *Traité des prescriptions* si souvent cité par les jurisconsultes français, et réimprimé en 1810 sous le titre de *Nouveau Dunod*, par M. de Laporte, a immortalisé son auteur.

Les observations de M. Muyart de Vouglans sur le traité des délits et des peines de Beccaria, qu'il mit au jour en 1777, sous le nom d'un avocat de province, sans autre désignation; ses *Institutes au droit criminel* et ses *Lois criminelles de France*, respirent une sévérité qui formoit un contraste frappant avec l'extrême sensibilité dont il étoit doué.

Nous ne répéterons pas ce que nous avons dit ailleurs de Jean de Saint-Mauris; mais si, après avoir signalé ceux de nos légistes dont les ouvrages ont servi de règle dans la cour souveraine et dans les autres tribunaux, nous retournons sur nos pas afin d'y rechercher les avocats célèbres de notre pays, nous devons le rappeler comme auteur d'un excellent traité *De restitutionibus in integrum*, imprimé à Paris en 1548, dernière année du séjour qu'il y avoit fait en sa qualité d'ambassadeur. Saint-Mauris, seigneur de Montbarrey, présidoit le conseil privé de son souverain, lorsque, accablé par l'âge et les infirmités, il demanda sa retraite en 1554. L'empereur écrivit à cette occasion à M. de Vergy, gouverneur de la province, pour lui recommander de consulter M. de Montbarrey dans toutes les affaires importantes, et de l'entourer de la considération que lui méritoient ses honorables services.

Pierre Loriot reçut le jour à Salins ; entraîné par son penchant vers la réforme de Luther, il s'exila volontairement, et mourut à Leipsick en 1580. On a de lui plusieurs traités en latin : *De gradibus affinitatis*, *De juris apicibus*, *De juris arte*, *De regulis juris*, *De debitore et creditore*, *In usu feudorum*, *Opera juridica*, etc.

Son contemporain Antoine Colombet, de Saint-Amour, donna au public instruit en 1551 *Conciliatores super codicem*, ses conseils sur pieds, et son livre de la main-morte sous le titre singulier de *Colonia celtica lucrosa*. Duverdier parle avec éloge de cet avocat qui brilla long-temps à Bourg en Bresse.

L'auteur des *Instructions d'un juge en fait de sorcellerie*, Henri Boguet, n'étoit pas de Saint-Claude, mais de Pierrecour, près de Champlite : il faut renvoyer l'honneur à qui il est dû !... M. Bourdon s'étoit trompé en parlant du *Discours exécrable des sorciers* comme d'une production indigène.

Ce biographe a recommandé à notre souvenir M. Pierre-Gabriel Ébrard, homme de loi, procureur-général-syndic du département, né à Lons-le-Saunier en 1748, mort en cette ville en 1799. « Les mémoires, les plaidoyers « et les écrits divers qui sont sortis de la

« plume de ce savant jurisconsulte, dit-il, nous
« donnent l'idée la plus favorable de son élo-
« quence; et l'accueil que le public en a fait
« justifie les éloges que l'amitié a prodigués
« à leur auteur. »

La mémoire que laisseront à leur tour plusieurs de ses amis et compatriotes, et entre autres MM. Cl. Cl. Gacon, ancien président du tribunal de Lons-le-Saunier, à qui la littérature est aussi familière que la connoissance des lois, et Febvre, ancien procureur-général-criminel, ancien législateur qui ne montoit à la tribune que pour plaider la cause des victimes de la révolution; leur mémoire, disons-nous, se recommandera d'elle-même. On ne la séparera point de celle de M. le baron C. P. Bouvier, de Dole, ancien député, ancien procureur-général, dont les services dans la haute magistrature, ne brillèrent pas moins que ceux qu'il rendit à ses concitoyens dans l'administration; ni de celle de M. P. Ign. Bulle, son concitoyen, ancien professeur de droit à l'école centrale, député en 1815 et l'un des juges les plus recommandables de notre temps. Qui retrace mieux que lui le souvenir de Pierre-Franç. Ordinaire, de Salins, dont l'honorable caractère se fit admirer soit au barreau de Besançon, à une époque fertile en vrais mérites ; soit au premier siége municipal de cette ville, pendant la tourmente révolutionnaire ? Échappé à la hache du terrorisme, Ordinaire n'a fui le théâtre des villes que pour venir à sa campagne de la Chaux se faire bénir pour de nouveaux bienfaits ; et c'est là qu'il mourut en 1804, laissant deux fils déjà près de s'illustrer dans une carrière non moins utile (1).

M. J. B. Perrin de Lons-le-Saunier, avantageusement connu du barreau français par son *Traité des nullités*, a publié depuis un *Essai sur le travail des greffes* qui ne peut manquer d'ajouter à sa réputation et d'être généralement apprécié.

L'une des notabilités du barreau de la cour royale de Besançon (pour nous servir des expressions de l'auteur de la *Jurisprudence générale du royaume*), M. Curasson, né à Neublans, a donné en 1828 un excellent ouvrage où *le Code forestier* est *conféré et mis en rapport avec la législation qui régit les différens propriétaires et usagers dans les bois*.

(1) Nous sommes avec regret privés de parler dans cet ouvrage de M. Jean-Jacques et de M. Désiré Ordinaire, l'un ancien recteur de l'académie de Besançon, l'autre recteur actuel de celle de Strasbourg ; la science des langues auroit réclamé les services de l'aîné, et l'agriculture ceux du cadet : ces Messieurs sont nés à Besançon.

La *Jurisprudence générale du royaume*, qui n'est pas une simple collection d'arrêts, mais bien un vaste répertoire de doctrine et de législation, lequel peut dispenser de tout autre recueil de jurisprudence, sans que tous les autres puissent le remplacer, est due au profond savoir de M. Dalloz, de Saint-Claude, avocat à la cour de cassation et aux conseils du Roi. Ce compatriote recommandable, avec M. Janod, de Clairvaux, vice-président du tribunal de première instance de Paris; avec MM. Nicod et F. N. Bavoux de Saint-Claude, avocat et magistrat distingués de la capitale, soutiennent le nom que se sont fait les départemens du Jura et du Doubs dans la science du droit, par les services importans des Loiseau, des Grappe et des Proudhon.

Publicistes.

Peu d'auteurs réfléchis ont travaillé sur le droit public en temps de calme; beaucoup d'enthousiastes ont saisi la plume dans les jours d'agitation. En été, lorsque le tonnerre roule dans une atmosphère embrasée, le sol des anciennes forêts se couvre spontanément de champignons éphémères qui se ressemblent par la forme, mais qui diffèrent par la qualité de leur substance; car les uns ne nuisent pas à la santé, tandis que les autres sont un poison. Il faut savoir choisir.

Notre province n'a eu que deux époques (et c'est assez) auxquelles les politiques ont joué le plus grand rôle, c'est le milieu du dix-septième siècle et la fin du dix-huitième. On ne sauroit dire jusqu'à quel point nos publicistes en particulier doivent être considérés comme ayant fait faire à la science du droit public un pas vers sa perfection. Ce n'est pas à la turbulence des passions que l'on doit les lumières, puisque le désordre est ami des ténèbres: il n'y a pas d'illumination qui résiste au souffle de l'orage; et ça été une funeste imprudence que de multiplier les torches à mesure que le vent augmentoit d'impétuosité. Heureusement, nous n'aurons pas à signaler, dans nos recherches, de livres qui recèlent le principe de pareils incendies.

Antoine Brun s'exerça d'abord au barreau, et fut, suivant l'expression de Balzac, le Démosthènes de Dole. Procureur-général au parlement, il fut bientôt appelé comme plénipotentiaire aux diètes de Worms, de Ratisbonne et de Munster, et conclut la paix entre l'Espagne et la Hollande en 1643. Il se fit chérir par ses manières affables, dénuées de la morgue diplomatique de cette époque ; et il ne fut pas moins agréable aux Français qu'à ses compatriotes, ce qui peut se justifier par le témoignage de divers écrivains qui ne sont pas suspects de flatterie. On lui attribue (le cardinal Mazarin) *Bibliotheca gallo-suessica; Politissimus gallicus; La pierre de touche des véritables intérêts des Provinces-Unies; Amico critica monitio ad Galliæ legatos; Spongia franco-gallicæ lituræ ; Oratio libera Wolfangi;* et il écrivit deux *Lettres sur le traité de paix et sur l'innocence de MM. les Princes.* Tous ces ouvrages, que nous dédaignerions de lire aujourd'hui, obtinrent pourtant plusieurs fois le triomphe de la réimpression.

Le bouclier d'état et de justice contre le dessein manifestement découvert de la monarchie universelle, sous le vain prétexte des prétentions de la reine de France, passa dans le temps pour appartenir à cet homme d'état ; mais il a été reconnu que François-Paul baron de Lisola, né à Salins en 1613, autre publiciste et négociateur célèbre, en étoit le véritable auteur. L'empereur d'Allemagne le nomma son résident à la cour de Londres, où, quoique âgé de vingt-six ans, Lisola déploya le caractère d'un diplomate consommé. Il a rempli plusieurs autres missions, entre autres la négociation du mariage de son souverain, et il détermina Philippe IV à s'opposer, en Flandres, à l'envahissement de Louis XIV. C'est alors qu'il publia des brochures qui lui suscitèrent force réfutateurs: *L'Europe esclave*, *L'empereur et l'empire trahis*, *La politique du temps*, *La Suède redressée*, *Le Dialogue sur les droits de la reine T. C.*, etc., etc. Accablé d'injures dans des pamphlets dirigés contre sa conduite quelquefois tortueuse, il y répondit en 1672, par le *Dénoûment des intrigues du temps*, et en 1674, par *La sauce au verjus*, mauvaise allusion au nom de M. Verjus, ambassadeur de France. Le titre de ce libelle a donné lieu à une méprise singulière de la part du rédacteur du catalogue de la bibliothèque de Filheul, qui a classé cette sauce au verjus parmi les livres sur l'art de la cuisine ; il donna lieu également à un des pamphlétaires français de lui répliquer par l'*Avis au plénipotentiaire cuisinier S. E. Lisola*, où l'on s'abaisse jusqu'à lui contester la noblesse de sa naissance, en lui supposant pour père un cabaretier qui auroit été surnommé de la manière d'appeler sa servante : *Lise, holà!* Aujourd'hui qu'il n'existe plus de prévention contre Lisola, dit son biographe, on doit convenir qu'il avoit beaucoup d'esprit, de facilité, de pénétration et d'adresse. Pélisson, Bayle, l'abbé d'Olivet, ont rendu justice à son caractère.

Il avoit été précédé dans la carrière de publiciste, par son compatriote Claude d'Éternoz, né en 1590, mort de la contagion de 1630, auteur du *franc Bourguignon pour l'entretien des alliances de France et d'Espagne*, et de *L'espadon politique*, titre qui convenoit au caractère impétueux d'un jeune homme que l'on se représente plutôt comme un spadassin que comme un fils de famille.

Un de ses descendans, M. le comte d'Éternoz, né à Dole, membre de la chambre des députés, ambassadeur du ci-devant roi de Westphalie à la cour de Prusse et aide-de-camp de Napoléon, mourut à Paris le 18 décembre 1822.

Les *Essais sur les élémens de droit politique et sur la constitution du royaume de France*, de M. Jean-Baptiste Courvoisier, publiés en 1793, n'étoient que le prélude d'un ouvrage plus important sur le *Droit public de l'Europe*, qui n'a pas vu le jour, le manuscrit s'en étant malheureusement perdu. On assure dans sa famille que M. Courvoisier a rempli les fonctions de chancelier auprès de S. M. Louis

XVIII, alors en exil. Ce seroit vers cette époque, qu'il auroit publié en Allemagne un opuscule ayant pour titre : *De l'excellence du gouvernement monarchique en France et de la nécessité de s'y rallier*. A peine revenu de l'émigration, il mourut le 8 décembre 1803, succombant à des fatigues disproportionnées à son tempérament foible et délicat. Il a laissé un fils héritier de ses talens dans l'art oratoire et la science des lois, ancien député du département du Doubs et procureur-général actuel à la cour de Lyon.

Lorsque la révolution éclata, M. Jean-Nicolas Démeunier, de Nozeroy, alors secrétaire de Monsieur, s'ouvrit la porte des états généraux et de l'assemblée nationale en publiant deux écrits intitulés : *Condition à la légalité des états généraux* et *Avis aux députés qui doivent représenter la nation*. Il passa successivement à l'assemblée constituante, au directoire, au tribunat, au sénat, et mourut la veille de la rentrée des Bourbons. Il avoit mis au jour et composé de son propre fonds, en 1786, un *Essai sur les États-Unis* qui fut inséré dans l'encyclopédie méthodique, et *L'Amérique septentrionale indépendante ou les différentes constitutions des treize Provinces*, en 1790.

M. Adrien de Lezay-Marnézia, beau-frère de M. de Beauharnais et oncle de la grande duchesse de Bade, suivit une autre direction politique. Il avoit fait d'excellentes études en diplomatie à l'école de Brunswick, la seule de ce genre qu'il y eût en Europe. *Les Ruines*, qu'il fit paroître en 1794, eurent en France quatre éditions en moins d'un an, et furent traduites en Allemagne et en Angleterre.—*Qu'est-ce que la constitution de* 1793? étoit un pamphlet qui, ayant été saisi par la police, reparut bientôt sous le titre de *Considérations sur les états de Massachuset et de Pensylvanie ou parallèle de deux constitutions dont l'une est fondée sur la division, et l'autre sur l'unité de la législature.—De la constitution de* 1795.—*De la foiblesse d'un gouvernement qui commence, et de la nécessité où il est de se rallier à la majorité de la nation* (1796), répondant à un ouvrage de M. Benjamin Constant, dont le titre commençoit par ces mots : De la force d'un gouvernement qui commence, etc.—*Des causes de la révolution et de ses résultats.* — Enfin les *Lettres à un Suisse sur la nouvelle constitution helvétique;* tels sont les écrits de ce diplomate qui a rempli diverses missions tant à Salsbourg que dans le Valais, et qui jeune encore a été enlevé à l'administration en 1814, comme nous l'avons dit ailleurs en déplorant une si grande perte.

Les conceptions politiques qui ont vu un instant la lumière, dans les dernières circonstances, n'ont pas fait assez de sensation pour être mentionnées. M. Fenouillot, conseiller à la cour royale de Besançon où il est mort le 27 mai 1826, avoit fait imprimer *Le cri de la vérité* et une *Vie abrégée de Louis XVI*. On trouve dans le livre intitulé *Paris, Versailles et les Provinces*, une anecdote fort intéressante sur son compte : il fit un jour fondre en larmes tout son auditoire, en plaidant au tribunal de Lyon la cause d'un époux aussi malheureux que lui.

L'opinion n'est pas fixée sur le livre de la *Liberté religieuse*, publié en 1819, par M. A. V. Benoît, de Dole, qui se propose de se livrer encore à la critique véhémente de quelques journaux dans une autre exposition d'un *système social*. La traduction des meilleurs livres anglais sur l'économie politique, préparée par M. Etienne Babey, de Salins, qui a parcouru à peu près la même carrière, sera probablement mieux accueillie.

Ascétiques.

Le sujet nous amène irrésistiblement à nommer nos ascétiques.

On attribuoit à Guillaume de Saint-Amour, chanoine de Beauvais et docteur de Sorbonne, au douzième siècle, le livre fameux *De periculis novissimorum temporum;* mais Crévier nous dit que ce sont les professeurs en théologie de Paris dont faisoit partie notre compatriote, qui l'avoient composé pour avertir du danger de l'influence des moines mendians sur l'université, et pour prémunir les fidelles contre la séduction. Ce livre, attaqué vivement par les Franciscains du royaume, eut l'honneur d'être réfuté par saint Thomas d'Aquin. Nous avons dit ailleurs que Guillaume de Saint-Amour s'étant obstiné à soutenir sa thèse, avoit été banni. « Sa disgrâce, « dit l'auteur cité plus haut, n'a point été « regardée de tous, à beaucoup près, « comme une peine justement méritée. Le « roman de la Rose, ouvrage composé de « son temps, en parle comme d'une persé- « cution inique :

« Estre banny de ce royaume
« A tort que fut maistre Guillaume

« De Saint-Amour, qu' hypocrisie
« Fit exiler par grande envie.

« Mais sans citer ici un ouvrage frivole, et à examiner les choses en elles-mêmes, la mémoire de Guillaume de Saint-Amour doit être précieuse à l'université dont il défendit les droits avec un courage invincible. »

Conrad Gessner loue Gilbert Cousin, chanoine de Nozeroy au seizième siècle, d'avoir été le premier qui eût fait fleurir les sciences dans le comté de Bourgogne, car ayant d'abord demeuré avec le fameux Érasme, en qualité d'ami et de secrétaire, et s'étant lié avec la plupart des savans de la Hollande, de la Suisse et de l'Allemagne, il étoit revenu dans sa patrie avec une ample moisson de connoissances, et il y avoit ouvert une école célèbre et très-fréquentée. Ce laborieux écrivain a fait une homélie sur l'esprit des lois du christianisme : *De usu seu fine legis et evangelii*, ainsi que des *Prières* que M. Bourdon disoit avoir été inspirées par un esprit d'onction et de grâces. Les sentimens de piété, dit-il, qui règnent dans le cours de ces élévations de l'ame à Dieu, répondent d'une manière victorieuse aux calomnies qui conduisirent ce grand homme dans les cachots de l'inquisition de Besançon. Il étoit digne par ses vertus et ses lumières d'une destinée plus glorieuse sur la terre ;

......*Vexat censura columbas.*

Gilbert Cousin donna aussi l'*Ekmartyria* ou la vie de quelques chrétiens, et divers commentaires sur les psaumes de David et sur l'épître de saint Paul aux Romains. Enfin dans son *Apologétique* en faveur d'Érasme il montra une tolérance dont on lui fit un crime, et qui ne lui susciteroit plus aujourd'hui d'accusateurs. Plusieurs choses concoururent à sa disgrâce : d'abord son enthousiasme pour son *incomparable patron* de Roterdam ; puis la protection que lui accordoit le prince d'Orange qui en 1535 l'avoit pourvu d'un canonicat ; puis une mauvaise plaisanterie qu'il s'étoit permise contre son chapitre ; puis enfin quelques passages équivoques de ses écrits qui l'avoient fait suspecter d'être un nouveau partisan de la doctrine de Calvin. Il mourut en 1567, pendant l'instruction de son procès.

Il a parlé, sous le nom de *Vetus*, de Jean le Vieux, de Saint-Amour, qui suivit le parti de la ligue par attachement au duc de Lorraine à qui il devoit de la reconnoissance. Le Vieux fit en 1589 partie du conseil de régence; mais il paroît qu'il se conduisit avec sagesse et modération dans ces temps malheureux, puisque les écrivains contemporains ne lui reprochent aucun acte de rigueur. Il avoit en 1562 publié une *Défense première de la religion et du roi, contre les pernicieuses factions et entreprises de Calvin, Bèze et autres complices, conjurés et rebelles.*

Jean le Vieux nous invite à parler de Jean le Jeune, beaucoup plus connu. Celui-ci, que l'on appeloit aussi le Père aveugle, fut le plus célèbre prédicateur de son temps. On ne sauroit mieux louer ses talens que par le suffrage de Massillon, ni mieux louer sa vie qu'en rapportant les circonstances de sa mort. « A peine eut-il rendu le dernier soupir, que « le peuple se précipita, avec une telle af- « fluence dans la maison de l'Oratoire, pour « vénérer mort celui qu'ils avoient tant res- « pecté vivant, qu'on fut obligé d'étayer la « salle dans laquelle il étoit exposé, de peur « que le plancher ne s'écroulât. Chacun cher- « choit à emporter dans sa famille, comme une « relique, quelques lambeaux des vêtemens du « pieux missionnaire, quelque meuble qui eût « servi à son usage. » Le père le Jeune avoit perdu la vue en prêchant le carême à

Rouen en 1635; il n'avoit alors que quarante-trois ans. On assure que, remplissant à Marseille le même ministère, il choisit pour texte de son premier sermon ces paroles de son patron spirituel, qui lui étoient si évidemment applicables : *Fuit homo missus à Deo cui nomen erat Joannes* (le missionnaire se nommoit Jean). *Non erat ille lux* (il étoit aveugle), *sed ut testimonium perhiberet de lumine* (il annonçoit l'évangile). Comme depuis sa cécité, un de ses yeux se fondit, ce pauvre prêtre, aussi gai que patient, disoit qu'il lui étoit arrivé tout le contraire de ce qui se voit communément, que d'aveugle il étoit devenu borgne, tandis que les autres, de borgnes qu'ils sont, deviennent quelquefois aveugles. Ses *Sermons* ont eu plusieurs éditions. Il étoit né à Dole et non à Poligny, le 31 octobre 1592.

Son compatriote F. L. Béreur, capucin, fit sensation dans sa *Disputatio quadripartita, etc.*, où il soutenoit que le créateur n'a aucune part immédiate au mouvement qui porte la créature libre vers le mal. Launoy et Bernier ont reproduit ses argumens avec plus d'avantage. Le père Louis finit ses jours dans sa patrie, le 29 août 1636, après avoir un peu couru le monde comme prédicateur.

Toulouse près de Sellières a vu naître en 1646 un savant controversiste, dom Hilarion Monnier, mort prieur de Morey le 17 mai 1707. Tandis qu'il professoit la théologie à Saint-Mihiel, le cardinal de Retz, instruit des succès de notre bénédictin, désira le voir prendre part aux conférences qu'il se proposoit d'ouvrir à Commercy sur la philosophie de Descartes. Le savant religieux enchanta si bien les assemblées par sa pénétration, son élocution brillante et facile, qu'il en devint le modérateur et le chef sans y penser. Dans les chaires de Metz, de Mons et ailleurs, il fut écouté avec le même ravissement.

On doit citer aussi comme prédicateurs ayant joui d'une estime peu commune Jean Billot, né à Dole en 1709, mort à Macherans en 1767. Ses *Prônes réduits en pratiques pour les dimanches et les fêtes* ont eu l'honneur d'être réimprimés et même traduits en allemand. Le prieur des grands carmes, Defuans, né au village d'Amange vers 1742, prononça en 1790, dans l'intervalle d'un mois seulement, deux panégyriques de canonisation, celui de madame de Chantal et celui de Bernard de Coleron.

Le modèle des bons curés, Joseph Chevassu,

né à Saint-Claude en 1674, mort en 1752, remplit aux Rousses les fonctions pastorales avec un zèle au-dessus de toute louange, et y sema sa carrière de bonnes œuvres. Plein d'une humilité vraiment évangélique, il n'avoua jamais publiquement les écrits sortis de sa plume modeste et persuasive. Il est auteur des *Méditations ecclésiastiques*, des *Méditations sur la Passion*, du *Missionnaire paroissial ou Prônes pour les dimanches et les fêtes de l'année*, etc., etc.

On ne conçoit pas que l'abbé Tricalet, de Taxenne, ait pu mettre au jour tous les volumes que l'on doit à ses veilles, quand on songe au malheureux état de santé où il étoit. Réduit par quinze années de cruelles souffrances à ne pouvoir manier la plume, il se fit assister par un secrétaire qui n'avoit pas de mains! L'un n'avoit pas la force de dicter pendant un quart d'heure, l'autre rapprochoit ses deux moignons pour écrire. P. Jos. Tricalet né le 30 mars 1696, mort à Villejuif, directeur du séminaire de Saint-Nicolas-du-Chardonnet, avoit fait oublier les écarts de sa jeunesse par une éminente vertu qui couronna sa vie et qui lui mérita d'être révéré au sein de sa famille, famille extrêmement respectable elle-même, où la piété semble couler avec le sang. Son principal ouvrage est la *Bibliothèque portative des Pères de l'Eglise.*

L'abbé François (Laurent), né à Arinthod en 1698, mort à Paris en 1782, écrivit sous le voile de l'anonyme, pour la défense de la religion, et il mérita la colère de ceux qui l'attaquoient:

« L'abbé François écrit : le Léthé sur ses rives
« Reçoit avec plaisir ses pièces fugitives. »

L'oracle des nouveaux philosophes par l'abbé Guyon (Claude-Marie) de Lons-le-Saunier, alluma aussi la bile de leur patriarche : *Peccator videbit et irascetur.* Guyon étoit né en 1699, il est mort en 1771, auteur de plusieurs autres ouvrages.

Un capucin qui s'est fait remarquer par le nombre de ses ouvrages, conçus dans l'intérêt du sacerdoce, et dont il suffiroit déjà d'énoncer les principaux titres pour en faire apercevoir l'importance (1), étoit le P. Jos.-

---

(1) *Conférences pour servir à l'instruction du peuple.—Conférences sur les mystères.—Le guide des missionnaires.—Abrégé de la théologie.—Diction de la morale philosophique.—Histoire de la prédication.* Enfin une foule d'autres ouvrages en prose et en vers.

Romain Joly, né à Saint-Claude en 1715, mort à Paris le 22 octobre 1805. Il fut membre des Arcades de Rome, mais l'académie de Besançon ne l'admit point dans son sein. On a dit qu'il avoit visé à la célébrité, sans se douter que le goût est le seul moyen d'immortaliser les bons livres;

> « Sur le Parnasse ainsi que dans la chaire
> « C'est peu d'instruire, il faut instruire et plaire. »

Non moins laborieux que lui, l'abbé Joannet avoit soutenu, de 1754 à 1764, le *Journal chrétien* « uniquement destiné à faire con-
« noître les ouvrages religieux et à combattre
« les principes des incrédules modernes. » La reine de France, à qui cet ouvrage périodique étoit dédié, prit l'auteur sous sa protection contre les attaques de la secte puissante de cette époque. Il étoit né à Dole le 11 juillet 1716; il mourut à Paris en 1789.

Pierre-Thomas Lambert, de Lons-le-Saunier, passa de la congrégation de Saint-Joseph de Lyon à celle du Mont-Valérien, en 1784. C'est là que M. de Beauvais, ancien évêque de Senez, si célèbre par ses talens oratoires, le distingua. Lambert fut aussitôt associé à toutes les entreprises littéraires du prélat, et l'un des principaux rédacteurs de l'*Orator sacer*. Il a laissé sur ce grand travail des notes que l'on a rejetées à la suite de ses *Mémoires de famille, historiques, littéraires et religieux*. M. de Juigné, archevêque de Paris, se déclara aussi le protecteur de l'abbé Lambert : ce fut lui qui, en 1790, le présenta au duc de Penthièvre comme un digne confesseur, capable d'éclairer sa conscience dans les momens difficiles de la révolution. On voit par ses voyages en Franche-Comté, en Suisse, en Allemagne, en Espagne, qu'il étoit honoré de la confiance de personnages augustes. Il fit en 1798 un message à Mittau, sur la nature duquel il garde le silence ; et il mourut aumônier de feu madame la duchesse d'Orléans.

Parmi les dernières productions du genre qui nous occupe, nous n'avons plus à citer que les *Elémens des preuves de la Religion, en forme de dialogue entre un père et ses enfans*, par M. François-Marie Répécaud, né à Salins en 1762, ancien inspecteur à l'académie de Besançon ; et l'ouvrage très-profond de l'abbé Philippe Gerbet, de Poligny, jeune collaborateur de M. de la Mennais, intitulé : *Des doctrines philosophiques sur la certitude, dans leurs rapports avec les fondemens de la théologie*.

Moralistes.

Sans revenir sur ceux de nos écrivains, déjà nommés en assez grand nombre, qui ont spécialement consacré leurs jours à l'enseignement de la morale religieuse, nous passerons aux auteurs de quelques productions qui respirent ou l'amour de la vertu ou le respect pour les devoirs sociaux.

Les *Colloques* de Morisot, auteur du seizième siècle, dédiés à son fils et destinés aux jeunes gens qui fréquentoient les écoles publiques, seroient plus dignes de leur objet, s'ils étoient purgés de certaines anecdotes un peu trop graveleuses ; et c'est la tâche que se propose M. Charles Weiss, de Besançon, qui traduit du latin ces colloques, pour les rendre au public.

Dans l'*Oiketes seu de officio famulorum*, Cousin donne des leçons aux domestiques (qui ne savent pas le latin), mais il n'oublie pas les maîtres (qui l'entendent mieux). L'*Economique d'Aristote* est, dit-on, un excellent discours de morale qui peut être utile aux pères de famille. Le philosophe de Nozeroy avoit choisi dans Sénèque, pour en faire un ouvrage à part, ce que l'instituteur de Néron avoit répandu de plus stoïque dans ses œuvres.

Mais un moderne appréciateur du philosophe de Cordoue a mieux fait revivre sa doctrine dans l'*Abrégé analytique de la vie et des œuvres de Sénèque*, imprimé en 1812. C'est M. Théodore Vernier, comte de Montorient, pair de France, membre de plusieurs sociétés savantes, né à Lons-le-Saunier en 1731, mort à Paris et inhumé au Panthéon en 1818. Le cardinal du Perron appeloit les *Essais de Montaigne* le manuel des honnêtes gens : ils étoient faits pour être celui de M. Vernier. Il étoit plus facile de faire un ouvrage d'après Montaigne que sur Montaigne même ; c'est pourtant sur le caractère et le mérite de ce profond écrivain que s'est exercée la plume de notre célèbre compatriote : elle a souvent le bonheur d'en imiter la piquante précision et l'originalité ingénieuse. Le *Caractère des passions*, le *Bonheur individuel*, les *Délices de la vie champêtre*, sont d'autres compositions non moins estimables du même auteur, et qui ont également contribué à la réputation de moraliste que s'est acquise M. Vernier. Pendant sa carrière législative, il remplit divers messages auprès de l'infortuné Louis XVI. L'auguste prisonnier lui dit un jour : *Je vous vois toujours avec plaisir, M. Vernier, et je suis persuadé que si tous vos collègues avoient un cœur aussi honnête que le vôtre, mon procès auroit une prompte issue.* En effet M. Vernier prouva la droiture de ses intentions en votant pour l'appel au peuple. Il ne répondit à ceux qui vouloient lui faire signer la condamnation à mort du roi, sous peine de la vie, qu'en ôtant sa cravate, et en présentant sa gorge aux siccaires.

Nous venons de citer Le bonheur individuel (1) et Les délices de la vie champêtre : de pareils sujets avoient déjà été traités d'une autre manière par M. le marquis de Marnézia dans ses deux opuscules de *l'Heureuse famille* et du *Bonheur dans les campagnes*. Les *Pensées littéraires, morales et religieuses*, le *Plan de lecture pour une jeune dame* et le mémoire pseudonyme intitulé *Comment l'éducation des femmes peut-elle contribuer à rendre les hommes meilleurs ?* ont assigné à leur auteur un

---

(1) M. Martin, né à Salins, demeurant à Paris, a publié aussi un ouvrage sur l'art de vivre heureux et tranquille. M. Droz, de l'académie française, avoit déjà fait sa réputation par son *art d'être heureux*. On voit que les Francs-Comtois savent montrer la bonne route ; puissent-ils eux-mêmes en atteindre le but !

rang distingué parmi nos moralistes. M. Paul Ducret, né à Orgelet vers l'an 1774, en médite un autre aussi sérieux, et qui aura pour objet la nécessité de donner aux femmes une éducation relative à l'état social actuel.

Le *Discours sur les moyens de prévenir les délits dans la société*, et le mémoire couronné en 1805 par l'académie de Montauban, sur cette question : *Combien il importe pour le bonheur et la prospérité des nations de faire concourir la morale avec les lois*, doivent faire admettre sur le même rang M. l'abbé Mermet, de qui nous avons déjà parlé dans ce livre.

Cet écrivain a dit de son contemporain David de Saint-Georges, que ce qu'il avoit fait de plus utile étoit d'avoir traduit, pour réformer les mœurs des enfans, les *Histoires fabuleuses* de mistriss Sara Trimmer, destinées à l'instruction de l'enfance dans ce qui regarde sa conduite envers les animaux.

M. Joly, de Salins, qui a traduit en vers français les *Fables de Phèdre* ; M. Frédéric d'Hautecour qui en a composé lui-même pour l'éducation de son fils, et madame Tercy auteur de *Contes* à l'usage des petits enfans, ne doivent pas être omis dans la nomenclature des moralistes du Jura.

Science militaire.

Peu de personnes admirent l'art de la guerre, quand il seconde les cruelles combinaisons de l'ambitieux et de l'agresseur injuste; mais il mérite nos hommages, dès qu'il sert à la défense de la patrie, au maintien de son indépendance.

Ici notre dessein est de rappeler seulement ce qu'ont fait quelques Jurassiens dans l'intérêt de l'art militaire : ailleurs nous avons essayé de consigner les principaux titres de ceux qui ont récolté des lauriers au champ d'honneur, parce que leur dévouement à la patrie leur assignoit une place au livre de la morale publique.

On doit à M. Lachiche, maréchal des camps et armées du roi, citoyen utile et recommandable que nous avons déjà loué dans cet écrit, un excellent système de fortification, qu'il présenta au gouvernement en 1767. On peut consulter sur cet objet l'*Architecture des forteresses* par Mandar.

Bourdon de Sigray, capitaine de cavalerie, membre de l'académie des inscriptions et belles-lettres, a publié 1.° une traduction des

Institutions militaires des Romains par Flavius Végèce, ouvrage qui valut à l'auteur le fauteuil académique ; 2.° *Considérations sur l'esprit militaire des Gaulois*, pour servir d'éclaircissemens préliminaires aux mêmes recherches sur les Francs et à l'histoire de France ; 3.° *Considérations sur l'esprit militaire des Francs et des Français*, depuis le commencement du règne de Clovis en 482, jusqu'à la fin du règne d'Henri IV, en 1610 ; 4.° *Considérations sur l'esprit militaire des Germains*, depuis l'an de Rome 640, jusqu'au commencement de la monarchie française, vers l'an 476 de l'ère vulgaire. Il seroit à souhaiter qu'il eût livré à l'impression les manuscrits qu'il a laissés sous les titres suivans : *Plans pour servir aux institutions militaires des Romains.—L'attaque et la défense des places, avec planches.—Mémoire sur la discipline militaire prussienne*, présenté au ministre de la guerre en 1751.—*Mémoire sur les troupes légères.—Institutions de la jeunesse militaire française.—Projet d'école militaire.—Projet d'hôtel militaire.—Mémoire sur l'école militaire royale.* Le duc d'Argenson offrit ce dernier au roi, comme le fruit de ses propres méditations, et l'école fut fondée en 1751. Enfin Bourdon de Sigray avoit préparé une

Histoire de France sous les règnes de Louis XIII, de Louis XIV et de Louis XV, pour compléter ses considérations sur l'esprit militaire des Français. Mais cet ouvrage, riche de connoissances puisées dans les bureaux du ministère, et dans les manuscrits de la bibliothèque du roi, ne s'est pas trouvé dans les porte-feuilles de l'auteur après sa mort. Quelqu'autre en aura fait ou en fera son profit.

Une grande innovation fut tentée en 1793, dans l'art militaire, et cette heureuse innovation est due au général Pichegru : universellement adoptée en France, elle a ouvert une route assurée de succès aux autres corps d'armées que ne commandoit pas cet illustre capitaine. « Piche-
« gru (est-il dit dans la Biographie universelle)
« voyant qu'il avoit à combattre avec des
« troupes braves mais peu aguerries et tou-
« jours prêtes à se laisser décourager par les
« revers, contre des armées disciplinées, ac-
« coutumées à la guerre et soutenues par une
« nombreuse cavalerie, imagina ce systême de
« *tirailleurs*, de guerre de postes, de mouvemens
« et d'attaques rapides et multipliées, qui étonne
« son ennemi et lui arrache la victoire. »

Rentré dans ses foyers en 1815, le général Bernard, maréchal de camp du génie, et direc-

teur du cabinet topographique de Napoléon, ne restoit pas oisif ; et pour se distraire pendant l'occupation des armées étrangères, il continuoit plusieurs ouvrages entrepris depuis long-temps ; en particulier la *Comparaison entre la tactique ancienne et la tactique moderne*. C'est aussi pendant un séjour de dix mois dans le Jura qu'il fit une *Analyse générale de comparaison de tous les prix d'art militaire*, sur la demande que lui en avoit adressée le comité des fortifications, ouvrage que ce comité destinoit à toutes les directions du génie, et qui devoit servir de type aux opérations de l'arme. La haute faveur dont le général Bernard jouissoit sous l'empire lui venoit de l'exécution des magnifiques travaux d'Anvers dont il avoit été chargé, et qui rendirent cette ville une des plus fortes de la domination française. Convaincu du mérite de cet ingénieur, le souverain l'appeloit chaque année aux conseils supérieurs du génie, qu'il présidoit, pour discuter et arrêter les projets des travaux extraordinaires de fortifications. « Dans les dis-
« cussions souvent animées (dit M. Amoudru)
« qui s'élevoient entre Napoléon et Bernard,
« celui-ci s'exprimoit avec une liberté qui
« alloit quelquefois jusqu'à la rudesse ; mais,

« fort de sa propre conviction, il soutenoit
« sans ménagemens comme sans crainte ses
« opinions, avec une clarté et une présence
« d'esprit telles, que l'empereur a cédé plu-
« sieurs fois à la force de ses raisonnemens. »
Le général Bernard est aujourd'hui aux États-
Unis d'Amérique.

M. le vicomte de Préval, de Salins, profita
également des loisirs de la paix, en Italie,
pour livrer à l'impression ses *Mémoires sur
quelques parties de l'organisation, de l'administration et de la police des troupes.*

M. Bobilier de Lons-le-Saunier, lieutenant
au 5.ᵉ régiment d'artillerie à pied, se distingue
par un grand amour pour le travail, et par une
rare capacité dans l'étude spéciale de son art.
Le comité d'artillerie lui accorda en 1826 une
mention très-honorable pour un mémoire
sur la question de *trouver un instrument ou un
système d'instrumens et de procédés, propres à
constater avec précision la rectitude et la coïncidence des axes, des surfaces intérieures et extérieures des bouches à feu.*

Mathématiques.

D'ALEMBERT à qui l'on présenta un mémoire

de notre abbé Jacques sur une découverte dans la partie des curvilignes, dit après l'avoir lu: *je ne croyois pas qu'il y eût en province des mathématiciens de cette force.*

Le docte abbé Jantet ne professoit encore que la latinité aux Orphelins de Dole, lorsque le *Traité de l'hydrodynamique* de Bossut lui tomba dans les mains. Il fit des observations sur cet ouvrage, et les adressa à l'auteur. Celui-ci voulut attirer à Paris le jeune savant par la promesse d'une place avantageuse ; mais Jantet le remercia de sa bienveillance, et il n'eut jamais d'autre idée que de vouer ses talens à son pays. Le seul ouvrage qu'il ait publié est un *Traité élémentaire de mécanique*, qui parut en 1783. Ce traité fut aussitôt adopté par l'impératrice de Russie, Catherine II.', pour les écoles de ses états. C'est encore aujourd'hui le meilleur livre où les jeunes gens puissent apprendre cette partie de la physique, qui auparavant n'étoit enseignée dans les écoles que d'après des traités écrits en latin, et dont la clarté n'approchoit pas de celle qu'on trouve dans les leçons de M. Jantet. Les bons ouvrages des Sauveur, des la Caille, des Marie, n'étoient que pour les gens instruits ; la jeunesse qui vouloit s'initier aux secrets de la mécanique étoit réduite à pâlir péniblement sur les pages peu lumineuses des Sauri, des Séguy : l'abbé Jantet applanit toutes ces difficultés.

Le Jura continue de fournir à l'enseignement des mathématiques d'excellens professeurs, dans le nombre desquels se font particulièrement remarquer M. Fourquet, de Dole, auteur du *Petit mathématicien à l'usage des écoles primaires*; et le jeune E. E. Bobilier, de Lons-le-Saunier, professeur à l'école royale d'arts et métiers de Châlons-sur-Marne, auteur de *Principes d'algèbre* qui lui feront une réputation (1).

M. J. B. Donneux d'Orgelet, juge de paix à Poligny, mûrit un ouvrage très-profond sur les mathématiques transcendantes où il s'attache à donner un ordre logique aux diverses branches de cette science, et où il pousse les équations jusqu'au sixième degré, même au-delà (2).

Son compatriote M. F. Rebour, que nous

---

(1) Nous avons négligé de parler d'Anatoile Desbarres, de Salins qui, en 1545, n'étant encore que simple écolier à Louvain, et à peine âgé de dix-huit ans, avoit déjà composé un livre d'arithmétique.

(2) On voudroit pouvoir citer avec lui M. Mouchet aussi versé dans les hautes sciences, et qui vient d'offrir à la Société d'émulation du Jura, son cabinet de physique; mais il ne

trouvons l'occasion de citer ici, publia en 1814 un *Calendrier perpétuel* qui l'a fait qualifier de savant dans les dernières livraisons de *L'art de vérifier les dates*, où ce travail est inséré.

L'occasion se présente aussi de rappeler l'*Instruction sommaire sur l'usage du planimètre graphique*, instrument imaginé pour donner au calcul des surfaces plus de célérité et de précision, par M. C. H. Bryon, de Salins, ancien ingénieur en chef du cadastre. Cette invention curieuse est d'un grand secours dans la pratique de la géométrie.

Sciences physiques et naturelles.

Le père François (Jean) né à Saint-Claude en 1582, reçu chez les Jésuites à vingt-trois ans, commença par enseigner les mathématiques et la philosophie dans plusieurs colléges. Il se glorifioit d'avoir eu pour élève l'illustre Descartes qui, de son côté, conserva toute sa vie le plus tendre attachement pour son ancien maître. On a de lui *La science des eaux*, *L'art des fontaines* et le *Traité des influences célestes*

paroît pas disposé à publier le fruit de ses méditations ; et il s'est borné à transmettre à ses filles son goût pour la littérature.

où il combat les principes de l'astrologie judiciaire qui avoit alors de nombreux partisans.

Claude-Nicolas Ordinaire, né à Salins en 1736, entra d'abord dans la congrégation de l'oratoire où, pendant plusieurs années, la foiblesse de sa santé ne lui permit pas d'exercer l'enseignement. Il se fit donc chanoine à Ryom pour ne travailler qu'à son aise. Là il sut mettre à profit jusqu'à ses promenades dans les montagnes volcanisées de l'Auvergne; composa un herbier, et forma des suites d'échantillons minéralogiques qu'il classa d'une manière savante et lucide. Le bruit de son savoir perça le silence de son chapitre, et Mesdames de France le choisirent pour leur donner des leçons de botanique et de minéralogie. Déporté en 1793, il parcourut la Suisse, l'Allemagne, l'Angleterre. C'est chez cette dernière nation, que le célèbre Wil. Hamilton, zélé protecteur des savans de tous les pays, l'accueillit avec tant de bonté que, lorsqu'il fut mort, Ordinaire honora la mémoire de son bienfaiteur, en lui dédiant son *Histoire naturelle des volcans*. Ce livre regardé comme élémentaire pour cette partie, est orné d'une mappemonde volcanique. Notre savant compatriote a laissé en porte-feuille une *Statistique de l'Auvergne*. Il est mort bibliothécaire de la ville de Clermont en 1809.

Ambroise Renard, du Vernois, qui est mort à Liesle près de Quingey en 1782, avoit inséré dans la feuille hebdomadaire de Besançon, une description du Mont-d'Or. On a de lui des lettres critiques et quelques opuscules imprimés en Hollande. Doué des plus grandes dispositions pour la science, il se seroit fait un nom, s'il eût mieux châtié son style.

On ne fera pas ce reproche à M. le professeur Babey, de Salins (qui nous promet un travail sur une partie d'histoire naturelle encore fort peu cultivée), quand il aura livré au public son *Essai sur la lichénographie du Jura* et son *Essai sur la muscologie*.

La renommée a déjà largement récompensé d'autres travaux microscopiques qui ont commencé dans le Jura et qui se sont continués dans plusieurs régions de l'Europe : ce sont ceux de M. Just d'Audebart baron de Férussac qui vint à l'âge de quatorze ans, avec sa famille, habiter Arbois, lieu natal de son aïeule maternelle, et qui, à peine âgé de dix-huit ans, lisoit déjà ses mémoires sur les insectes fluviatiles et sur la formation des terrains d'eau douce, aux séances de l'Institut national étonné de l'entendre.

Géographie.

La plus ancienne *Description du comté de Bourgogne* a été faite par Gilbert Cousin qui lui avoit annexé une courte description de la France en 1552. Cet ouvrage latin est écrit avec élégance, mais l'auteur animé d'un zèle trop patriotique pour un géographe, y a transformé les villes en cités, les villages en villes, et des individus oubliés depuis, en grands hommes.

« Sous ses heureuses mains le cuivre devient or. »

Après lui vient Hubert-Alexis Jaillot, né vers l'an 1640, à Avignon-sur-Saint-Claude, et mort à Paris en 1712. Son mariage avec la fille d'un enlumineur de cartes changea la direction de son talent : Jaillot quitta la sculpture pour la géographie. Ses cartes sont d'une telle exactitude, que l'on ne fait encore jusqu'ici que les copier. Son *Atlas français* en 2 vol. in-f.° est estimé l'un des meilleurs qui existent. Bernard-Hyacinthe son fils, et Bern.-Antoine son petit-fils, qui héritèrent de lui le titre de géographe ordinaire du roi, contribuèrent à cette utile et vaste entreprise.

En 1736 l'abbé Outhier, de la Mare, accompagna MM. de Maupertuis, Clairaut, Camus et Lemonnier dans leur course au pôle arctique, et il rédigea le journal de ce voyage qui ne fut pas sans fruit pour la science. L'ouvrage est orné de dix-huit planches dessinées par l'auteur : il est écrit avec une simplicité charmante ; les observations qu'il renferme sur les mœurs et les usages des Lapons en rendent la lecture pleine d'attrait. L'abbé Outhier a donné des cartes topographiques des évêchés de Bayeux et de Sens, et des écrits sur la météorologie et l'astronomie. Il appartenoit aux académies de Berlin, de Caen et de Besançon, et mourut pensionnaire du roi en 1774.

On attribue communément la géographie dite de Crozat à l'abbé François, d'Arinthod, mais c'est par erreur, elle est de N. Le François qui n'étoit pas né dans le Jura.

Il y avoit eu avant lui, à Saint-Claude, un autre François, géographe : c'est le jésuite que nous venons de citer plus haut comme physicien, et que nous reproduisons ici comme auteur de *La science de la géographie*, imprimée en 1652. Il avoit également composé, pour servir d'introduction à la cosmographie et à la géographie, *Les élémens des sciences et des arts mécaniques.*

Saint-Claude a aussi donné le jour à deux auteurs encore récens, à qui nous devons une connoissance plus exacte de la province, ce sont le professeur Dunod et le P. capucin Joly. Le premier a consacré à la topographie du comté de Bourgogne le sixième livre du tome II de l'histoire de ce pays; le second en a fait l'objet d'un travail particulier dans sa *Franche-Comté ancienne et moderne.* Il est d'ailleurs connu par ses *Lettres sur divers sujets de la géographie sacrée*, et par son *Ancienne géographie universelle comparée à la moderne.*

Le nombre des ouvrages relatifs à cette science que nous devons au plus laborieux de nos traducteurs, M. Démeunier, est si grand qu'il suffiroit d'en énoncer seulement les titres, pour remplir le cadre ordinaire que nous consacrons à chaque auteur. M. Démeunier a livré aux presses françaises, 1.º Le *Voyage au pôle boréal*, fait en 1773, par Const. J. Phelips; 2.º *État civil, politique et commercial du Bengal*, de Boltz; 3.º *Voyage en Sicile et à Malte*, de Bridone, en 1776; 4.º L'*État actuel de la Troade comparé à son ancien état*, de Vood;

5.º *Voyage aux Moluques et à la nouvelle Guinée* en 1774 et 1775, par le capitaine Forest; 6.º *L'Histoire des gouvernemens du Nord*, de Villiams; 7.º *Nouvelles découvertes des Russes entre l'Asie et l'Amérique*, de Coxe, 1781; 8.º *Voyages et découvertes dans l'Océan pacifique du nord*, en 1790—1795, par le capitaine Vaucouvert. C'est à M. Démeunier que M. de Montesquieu auroit pu dire : si vous traduisez toujours, vous ne serez jamais traduit; mais M. d'Alembert lui tint un autre langage. Transfuge du Séminaire de Besançon, et né avec le goût de la littérature philosophique, Démeunier arrive à Paris, à l'âge de vingt ans : le premier acte qu'il fait de sa liberté est de renvoyer à sa famille sa malle pleine des objets relatifs à son éducation ecclésiastique. En ouvrant le coffre, et en apercevant la soutane, mon fils est perdu! s'écria sa bonne mère. Ce n'étoit pas qu'elle le crût mort; mais elle voyoit avec douleur le changement qui venoit de s'opérer chez lui. En effet le jeune Démeunier, avec cette assurance qui caractérise nos montagnards, s'étoit déjà présenté chez M. d'Alembert, et lui avoit offert ses services pour travailler à l'Encyclopédie. Le philosophe parisien crut remarquer dans notre provincial un grain de présomption ; et, pour l'écarter poliment, il lui objecta qu'il faudroit savoir l'anglais, parce qu'il avoit de bons ouvrages en cette langue à traduire. —Je le saurai bientôt, répondit le Franc-Comtois, et il se retira. A un mois de là, Démeunier va retrouver d'Alembert, un essai de traduction à la main : il avoit non-seulement appris l'anglais, mais il avoit fort bien rendu dans notre langue un fragment considérable du livre qui intéressoit particulièrement l'encyclopédiste. Dès ce moment il s'établit entre eux des relations habituelles, et telle fut la source de la prospérité de notre compatriote, que l'on fit aussitôt censeur royal et qui est devenu sénateur.

Statistique.

Le Clerc, né à Salins vers 1733, mort à Versailles en 1802, avoit long-temps séjourné en Russie où Catherine II l'accueillit fort bien, et laissa pourtant ses longs travaux sans récompense. Ces travaux consistent en un corps d'*Observations* très-étendu *sur la Russie,* où il traite de toutes les parties de l'administration, de tous les revenus, de toutes les ressources de ce vaste empire. Il revint en France en 1779, et le Roi lui accorda le brevet de médecin des armées de terre et de mer. C'est dans le temps qu'il remplissoit ces fonctions, qu'il composa l'*Histoire naturelle de l'homme malade*, ouvrage vivement attaqué par la faculté de médecine comme trop systématique. Quoiqu'il en soit, Clerc fut décoré de l'ordre de St.-Michel, et il est très-vraisemblable que ses observations sur l'empire des Czars donnèrent à Mirabeau l'idée de son grand ouvrage *de la monarchie prussienne* où il adapte aux états de Frédéric les mêmes vues, le même plan que M. Le Clerc avoit suivis pour la Russie.

Le sujet nous rappelle *La Russie et l'esclavage dans leurs rapports avec la civilisation*, par M. Ducret qui a fait également un séjour très-prolongé dans cette grande partie de l'Europe; qui l'a observée avec ame, et qui en a décrit l'état et les mœurs avec le ton de la véracité.

La statistique locale a occupé MM. les docteurs Guyétant père et Roland, qui ont inséré par fragmens le résultat de leurs observations dans les premiers *Annuaires du Jura*.

La *Topographie médicale de la ville de Dole*, par le docteur Machard, rentre essentiellement dans la statistique du pays, et mériteroit de servir de modèle sur d'autres points.

L'*Analyse des eaux minérales du Louverot* par le docteur J. B. Girardet de Lons-le-Saunier, qui vivoit en 1677; et l'*Analyse des fontaines salées* par M. Rossigneux, apothicaire à Dole en 1753, appartiennent aussi à ce genre, et méritoient un léger souvenir.

Histoire générale.

Jean Millet, né à St.-Amour en 1513, a traduit, 1.º *Les cinq livres d'Egesyppus* concernant plusieurs guerres des Juifs et la ruine de Jérusalem; 2.º *Les Conquêtes, origine et empire des Turcs;* 3.º *Les Chroniques ou annales de Jean Zonare.*

Matthieu de Vaulchier, né à Arlay au seizième siècle, homme prudent et soldat courageux, fut l'un des rois-d'armes de Charles-Quint, sous le nom de Franche-Comté, et fit la guerre contre les protestans d'Allemagne. Habile à manier la plume comme à tenir l'épée, il traduisit de l'espagnol le *Commentaire* de Dom Louis d'Avila, qui concerne cette guerre. On ignore le temps de sa mort. Son tombeau de faux albâtre le représentoit à genoux: il étoit dans l'ancienne église d'Arlay, on le voit aujourd'hui dans le jardin de la maison curiale.

La guerre des huguenots dans les environs de Lyon fut écrite en latin par Jean Willemin, originaire de Pupillin près d'Arbois, helléniste et médecin recommandable par les ouvrages de son art, qu'il a publiés au commencement du dix-septième siècle.

Il y a beaucoup d'érudition et de solidité dans les immenses compositions historiques de Claude-Marie Guyon, de Lons-le-Saunier, né en 1699, et mort en 1771, collaborateur de l'abbé Desfontaines; mais ses amis commirent une singulière indiscrétion, lorsqu'ils le comparèrent à Rollin. On lui doit 1.° une *Continuation de l'histoire Romaine* de Laurent Echard, depuis Constantin jusqu'à la prise de Constantinople, en dix volumes (1); 2.° une *Histoire des empires et des républiques*, depuis le déluge jusqu'à J. C., en douze volumes qui ont été traduits en anglais; 3.° *l'Histoire des Amazones anciennes et modernes*, en deux volumes qui ont été traduits en allemand; 4.° *l'Histoire des Indes*, en trois volumes, traduits dans la

___

(1) A propos de continuateur, nous ne devons pas omettre ici le nom de M. l'abbé François Pellier, d'Orgelet, aumônier de S. A. le duc de Bourbon-Condé, qui publie en ce moment la continuation de l'*Abrégé chronologique de l'histoire ecclésiastique* de Macquer, et qui prépare celle de *l'Histoire de l'Eglise* de Béraut Bercastel.

même langue ; 5.° un *Essai critique sur l'établissement et la translation de l'empire d'occident en Allemagne, avec les causes singulières qui l'ont fait perdre aux Français.* L'Abbé Guyon promettoit une *Histoire de l'idolâtrie* qui n'a point paru.

Son contemporain Cl. François Lambert, de Dole, n'eut pas souvent comme lui l'honneur de se lire en langue étrangère. On a de ce laborieux compilateur une foule d'écrits parmi lesquels nous ne citerons que *l'Histoire générale de tous les peuples du monde*, le seul de ses ouvrages qui ait été traduit ; *l'Histoire de Henri IV*; *l'Abrégé de l'histoire de l'empire*, depuis Rodolphe d'Habsbourg, et un *Recueil d'observations curieuses sur les mœurs, les coutumes, les arts et les sciences des différens peuples*, etc., qui probablement servit beaucoup à M. Démeunier pour composer son *Esprit des usages et des coutumes* (1). Quelques Biographes lui attribuent une *Histoire de l'Empire ottoman*, traduite de l'italien de Sagredo.

L'histoire des Sarrasins sous les onze premiers Califes, de Simon Ockeley, a été livrée aux

(1) M. Ch. Lazare Laumier, né à Dole en 1781, a écrit sur les *Mœurs et usages des Français, depuis l'origine de leur monarchie jusqu'aux temps modernes*, et il est auteur de *Résumés d'histoires étrangères* et *de l'histoire des Jésuites*, le dernier imprimé en 1826.

bibliothèques françaises par Augustin Jault, d'Orgelet, qui l'a enrichie de remarques historiques et géographiques, ainsi que de l'abrégé de la vie de Mahomet.

J. B. Laboureau, de Saint-Claude, qui est mort à Sens où il étoit receveur de l'enregistrement et des domaines, le 20 septembre 1814, est auteur d'une traduction du *Précis philosophique et politique de l'histoire d'Angleterre*, dans une suite de lettres écrites par un lord à son fils (1); et l'abbé d'Andrezel (Bart.-Ph.), né à Salins en 1757, avoit traduit de Fox, en 1802, l'*Histoire des deux derniers rois de la maison des Stuarts*.

Après des réputations aussi peu étendues, nous nous élevons maintenant à la hauteur où s'est placée celle de l'abbé d'Olivet, le plus célèbre de nos littérateurs, l'un des quarante de l'Académie française. L'histoire d'une association aussi illustre, est l'histoire d'une véritable puissance, puisque c'est celle de la république des Lettres: notre compatriote en fut l'un des meilleurs historiographes. On regrette la perte de son manuscrit de *l'Histoire de l'académie d'Athènes*. Pierre-Joseph Thoulier d'Olivet,

(1) M. Barbier croit l'ouvrage anglais de Goldsmitt.

de Salins, originaire de Mirebel où l'on voit le portrait de ses ancêtres dans un tableau votif de l'église, étoit né en 1682. Reçu dans l'ordre de Saint Ignace, il s'étoit fait connoître de 1700 à 1713, de Dom Mabillon, de Maucroix, du P. Oudin, du président Bouhier, de Boileau, de J. B. Rousseau, de Huet, de Fraguier, de la Monnaie et du P. Jouvency. En 1723 il fut reçu à l'académie, et il est du nombre des savans qui ne s'endormirent pas dans le fauteuil.

Histoire de la Province.

Nous n'aurons pas à nous occuper de Pierre Matthieu que l'on a mal à propos fait naître à Salins et à Poligny en 1563, ni de Louvet que l'on dit être d'Arbois, auteur d'un abrégé de l'histoire de Franche-Comté, de la statistique du pays et de notices sur ses principaux seigneurs jusqu'au milieu du dix-septième siècle: l'un étoit de Pesmes, la *doulce patrie* de notre naïf historien Gollut; l'autre étoit de Beauvais.

Nous passerons même sans nous arrêter sur Claude-François Bigeat, conseiller au parlement de Dole, à qui l'on doit plusieurs ouvrages en français et en espagnol sur les guerres de la Franche-Comté, afin d'arriver plutôt à celui de nos historiens qui mérite seul encore de prendre ce titre. Jusqu'à lui nous n'avions eu que des chroniques: on prétend même que le véritable historien de cette province est encore à naître; et il faut avouer que ce besoin se fait surtout sentir depuis les grands événemens qui y sont arrivés, les découvertes que l'on y a signalées, les progrès obtenus dans les sciences et dans les arts, et la diversion opérée dans les esprits. Mais jusqu'au moment où une personne habile aura le courage d'entreprendre un travail aussi désirable, nous regarderons *l'Histoire des Séquanois* de Fr. Ign. Dunod, de Saint-Claude; son *Histoire des Bourguignons et du premier royaume de Bourgogne;* son *Histoire du comté de Bourgogne* et son *Histoire de l'église de Besançon,* comme d'excellens ouvrages. Dunod étoit un esprit solide et judicieux: il faudroit l'être au même degré que lui pour le refaire (1).

Les manuscrits de M. Maréchal de Longe-

---

(1) A défaut d'une histoire complète, on songe à nous donner un *résumé*: M. Bousson de Mairet se charge à cet égard de remplir les lacunes de Dom Grappin, et de rectifier les erreurs de M. le Fébure.

ville qui vivoit en 1687, et dont la famille habite Lavigny, seroient très-bons à consulter pour la recomposition de cette histoire ; mais à la mort de ce savant, le P. Chandiot, carme déchaussé, s'empara de ces matériaux, et l'on ne sait ce qu'ils sont devenus.

Nous ne devons point passer sous silence deux autres manuscrits précieux qui traitent des dernières guerres de la Province. Dans sa lettre à L. Pétrey, Boivin cite *la Bourgogne délivrée*, de Girardot de Nozeroy seigneur de Beauchemin. C'est le même ouvrage, regardé comme important, qui a été trouvé par M. le chevalier Crestin (mort commandant du fort Saint-André et très-estimé des gens de lettres). Ces annales sont relatives *à la guerre de dix ans*, depuis 1632 jusqu'en 1642 ; elles sont écrites avec une élégance et une pureté fort rares pour le temps (1). Les mêmes qualités se font remarquer dans le *Factum* du comte de l'Aubepin, où il est surtout question de la conquête de Louis XIV, en 1668.

---

(1) M. le comte du Saix baron d'Arnans en a publié, en 1822, un extrait dans un recueil de diverses pièces, intitulé : *Guerres de la Franche-Comté sous le règne de Louis XIII*, en ce qui concerne le baron d'Arnans, un de ses aïeux.

Histoire locale.

Jean Boivin, né à Dole vers 1580, illustre président du Parlement pendant le siége de 1636, ne se montra pas moins vaillant défenseur de sa patrie, que magistrat ferme et prévoyant. C'est à sa plume plus forte qu'élégante que nous devons la relation de ce siége à jamais célèbre dans les fastes de la Franche-Comté.

L'abbé Guillaume (J. B.), associé de l'académie de Besançon, a rendu un grand service à l'histoire de la province, en donnant celle *des sires de Salins*, celle de cette ville et son nobiliaire. On trouve dans ces écrits de nombreux documens qui sans doute, élaborés avec plus de soins et de méthode, ont reparu dans les *Recherches historiques sur la ville de Salins* de M. J. B. Béchet, de Cernans, ancien secrétaire-général de la préfecture du Jura et ancien secrétaire-perpétuel de l'académie de Besançon: sans doute aussi M. Béchet se sera servi avec avantage du manuscrit qu'avoit laissé, touchant la ville de Salins, M. Charles-Guillaume Vernier d'Usies, mort en cette ville qui étoit sa patrie, le 3 décembre 1808.

Les *Mémoires historiques sur la ville et seigneurie de Poligny,* par M. Fr. Fél. Chevalier, ont porté de nouvelles lumières dans les annales de la Franche-Comté : il seroit à souhaiter que chacune de nos villes produisît de pareils écrivains pour fournir leur histoire particulière.

M. Casimir Persan a suivi cet exemple en livrant au public d'intéressantes *Recherches sur la ville de Dole,* quoique moins profondes et moins volumineuses. M. de Persan, né dans cette ville en 1750, y mourut le 22 juin 1815. Il faisoit partie de la maison militaire du roi, lorsqu'il s'occupoit déjà de compulser les manuscrits de la bibliothèque royale, alors confiée aux soins de l'abbé Guillaume, afin de composer les mémoires qu'il a publiés en 1813. Il fut aidé dans ce travail par les communications que lui avoit faites autrefois l'abbé Monnier de Toulouse, mort en 1799. Au moment de la révolution, Persan avoit quitté le service pour se retirer dans sa patrie, croyant y vivre oublié parmi ses livres ; mais ses livres ne le dérobèrent point aux Vandales de 1793 : il y fut saisi et mené en prison. Il auroit probablement passé du tribunal révolutionnaire à l'échafaud, si, pour retarder son départ, et pour se faire transférer à un hospice, il n'eût feint une grave indisposition ; et s'il ne fût parvenu, déguisé en infirmier, à s'évader et à gagner la Suisse. Il revint à Dole, le plutôt qu'il le put, reprendre ses occupations favorites; et il contribua à former dans cette ville une bibliothèque publique, dont il fut le premier conservateur.

D'autres histoires particulières sont restées manuscrites; telle est celle *de Lons-le-Saunier*, par M. l'avocat Courbe, né en cette ville en 1673, et mort postérieurement à 1728, année à laquelle s'arrêtent ses annales qu'il fait remonter jusqu'aux premiers temps du christianisme. Il y a un exemplaire de cet écrit à la bibliothèque du Roi, et quelques-uns sur les tablettes des amateurs dans le département du Jura. Telle est aussi une *Histoire de l'antique abbaye de Saint-Claude*, par M. Gaillard, promoteur de l'officialité, né en 1685, mort en 1751. Elle est passée, avec d'autres manuscrits du même auteur, chez M. le conseiller Droz de Pontarlier.

Il faut placer à côté de lui M. Alexis-Marie Dumoulin, son compatriote, mort depuis quelques années, exerçant le ministère public au tribunal de Saint-Claude, qui avoit extrait, avec une longue patience, des anciennes chartes ce qu'elles avoient de plus substanciel pour servir à l'histoire locale. Ces recueils ont péri dans l'incendie.

Nous avons parlé ailleurs de la *Dissertation* de M. Christin et de la *Notice historique* de M. J. B. Crestin, sur l'abbaye et sur la ville de Saint-Claude, leur ville natale. Dans sa retraite de Condamine, M. Crestin, ancien administrateur, serviroit encore son pays comme historien, s'il vouloit avec M. Dalloz (1) consacrer ses loisirs à une histoire complète de cette ville et de son arrondissement. Nous adressons à M. Charles Coulon, curé actuel d'Arlay, la même invitation en faveur d'Arbois sa patrie, nul n'étant plus à même que lui de s'acquitter avec distinction d'une aussi belle tâche.

Mais nous ne terminerons pas cette subdivision sans y nommer M. Quatrième de Vaudry, amateur distingué, qui, dans le cabinet qu'il a formé à Poligny, rassemble avec les raretés les plus précieuses de la province, des livres et des manuscrits intéressans que l'on ne trouve plus ailleurs.

(1) M. Cl. M. Dalloz a fourni à MM. Nodier et Taylor beaucoup de renseignemens pour leur *Voyage pittoresque et romantique dans l'ancienne France* (Livraison de la Franche-Comté).

Biographie.

On doit à Ferdinand Lampinet, né à Dole en 1635, et mort en cette ville en 1710, des recherches curieuses qui ont été mises à profit par d'autres écrivains. Peut-on savoir trop de gré à des hommes aussi laborieux, de consumer leur vie dans une espèce d'obscurité, à rassembler les matériaux que des mains plus habiles doivent, après eux, mettre en œuvre? Lampinet a esquissé une *Histoire des membres du parlement de Dole*, comme nous l'avons déjà dit ailleurs; *les Actes des saints de la province de Franche-Comté*; et une *Bibliothèque séquanoise*, laquelle a été très-utile aux personnes qui se sont occupées de notre histoire littéraire.

Joignons à ce chroniqueur M. Bourdon, de Vernantois, mort conseiller de Préfecture du Jura en 1807, et ancien professeur de belles-lettres, qui avoit rédigé, pour les annuaires de 1803 à 1806, des *Notices sur les hommes du Jura qui se sont distingués dans les sciences et les arts*.

M. Pallu, bibliothécaire de Dole, se recommande à son tour par des notices sur les hommes remarquables qu'a produit l'arrondissement de cette ville; et M. N. Amoudru, par sa coopération à la *Biographie des contemporains*, où l'on fait preuve de courage : l'avenir décidera si l'on y fait preuve d'impartialité.

Archéologie.

L'ARCHÉOLOGIE se lie étroitement à l'histoire, puisqu'elle nous aide à mieux connoître les différens âges du monde.

Jean Matal, le *Métellus* de Gilbert Cousin, né à Poligny en 1520, mort à Augsbourg en 1597, avoit exploré une partie de l'Europe, et s'étoit lié avec les savans les plus renommés, Alcia, Ant. Augustin, Osorio, Cassander, OEgius, Bodegem, Onuphre Panvini. Il fut un des correcteurs des *Pandectes florentines* de Lelio Torelli, et des *Inscriptions étrusques* de Gruter. On a de Matal, 1.° une lettre *De Jeron. Osorii, indicarum rerum historia*, 1574; 2°. *Speculum orbis terræ*, qui fut publié en 1600 par les soins d'un de ses amis.

Le jésuite Dunod, de Moirans, a prouvé que l'on pouvoit être fort érudit sans être un excellent critique. On ne parle pas du zèle qu'il montra pour les fondations de charité dans la plupart de nos villes, et l'on parle beaucoup de sa *Découverte d'Avanticum* au lac d'Antre. Cette découverte fut un phénomène en littérature ; elle ouvrit un trésor inépuisable d'antiquités parmi les décombres qui hérissent encore la commune des Villars-d'Héria ; mais pour une ville trouvée, il en renversa pour ainsi dire plusieurs, transportant la ville d'Avanche, des rives du lac de Morat aux montagnes de Moirans ; l'*Equestris* de Nyon à Poligny ; l'*Augusta Rauracorum* des bords du Rhin à ceux du Doubs ; *Amagétobria* de la Saône aux environs de Montbéliart ; et *Castrum olinum* d'Hollé à Cita près de Vesoul.

Normand de Clairvaux qui exerçoit la médecine à Dole, acquit des droits à la bienveillance de ses concitoyens en publiant une *Dissertation* dans laquelle il cherche à prouver que cette ville, bâtie sur l'emplacement du *Didatium* de Ptolémée, a été le séjour le plus ordinaire des comtes de Bourgogne et par conséquent la véritable capitale de la Province. « Cette opi-
« nion, dit le biographe, réfutée solidement par
« Dunod, étoit trop favorable aux prétentions
« des Dolois pour qu'ils ne l'accueillissent pas
« avec enthousiasme. Les magistrats de cette

« ville firent expédier à Normand des lettres
« de bourgeoisie, et lui décernèrent une mé-
« daille d'or, avec cette devise : *Ob assertam*
« *civitatis antiquitatem.* »

Le plus savant numismate de notre département est sorti de Nozeroy : il se nommoit
Alexandre-Xavier Panel, et il fut digne dès
l'âge de vingt ans d'entrer dans l'association
des jésuites. Il étoit né en 1699. Le roi d'Espagne lui confia le soin de l'éducation des
infans, et la garde de son cabinet de médailles.
En 1742, il passa de la capitale de l'Espagne à
celle de la France, où il acquit le riche médailler de Rotelin pour l'Escurial ; ensuite à Dijon
où il examina les restes de celui du P. Chifflet ;
puis à Besançon où il reçut de M. Mairot de
Mutigney, une suite de monnaies antiques
recueillies dans la Franche-Comté. La mort le
surprit en 1777, au moment où il s'occupoit
de ses travaux les plus notables. On a de lui
des dissertations, 1.° sur les *Cistophores* ou por-
teurs de corbeilles aux fêtes de Cybèle ; 2.° sur
le *Triumvirat de Galba, Othon et Vitellius,* et
sur celui de *Niger, Albin et Sévère* ; 3.° sur le
médailler de M. Lebret ; 4.° sur une médaille
d'Auguste frappée à Lyon ; 5.° sur la ville d'*Ico-
nium* ; 6.° sur les *premiers versets du livre des*

Machabées; 7.° sur des *médailles de Vespasien*; 8.° sur une *médaille frappée à Tarascon en l'honneur de Tibère, de Julie et de Drusus*. On reproche à cet archéologue un esprit de contradiction qui le porta souvent à aller contre les témoignages de l'histoire.

Son confrère et compatriote Pierre-Alexis Girardet est auteur d'un *Nouveau système sur la mythologie*, publié en 1789. « Il y traite du *béthélisme*, c'est à dire du lieu qu'habitoit le Seigneur lorsqu'il gouvernoit lui-même le peuple qu'il s'étoit choisi; et il cherche à prouver que toutes les religions ont tiré leur origine de celle des Juifs. » La seconde partie de cet ouvrage existe en manuscrit à la bibliothèque publique de Besançon. Il étoit né en 1723, et il est mort en 1789, doyen du chapitre de Nozeroy.

Les différentes dissertations du professeur Dunod, jointes à son histoire du comté de Bourgogne, et les éclaircissemens préliminaires dont M. Chevalier a fait précéder ses mémoires historiques sur Poligny, leur assignent à chacun une place distinguée parmi les antiquaires franc-comtois, et l'on peut même les regarder comme doués de la plus saine critique.

Le comte de Caylus eut un correspondant assez instruit dans M. Gabriel-Ét. de Montrichard-Saint-Martin, né en 1755 à Voiteur, où il mourut en 1799.

David de St.-Georges étoit digne de leur succéder; mais il est mort à un âge où l'on met le mieux à profit le résultat des lectures et des observations: il avoit moins de cinquante ans. Saint-Georges avoit recueilli des notes pour l'archéologie des arrondissemens de Poligny et de Saint-Claude. Ses ouvrages les plus remarquables sont, 1.° une traduction encore inédite de l'*Histoire des Druides*, de Smith; 2.° une autre traduction (imprimée en 1797) des *Poèmes d'Ossian* et de quelques bardes, pour servir de suite à l'Ossian de Letourneur. Cet écrivain s'étoit essayé en plusieurs genres de littérature, et avoit tout ce qu'il falloit pour réussir dans un de ces genres, s'il s'y étoit fixé.

Science des langues.

Il faut être archéologue pour connoître le génie et le mécanisme des langues. Ainsi le grammairien le plus superficiel doit au moins recourir à la racine des mots, pour en fixer l'orthographe, tandis que le grammairien profond sonde tous les idiomes et consulte tous les dialectes, pour savoir les ressources du langage, et pour suivre la filiation des idées. La perfectibilité du langage, a-t-on dit, tient de si près à celle de l'ordre social, et la perfectibilité d'une science, à la perfection de ses instrumens, que l'on a regardé la langue comme un instrument essentiel de la civilisation. Pour les personnes qui n'aperçoivent pas d'abord tous ces fils déliés, elles savent du moins combien un style clair, pur, agréable, soulage la tension de l'esprit sur des matières abstraites ; elles savent combien la peine de s'instruire est tempérée par le charme de la parole, semblable à ces douleurs qui s'appaisoient, disent les anciens, par des incantations magiques ; elles savent que

« Sans la langue, en un mot, l'auteur le plus divin
« Est toujours, quoiqu'il fasse, un méchant écrivain. »

Ce n'est donc pas un service si médiocre d'avoir, par ses leçons et par son exemple, contribué à former sa langue et à la fixer.

Pierre Billerey surnommé Daillefod, né à Salins au seizième siècle, y étoit chanoine ; mais il y rendoit ses loisirs profitables à la jeunesse, et il fit imprimer pour elle : *Grammatices principia seu fundamenta*, ouvrage dont il est parlé dans le supplément de la bibliothèque de Gesner, imprimé à la suite de la bibliothèque de Duverdier.

Dans le cours de ses veilles si variées, Morisot n'oublia point la grammaire : on lui doit un livre utile dans son temps, aujourd'hui trop dédaigné : *De verâ tum litterarum tum accentuum origine.*

Le nom de l'abbé d'Olivet, membre de l'académie française, est devenu une autorité en littérature. Ses *Essais de grammaire*, ses *Remarques sur la langue*, son *Traité de la prosodie* (ouvrage, dit Voltaire, qui subsistera aussi long-temps que la langue française, qu'il venge des injustes reproches qu'osoient lui adresser des écrivains peu exercés dans l'art de la manier), et ses *Remarques sur Racine* sont très-propres à former le goût des jeunes écrivains.

On cite déjà avec les mêmes éloges les deux *Cours de grammaires latine* et *française* de M. Alexandre Lemare.

Un appréciateur éclairé dans ce genre d'étude a donné un tribut de louange à M. David, de Saint-Claude, professeur en 1823 au collége de Dole, pour un *Essai de grammaires française et latine, comparées.*

Les commentateurs judicieux qui indiquent à la jeunesse les beautés ou les défauts des auteurs-modèles, rendent des services non moins vrais : nous venons de citer l'abbé d'Olivet, il nous reste à nommer l'abbé Mermet, auteur de *Nouvelles observations sur Boileau* (1) et *sur le mécanisme de sa versification*. On a aussi de cet habile rhéteur des *Leçons de belles-lettres* qui l'ont fait désigner sous le titre de continuateur de Batteux ; et l'*Art du raisonnement présenté sous une nouvelle forme*. Nous saisissons l'occasion de citer à ce sujet la *Logique classique* de M. J. Ferréol Perrard, de Fay, d'après les principes de philosophie de M. La Romiguière.

M. F. J. Genisset, de Mont-sous-Vaudrey, professeur d'éloquence au collége de Besançon et secrétaire perpétuel de l'académie de cette ville, a commenté avec beaucoup de tact et d'esprit *les Bucoliques de Virgile*.

Quant aux savans qui ont tenté d'approfondir la lexicologie, et creusé pour ainsi dire le sol fécond mais rebelle de cette science, pour en extraire des richesses cachées ; il faut placer aux premiers rangs Augustin-François Jault, qui avoit mis en ordre et augmenté de deux tiers la nouvelle édition du *Dictionnaire étymologique de la langue française* par Ménage. Jault

(1) M. Béchet avoit fait, en 1811, imprimer un *Examen de la 8.e satire de Boileau sous le rapport du style*.

étoit très-capable d'un pareil travail, comme orientaliste : il professoit le grec et le syriaque à Paris.

Avant lui le P. Bouton avoit porté son attention sur le syriaque. Son *Dictionnaire latin-syriaque* étoit déjà fort avancé lorsque la mort le surprit à ce travail en 1628. Il a laissé manuscrit à la bibliothèque des jésuites de Lyon un *Dictionnaire latin-hébreu* qui a passé dès-lors à la bibliothèque de cette ville; il a pour titre : *Clavis scripturæ sacræ, seu dictionarium hebraïcum, in quo latinis vocibus subjiciuntur voces hebrææ respondentes.*

Digne de succéder à sa réputation, l'abbé Jantet a laissé également manuscrit un *Dictionnaire étymologique des mots français dérivés de l'hébreu;* et David de Saint-Georges, que la mort vint aussi arracher à des occupations analogues, s'étoit tracé un plan très-vaste, lorsqu'il se proposoit de former un glossaire de mots supposés appartenir à la langue primitive. « A cet âge, dit M. Nodier, où l'on ne
« conçoit point d'obstacles au travail, rien
« d'impossible à la patience, rien de fini dans
« la vie, j'avois promis d'exécuter l'*Archéo-*
« *logue* aperçu par Debrosses, essayé avec
« peu de bonheur par Court de Gébelin,

« rejeté par la timidité de Volney, entrepris
« et abandonné par l'inconstante activité de
« David Saint-Georges qui m'avoit légué ce
« grand projet pour héritage.

« Je rattachois alors à ce plan immense
« l'exécution beaucoup plus facile de l'alphabet
« universel et de la langue caractéristique de
« Leibnitz, qui n'exigent en dernière ana-
« lyse qu'un peu de tact, un peu d'esprit de
« méthode, et la connoissance si aisée à ac-
« quérir des principales racines des langues,
« rangées suivant l'ordre de leurs origines
« et l'analogie de leurs élémens. Des recher-
« ches et des méditations de tant d'années
« laborieusement perdues, il ne me reste au-
« jourd'hui que des matériaux que je n'ai pas
« renoncé à publier, parce que, dans ces mem-
« bres épars du lexicographe mutilé, il y a
« peut-être encore quelque chose à recueil-
« lir pour le grammairien, et même pour
« le philosophe. »

Arrivé à la fin de ce livre, l'auteur sent plus
que jamais le besoin de se justifier d'un zèle
investigateur qui a pu sembler quelquefois trop
minutieux; et il trouve fort à propos son
excuse dans un discours sur les avantages des

sciences et des arts, où M. Borde a réfuté un discours beaucoup plus fameux de Rousseau. « Le temple des sciences, dit-il, est un édifice « immense qui ne peut s'achever que dans la « durée des siècles. Le travail de chaque homme « est peu de chose dans un ouvrage si vaste ; « mais le travail de chaque homme y est né- « cessaire. Le ruisseau qui porte ses eaux à la « mer doit-il s'arrêter dans sa course, en « considérant la petitesse de son tribut ? »

FIN DU QUATRIÈME ET DERNIER LIVRE.

OMISSIONS.

Page 406, à la fin du § I., placez l'art. suivant.

On a érigé un tombeau, sur le cimetière du P. Lachaise, à M. Pierre-Joseph Grappe, né à Trébief en 1755, et mort à Paris le 13 juin 1825, l'un des plus grands légistes et des plus célèbres professeurs de l'école de droit. Jeune élève à l'université, il y avoit fait des progrès si rapides, qu'en une seule année il devint avocat. Il y fut bientôt professeur à son tour, et s'y maintint avec honneur jusqu'au moment de la suppression de ce corps. C'est alors qu'enveloppé dans les proscriptions révolutionnaires avec tout ce qu'il y avoit en France de gens honnêtes et énergiques, il fut arrêté et traîné dans les prisons de Dijon, d'où il ne sortit qu'après le 9 thermidor. De 1797 à 1804, il fit remarquer sa prudence et sa modération, dans le corps législatif; et dès-lors, rentrant dans la vie privée pour fournir la carrière où le rappeloit un penchant irrésistible, il fut avocat consultant, jusqu'en 1819, que le Roi le nomma professeur à l'école de droit de Paris. Peu de temps avant sa mort, M. Grappe avoit reçu de S. M. Charles X la décoration de la Légion d'honneur, en récompense de ses longs et utiles services.

Page 236, *ligne* 3, *ajoutez* : M. Raimond Baud, son fils, a traduit de l'italien de Fabroni *L'Art de faire les vins,* qui fut imprimé à Paris en 1802.

Page 360, *ligne* 21, *ajoutez* : M. Gabiot, de la même ville, qui l'a devancé sur les théâtres secondaires de la capitale, y fut accueilli par de fréquens applaudissemens, surtout dans son *Ésope aux Boulevards* qui eut une vogue prodigieuse et méritée. Nous aurions pu d'ailleurs assigner à Gabiot une place parmi les muses jurassiennes, comme auteur d'un poème contre le duel, et même comme traducteur des *Jardins* du P. Rapin de Tours.

Page 466, *ligne* 3, *après* 1677, *ajoutez* : le *Traité sur la vertu des eaux minérales de Jouhe* livré à l'impression par Cl. Guillot, en 1710.

ERRATA.

Page 4, ligne 27, *après* besoins, *placez une virgule.*
P. 23, lig. 2, parlement, *lisez* gouvernement.
P. 119. Sur la foi d'autrui, nous avons fait naître Sébast. Râcle, à Salins, où il existe une branche de sa famille; mais d'autres le disent de Pontarlier.
P. 123, lig. 1, Renouard, *lisez* Raynouard.
P. 142, lig. 3, Jeanne, *lisez* Anne.
P. 149, 191 et 206, historiographe, *lisez* historien.
P. 234, lig. 13, quadruple, *lisez* quadruplé.
P. 279, lig. 5, eto pur, *lisez* et pour.
P. 317, lig. 12, aspernanda, *lisez* aspernenda.
P. 340, lig. 16, de l'abbé, *lisez* du P.
P. 341, lig. 5, lorsqu'il, *lisez* lorsqu'elle.
P. 368 lig. 12, Gondicaire, *lisez* L'armée de Gondicaire.
P. 380 lig. 9, Corbiron, *lisez* Corbichon.
P. 421, lig. 4, Bissia, *lisez* Boissia.
P. 430 lig. 20, dans le temps, *lisez* dans un temps. *Et ajoutez en note au bas de la page :*
M. Bourdon (*Ann. du Jura* 1804-1805 *page* 69), s'étoit trompé : il n'avoit pas rapproché le temps de la mort d'Antoine Brun, arrivée en 1654, de celui de la publication du *Bouclier d'État* qui n'eut lieu qu'en 1663.
P. 474 lig. 11, du Roi, *lisez* de Louis XVI.
P. 478 lig. 1 produit, *lisez* produits.

INDICATION DES SOURCES
OÙ L'AUTEUR A PUISÉ SES PRINCIPALES AUTORITÉS ET SES RENSEIGNEMENS.

Entr'autres ouvrages qui ne traitent pas spécialement de la Franche-Comté, ce sont les histoires de Ph. de Comines, de J. de Serres; du prés. Hénaut, de Mézeray, de Guichenon, de dom Plancher, de Bailliet, de Mille, de Crévier; les Lettres édifiantes, les trois Siècles, le dict. des Grands Hommes, la Biog. moderne, la Biog. universelle, la Biog. des contemporains; le Mercure de France, le Moniteur, les Journaux de Paris et des départemens.

Parmi les ouvrages qui ont traité spécialement du pays, ce sont ceux de Gilb. Cousin, Boivin, Pétremand, Gollut, Chifflet, Laire, Dunod, Guillaume, Chevalier, Joly, Le Riche, Dom Grappin, Girod de Novillars, Christin, Lequinio, Bourdon, Crestin, Persan, Guyétant, Béchet; le Mémorial de la Préfecture du Jura, les Journaux publiés à Lons-le-Saunier et à Dole, les Tablettes franc-comtoises, les Comptes rendus des sociétés savantes et divers mémoires d'avocats.

L'auteur a consulté aussi des extraits de chartes faits par son père dans les archives de la Cour des Comptes, quelques manuscrits de Girardot de Beauchemin, de Lampinet, Vernier d'Usies, Abry d'Arcier, et de l'abbé Mermet; et les personnes obligeantes qui ont bien voulu lui fournir des renseignemens, sont MM. Weiss, Pallu, Dumoulin, de Vaudry, Coulon, Ferreux, Piard, etc.

TABLE DES NOMS

DES

JURASSIENS RECOMMANDABLES,

ET

DE CEUX QUI SONT CITÉS A LEUR OCCASION
DANS CET OUVRAGE.

Adson,	Page 373	Babey, d'Orgelet,	Page 47
Agrippa,	403	Babey, Et.,	435
Albert,	189	Babey, prof.,	459
Alpy,	189	Bachelu,	193
Amidey,	362	Bailly, de L.,	46
Amoudru,	478	Bailly, prêtre,	71
Andrezel (d'),	469	Balland,	341
Angeville (d'),	77, 383	Ballay (J. de),	154
Angrer,	46	Ballay (A. de),	158
Arbel,	281	Baratte,	177, 212
Arbois (les habitans d'),	164	Barbet,	240
Arçon (M.e d'),	357	Barochin,	240
Arlay (P. d'),	59	Barrelier,	189
Arlay (R. d'),	59	Battefort (L. de),	7
Astorg (d'),	196	Battefort, v. Mochet.	
Attiret, C. A.,	326	Baubet,	32, 401
Attiret, C. F.,	330	Baud,	47, 234
Attiret, J. D.,	207, 334	Bauderat,	66
Aubepin (G. de l'),	10	Baudrand, Cl.,	385
Aubepin (de l'), v. Mochet.		Baudran, général,	385
Aymar de Boujailles,	155	Bauffremont (P. de),	157

Bavoux,	47	Bollu,	421
Bavoux, F. N.	428	Bon,	92
Beaulieu, ou Beaulot,	89	Bonjour,	241
Béchet, 46, 473,	485	Bontemps,	54
Bellevaivre (Marg. de),	59	Bonvalot,	204
Benoît,	435	Boquet de Courbouzon,	398
Bérault de St.-Dizier,	65	Bouchard,	421
Béreur, F. L.,	440	Boucherat,	409
Béreur, Jeanne,	377	Boudon, dit Faribole,	190
Béreur, L. de Jésus,	377	Boudon, Fél.,	309
Bergère,	293	Bougaud,	415
Bernard, 193,	452	Bourdon,	477
Bernon,	115	Bourdon de Sigray, 98, 208,	450
Berthelot,	289	Bourgeois, F. D.,	295
Besand, père et fils,	333	Bourrelier,	402
Besançon,	376	Bousson de Mairet,	471
Besson, Jos. Aimé,	320	Bouton, Chris.,	158
Besson,	407	Bouton, F., 100,	486
Bichat,	418	Bouveret,	46
Bidault,	47	Bouvier, A. M. J.,	420
Bidot,	63	Bouvier (le baron), 46,	426
Bidlet,	270	Braillard,	325
Biétrix,	332	Branges (de),	146
Bigeat,	470	Brans (P. de),	158
Bigot,	385	Brazier,	47
Billerey d'Aillefod,	483	Brenet,	102
Billet,	333	Breton, frères,	319
Billot,	441	Breune, père,	243
Blanchot, Claudine,	69	Breune, Adol.,	338
Bletterans (les habit. de),	169	Brech d'Hôtelans,	71
Bobilier,	454	Broissia (de),	60
Bobilier, E. E.	456	Bruet,	84
Boguet,	415	Brun, Cl., 22,	35
Boichoz, père,	250	Brun (A. de), 22, 35, 340,	429
Boichoz, fils,	315	Brune, voy. Breune.	
Boilley,	260	Brunet,	240
Boisset,	402	Bryon,	457
Boivin, Cl.,	473	Buffet,	120
Boivin, J., 136,	422	Bulabois,	54

Bulle,	425	Chaumergy (J. de),	157
Burlet,	296	Chenu,	290, 363
		Chevalier, J.,	340
CAILLER,	47	Chevalier, F. F.,	248, 474, 481
Cailler (l'abbé),	148	Chevassus, de Morez,	282
Canet, aîné,	47	Chevassus-Berche,	305
Carnet,	293	Chevassu, J.,	
Carondelet,	7, 422	Chevillard, père,	47
Carrey,	409	Chevillard, J. B.,	311
Carterot,	85	Chevrault,	32
Caseau, Claudine,	377	Chevrot,	401
Caseau, P. H.,	281	Chifflet, Jul.,	136, 376
Catilinet,	403	Choux (de),	154
Catin,	288	Christin,	17, 476
Cavaroz,	47	Cirey (de),	386
Cécile (Anne-Ph. de),	70	Claude (Saint),	114, 369
Chagrin,	284	Clerc,	308
Chaignon (de),	307	Cointet ou Comtet,	385
Chaillet (femme Lavocat),	217	Collard,	60
Chalon (E. de),	10	Coligny (G. de),	163
Chalon, (C. d'Auxerre),	58, 64	Coligny (Odet de),	391
Chalon (Hug. de),	11	Colin,	316
Chalon (J. de), dit le Sage,	10, 11	Colomb,	322
Chalon (J. de),	11	Colombet,	425
Chalon IV du nom,	25, 267	Combette,	338
Chalon (Louis de),	65	Commercy (de),	59
Chalon (Philib. de),	158, 159	Commoy,	93
Champagne (de),	58	Conseil gén. du dép.,	259, 312
Champagne (Simon de),	158	Cordeliers (les) de Dole,	100
Champagne (X. de),	47	Considérant,	214
Champ-d'ivers (G. G. de),	79	Cordier,	47, 257
Champ-divers (G. de),	157	Cordier, Jos.,	233, 271
Chantrans (S. de),	158	Coulon,	476
Chapuis, J.,	55	Courbe, avocat,	475
Chapuis, méd.,	101	Courbe (M.lle),	63
Chapuis, not.,	214	Courbe, voyez Lecourbe.	
Chapuis, fab.,	349	Courbouzon (de), v. Boquet.	
Charton,	375	Courdier,	64
Chastelier du Ménil,	81	Cournot,	14

Courraulx,	Page 33	Desvernois,	Page 192
Courvoisier, J.,	409	Devaux, Urb.,	188
Courvoisier, J. B.,	403, 432	Devaux, G.,	377
Courvoisier, avocat-gén.,	433	Dévaux,	180
Cousin,	437, 446, 460	Dez,	326
Coytier,	380	Dez-Maurel,	260
Crestin, ch. de St.-Louis,	472	Dolard,	274, 281
Crestin, J. B.,	226, 476	Dole (les habit. de),	140, 147
Cretin,	292	Domet de Mont,	313
Croichet,	55	Doms d'Hautecour, J.,	247
Cuisel (H. de),	12	Doms d'Hautecour, Fréd.,	449
Curasson,	427	Donat (Saint),	114
		Donneuf,	175
DALLOZ, avocat,	428	Donneux, J.,	411
Dalloz, C. F.,	291	Donneux, J. B.,	456
Dalloz, Cl. M.,	476	Dorlodot de Préville,	313
Dalloz-Gaillard,	322	Dortans (de),	157
Dalloz, J. N.,	238, 249, 300	Dramelay (de),	151
Dauphin,	238	Ducret,	449, 465
David, général,	186	Duhamel,	257
David de St.-Georges,	298, 449, 482, 486	Dumont,	92
David, de St.-Claude,	322	Dumont,	237
David, le luthier,	322	Dumoulin,	46
David, de la Joux,	291	Dumoulin, Alex.,	315
David, gramm.,	484	Dumoulin, Al. M.,	475
Defuans,	445	Dunod (le P.),	478
Dejoux,	72, 331	Dunod de Charnage,	403, 423, 462, 471, 482
Deleschaux,	54	Duneyer,	239
Delort,	54, 188	Dusillet, Ch.,	165
Démeunier,	433, 462, 468	Dusillet, Léon,	349, 409
Denisot,	245		
Dérlot,	196	ÉRRARD,	46, 425
Desbarres,	456	Eclans (Pauline d'),	339
Deschaux (Simonne du),	339	Ecouchard,	250, 292
Désiré (Saint),	75	Estournelles (M.ᵉ d'),	357
Desmaillot, voyez Eve.		Eternoz (C. d'),	432
Desprels, J.,	384	Eternoz (le C. d'),	452
Desprels, G.,	146	Eugende (Saint),	369

TABLE.

Eve,	Page 359
FAIVRE,	92
Falletans (J. de),	158
Falletans (Arth. de),	158
Falletans (Ph. de),	158
Fallon (de),	79
Fardet,	259
Fèbvre,	46, 426
Fenouillot,	435
Fenouillot de Falbaire,	358
Férussac (de),	459
Fleury,	143
Fontaine,	307
Fourneret,	421
Fourquet,	456
François, J.,	457, 461
François, L.,	443
Friand,	376
Froissard, J. Ign.,	60
Froissard, Mat.,	55
Froissard de Broissia, C. F.,	100
Froissard de Broissia, maître des requêtes,	61, 137
Froissard, J. Ign. Fr., marquis de Broissia,	60, 395
Froissard, Th.,	415
Froissard (le marquis de),	252
Fromond,	55
Fruin,	389, 402
GABET,	316
Gabet,	322
Gabiot,	490
Gacon,	426
Gaillard (l'abbé),	476
Gaillard de Dannanches,	236
Gandy,	105
Garnier, aîné,	47
Garnier de Falletans,	245, 409
Gaspard,	421
Gatinare,	22, 201, 402
Gauthier, de St.-Amour,	47
Gauthier (le baron),	197
Gauthier, chirurgien,	92
Gauthier, frères,	387
Gay,	338
Gazon, veuve Noirot,	54
Genevay,	189
Genisset,	485
Gerbet, Ph.,	445
Germain,	46, 66
Gerrier,	240
Gigny (les chanoines de),	12, 19
Gilley,	340
Gillis,	327
Gindre,	356
Girardet, J. B.,	466
Girardet, P. Al.,	481
Girardot de Beauch.,	128, 472
Giraud,	541
Girod, J. F.,	90
Girod-Sombardon,	239
Goy,	63
Goy, Josephtte,	219
Grambert,	343
Grammont-Châtillon,	58
Grand-Clément,	93
Grand-Mottet	314
Grappe.	489
Griffon,	12
Grivel (J. de),	423
Grivel (Al. de),	134
Gros-Gurin,	18
Gruet,	283
Guillaume,	473
Guillot,	490
Guiraud, D.	47

Guirand,	Page 83	Jeanne de B.,	10, 59, 68, 316
Guye,	192	Jeannier,	92
Guyénet,	282	Jeannin (le baron),	188
Guyétand, Cl. M.,	343	Jeannin, G. V.,	340
Guyétant, père,	465	Jeunet,	269
Guyétant, Séb.,	91, 225	Joannet,	421, 444
Guyon de la Nanche,	415	Jobard,	421
Guyon, Cl. M.,	443, 467	Jobez, Cl.,	46, 65, 275
Guyon, Ferry,	161	Jobez, Em.,	356
Guyon (les frères),	298	Joly, Jacq.,	69
Guyot,	197	Joly, J. B.,	386
		Joly, J. R.,	259, 340, 443, 462
HAUTECOURT, v. Doms d'.		Joly, de Salins,	449
Henrici,	117	Jousserandot,	421
Heuvat,	60		
Houry,	396	LA BAUME (C. de),	118
Hugonet,	251, 287	La Baume (G. de),	12, 15
Hugue I,	26, 115	La Baume (Ph. de),	229, 306, 388
Huguenet,	54	Laboureau,	469
Huguenin,	332	Lachiche,	273, 450
Humberjean,	47	Lacurne,	362
Humbert,	92	Lacuson, voyez Prost.	
		Lafare,	20
JACQUES, Voy. Beaulieu.		Lallemand,	7
Jacques, M. J.,	404, 455	La Marche (de),	10
Jacquet,	321	La Martine (de),	354
Jacquot,	337	Lambert, J. F.,	67
Jaillet,	261	Lambert, C. F.,	468
Jaillot, Sim.,	327	Lambert, Thom.,	444
Jaillot, B. H.,	460	Langlois (M.me),	63
Jaillot, B. A.,	460	La Rochefoucault (duc de),	80
Jaillot, H. A.,	460	Lampinet (de),	477
Janod,	46, 428	Lamy, Cl. F.,	364
Jantet, A. F. X.,	406, 455, 486	Lamy, P.,	281
Jantet, J. A.,	103	Lançon,	322
Janvier, A.,	286, 289	Latura,	293
Janvier, J.,	286	Laumier,	468
Jarry,	195	Laurençot,	54
Jault,	415, 469, 485	Leclerc,	464

TABLE.

Lecourbe,	*Page* 184	Maréchal de Longeville,	P. 471
Lejeune,	409	Marion,	84
Lemare,	297, 484	Marnix (de),	58
Lemire,	281	Marnoz (de),	158
Lengret,	31	Marsoudet,	341
Lepin,	195	Martin, Gir.,	77
Lescot,	72	Martin, anc. Mag.	245
Levieux,	438	Martin,	448
Lezay-Marnézia, évêque,	64	Martin, de Cize,	47
Lezay-Marnézia (le M. de), 82, 276, 302, 346, 396, 448		Martine (Alp. de la),	354
		Martinet,	307
Lezay-Marnézia (Ad. de)	130, 434	Masson, J., de Poligny,	144
Lezay-Marnézia (Alb. de),	132	Masson, J., de Nozeroy,	325
Lisola (de),	22, 430	Matal,	69, 478
Lison,	321	Matherot (de),	70
Lombard,	416	Matherot de Prégney,	296
Longeville, *voyez* Maréchal.		Mathieu,	47
Lons-le-Saunier (les habitans de),	145, 149	Matthieux, P.,	470
		Mayet (les frères),	283
Loriot,	425	Mayet,	293
Loup,	106	Mazuyer,	421
Louvet,	470	Méallet de Fargue,	57, 314
Lupicin (Saint),	368	Mermet,	57, 407, 449, 485
		Mesmay,	71
MACHARD,	421, 465	Messageot,	103
Machera,	337	Meunier,	188
Magaud,	411	Meynier,	92
Magnin, Ch.,	360	Michel,	186
Magnin, Josephtte,	218	Millet,	466, 388
Mahaut d'Artois,	57, 61	Mochet de Battefort,	40, 472
Mahaut de Bourgogne,	375	Molard aîné,	323
Maigrot,	252	Molard,	302
Maire, Jacq.,	340, 409	Molard neveu,	320
Mairot,	480	Molay (J. de),	122, 152
Malet, général,	183	Monastères,	231, 367
Malet, C. J.,	184	Monciel (de), *voy.* Terrier.	
Mandrillon,	85	Monneret,	189
Mannon,	370	Monnier, Ferd.,	104
Maréchal, J.,	55	Monnier, Hil.,	441

Monnier, J. J.,	Page 63	Orchamps (H. d'),	Page 402
Monnier-Jobez,	46, 282	Ordinaire, Cl. Nic.,	458
Monnier (le marquis de),	60	Ordinaire, J. J.,	427
Monnier, de Revigny,	421	Ordinaire, P. F.,	426
Monnier-Taleyrand,	47	Ordinaire, D.,	427
Monnier, de Toulouse,	474	Otton V,	11, 61, 266
Montaigu (J. de),	63	Oudet,	303
Montmartin (Antoinette de),	390	Oudet, Jacq.,	189
Montmoret (Hug. de),	401	Outhier,	288, 461
Montmoret (Humb. de),	340		
Montrichard (G. de),	167	PAILLARD,	47
Montrichard (l'abbé de),	86	Pailu,	477
Montrichard-St.-Martin,	481	Panel, Al. X.,	480
Moreau,	576	Panel (le P.),	340
Morel, dit le petit Prince,	164	Pariset,	70
Morel,	47	Parlement (le), 22, 26, 127, 198	
Morel (Louis),	422	Passaquay,	421
Morel, prêtre,	68	Pasteur, la veuve,	72
Morel (de),	14	Patenailles,	121
Morisot,	340, 415, 446, 484	Pélissard,	193
Morivaux,	54	Pellier,	467
Mouchet,	457	Pernet,	311
Müller,	291	Perrard J. Fr.	485
Muyart de Cogna,	57	Perrard, Martial,	275
Muyart de Vouglans,	129, 424	Perrard-Petitvalet,	284
		Perrenet,	93, 209
NANCE (MM. de),	63	Perrey (M.lle),	294
Nélancour (M.me de),	396	Perrier, Ch.,	314
Nicod, av.,	428	Perrier F.,	335
Nicod d'Arbans,	319	Perrier, le chimiste,	321
Nicod de Ronchaud,	288	Perrin, A. H.,	122
Nicolas,	47	Perrin, C.,	336
Nodier,	353, 476, 486	Perrin, J. B.,	427
Normand,	416, 479	Perrot,	104
Nozeroy (J. de),	401	Persan (de),	474
		Pétetin,	417
ODON (Saint),	374	Petitjean,	46
Olivet (l'abbé d'),	469, 484	Pétremand,	422
Orchamps, A.,	54	Philippe-le-Bon,	12

TABLE.

Picaud,	Page 55	Ravillot,	Page 386
Pichegru,	193, 211, 452	Rebattu,	313
Pierrotet,	54	Rebour,	456
Pillot (de),	257	Reffay-Duparchy,	322
Piot,	421	Rémondet, cadet,	322
Piquet,	421	Rémondet, Cés.,	322
Plaisia,	46	Renard,	459
Plâne (G. de),	422	Renaud de Bourgogne,	9, 11
Poissenot,	382	Renaud,	11
Poitier (Ch. de),	158	Renaud, cap.,	180
Poitier (Ph. de),	157	Renaud,	47
Poivre,	386	Renaudet,	55
Poligny (Cl. de),	157	Répécaud,	445
Poligny (les hab. de),	144	Reverchon,	106
Poncet,	57	Richardot,	8, 382
Poncet, D.,	362	Roche (A de),	408
Portier (R. de),	162	Rohan-Chabod (de),	19
Poulain, C.,	107	Roland,	417, 465
Poulain, P. A.,	410	Rollin,	200
Poupet (Ch. de), 157, 377, 388		Romain (Saint),	368
Poupet (G. de),	391	Romme,	186
Poupet (J. de),	116, 390	Rosay (la veuve),	54
Poupet (le chev. de),	157	Rosset-Dupont,	327
Pourcilly,	63	Rosset, abbé,	329
Pradier,	293	Rosset, Jacq.,	329
Préval (de),	195, 454	Rosset, Cl. A.,	329
Prost, J. Cl., dit Lacuson,	168	Rosset, F.,	330
Prost, stat.,	333	Rossigneux,	466
Prost,	216	Rothalier (l'abbé de),	84
Prouvier,	46	Rothalier (le C. de),	192
Prudont,	386	Rouget-Batave,	192
		Rouget de l'Isle,	351, 365
QUINÇON,	410	Roussel,	71
		Roux, J. D.,	105
RACLE, Séb.,	119	Roux de Rochelle,	348
Racle, Orat.,	215	Roy,	363
Raincourt (de),	79	Roz,	63
Raton,	311	Rupt (J. de),	257
Ravez,	206	Rye (Cath. de),	76

Rye (le chev. de),	Page 157	Thomassin, J. F., P.	224, 420
Rye (G. de),	12	Thomassin, Pétronille,	25
Rye (Ferd. de),	118	Thouverey,	178
		Tissot (Poinçart),	31
SAINT-AMOUR (G. de),	56, 436	Tissot, Vincent,	360
Saint-Amour (le C. de),	61	Toulongeon (Tr. de),	157
Saint-Amour (la Comt. de),	149	Tournier, 287,	320
Saint-Amour (les hab. de),	148	Travot,	187
Saint-Germain (de), 96, 126, 174, 209		Tricalet de Taxenne,	443
Saint-Mauris (J. de),	402, 424	VAGNAUD de VISEMAL,	150
Saint-Mauris (P. de),	423	Valdahon (de),	337
Sainte-Croix (G. de),	12	Vandel, J. Amb.,	322
Saix (Cés. du),	173	Vannoz (J. de),	337
Saix (H. D. du),	174	Vannoz (M.e de),	357
Saix (du), baron d'Arnans,	472	Varroz,	172
Salins (Cl. de),	157, 158	Vaudrey (Cl. de), 157,	158
Salins (les hab. de), 30, 141, 144		Vaudrey (B. de),	75
Sauria,	187	Vaudrey (G. de),	157
Savourot (M.lle),	409	Vaudrey (A. de),	157
Sibaud,	185	Vaudrit,	47
Simlot,	322, 363	Vaudry (4.e de), 399,	476
Simonin,	189	Vaulchier (L. de),	48
Soudagne,	55	Vaulchier (Mat. de),	466
Sugny (L. de),	158	Vaulgrenans (de),	158
Sugny (M. de),	158	Verges (X. de),	192
		Vergy (Marg. de),	54
TARTRE (J. du),	158	Verney,	88
Taviand,	360	Vernier,	447
Taxenne (de), v. Tricalet.		Vernier d'Usies,	473
Tercy,	356	Vernois (P. du),	158
Tercy (M.e),	537, 449	Vernois (J. du),	158
Terrier de Monciel,	48	Vernois (M. du),	158
Thervay,	179	Vienne (C. de),	158
Thevenot,	315	Vienne (Guill. de),	157
Thion,	175	Vienne (Guy de),	11
Thoulier, Anat.,	76	Vienne (Hug. de),	10, 11
Thoulier, Françoise,	120	Vienne (Hug de), arch.,	29, 32
Thoulier, voy. d'Olivet.		Vienne (Jean de), 152,	267

Vienne (Ph. de), *Page* 165 Vuillier-Véry, *Page* 242, 252
Vigoureux,   Vuillemenot de Nanc,   237
Villars (E. de),   11, 15   Vuillermet,   410
Villevieille,   47   Vulpillat,   83
Vincent, de St.-Cl., 322   Vurry,   422
Vincent, de L.,   411   Watteville (J. de),   22, 37
Visemal (C. de),   158   Willemin,   340, 467
Visemal, *voy.* Vagnaud.   Willot de Beauchemin, 234
Viventiole,   369
Vuillier,   242   Ydeley,   415

FIN DE LA TABLE.

www.ingramcontent.com/pod-product-compliance
Lightning Source LLC
Chambersburg PA
CBHW071709230426
43670CB00008B/959